보육교사론

Introduction to Childcare Teachers

| 성미영 · 김진경 · 서주현 · 민미희 · 김유미 공저 |

학지사

| 머리말 |

최근 우리 사회 가족구조의 변화와 아동기에 대한 인식의 변화로 인하여 영유아기 교육의 중요성이 더욱 부각되고 있다. 요즘에는 평생교육 시대로 전 생애에 걸쳐 교육이 이루어진다고 해도 과언이 아닌데, 그중에서도 특히 생애 초기의 교육적 환경은 인간이 건강한 사회구성원으로 성장하는 데 밑거름으로써 매우 중요하다고 인식된다. 이렇듯 영유아기 교육이 강조되고 있지만 정작 영유아가 교육을 받아야 할 적절한 시기와 학습해야 할 범위에 대한 경계가 불분명해지고 있어 그에 대한 적절한 기준을 제시하는 것이 필요하다. 이에 이 책에서는 영유아가 경험하는 최초의 사회적 공간 중 하나인 어린이집의 중요 인적자원, '보육교사'를 중심으로 보육교사의 자격과 역할 등을 심층적으로 살펴봄으로써 영유아기 교육에 대한 기준을 제시하고 보육교사의 자질 및 역할에 대해서 살펴보고자 하였다.

본문은 총 4부로 구성되어 있으며 세부 내용은 다음과 같다.

1부는 '보육교사직의 이해'로 보육 및 보육교사직에 대한 이해를 도모하며, 더불어 어린이집 현장에서 보육교사의 역할과 그 자질에 대해 모색해 본다.

2부는 '보육교사를 위한 준비'로 보육교사라는 직업에 대한 의미를 생각해 보며, 보육교사 자격 취득을 위한 교과목과 보육실습 등 구체적으로 수행해야 하는 사항들에 대해 실제적 내용과 함께 소개한다. 또한 보육교사로서 갖추어야 할 자격기준과 관련된 내용을 상세히 살펴본다.

3부는 '보육교사 직무 수행'으로 어린이집에서 보육교사로서 생활하는 일련의 과정 속에서 맡게 되는 세부 업무인 보육실 운영관리, 어린이집 환경관리, 어린이집 보육과정 관리, 교수방법 운영관리, 부모 및 보육교직원 간의 상호작용 등을 살펴본다.

마지막으로 4부는 '보육교사 역량 개발'로 보다 전문적인 역량을 갖춘 보육교사로 발전하기 위한 보육교사의 전문성 발달, 현직교육, 직업윤리와 관련된 내용을 소개한다.

이상의 내용들을 살펴봄으로써, 보육교사 자격을 준비하는 사람들에게 보육교사 자격을 취득하는 데 실제적인 도움을 주고, 보육교사 역할을 수행하기 위해 필요한 이론적 기틀을 제공하고자 한다.

『보육교사론』의 내용을 통해서 학습자들에게 다음의 두 가지 시사점을 제공하고자 한다. 먼저, 보육교사로서의 올바른 가치관을 형성하고 정립하는 데 기여하기를 바란다. 보육교사는 개인적이며 사적인 삶과 보육교사라는 직업인으로서의 삶을 분리하는 것이 어렵다는 특징이 있다. 이는 개인의 가치관이 보육교사로서 직무를 수행하는 데 그대로 반영되기 때문이다. 보육교사가 가지고 있는 인생관이나 성품은 영유아에게 다양한 경로를 통해 직간접적으로 영향을 미치므로 보육교사는 올바른 가치관을 형성하고 정립할 필요가 있다.

그다음으로 이 책의 내용을 통해 보육교사로서 직무를 수행하는 과정 속에서 교사 자신의 지속적인 성장과 발전의 계기를 마련하는 데 기여하고자 한다. 보육교사로서의 성장과 발전은 보육교사 개인뿐 아니라 보육교사가 속한 어린이집이라는 공동체의 성장에도 밀접하게 연관되어 있다. 보육교사는 어린이집의 다양한 구성원들(원장, 학부모, 동료교사, 영유아 등)과의 원활한 상호작용을 통하여 궁극적으로 자신의 학급을 관리하고 교육과정을 실행하는 등의 직무 수행을 효율적으로 할 수 있도록 해야 한다. 이를 위해서는 끊임없는 자기성찰을 통하여 시대적 흐름을 반영한 교육적 실천을 할 수 있는 보육교사로 자리매김하도록 자기발전을 위한 노력을 아끼지 않아야 할 것이다.

2015년 5월
저자 일동

| 차 례 |

제2부 ━● **보육교사를 위한 준비**

제1부 보육교사직의 이해

보육교사직은 시대의 요구에 따라 변화를 거듭해 왔다. 사회의 변화와 함께 사회적 상황과 요구에 발맞춰 보육교사직의 개념도 변화하여 사회구호적·복지적 서비스에서 점차 보편적인 보육서비스를 지향하고 있으며, 보육교사로서 사회에서 요구하는 역할 역시 단순한 영유아의 보호에서 나아가 영유아의 보호와 교육을 아우르는 역할로 확대되었다. 이에 따라 보육교사로서 기본적으로 갖추어야 하는 자질 역시 전문성과 인성적인 측면이 함께 강화되고 있다. 제1부에서는 역사적 변화에 따라 보육의 개념과 보육 패러다임이 어떻게 변화하였는지를 알아봄으로써 보육교사직에 대한 기초적 이해를 높이고, 사회 변화에 따른 보육교사의 역할 변화와 보육 대상 연령에 따른 보육교사직의 다양한 역할과 필요한 자질에 대해 살펴본다.

01
보육 패러다임과 보육교사직

보육의 개념은 시대, 사회마다 다르게 정의되어 왔지만, 사전적 개념으로 볼 때 보육이란 보호와 교육이 합성된 의미다. 이 장에서는 보육의 개념 정의와 함께 시대에 따른 보육의 변천사를 살펴본다. 또한 사회가 변화하면서 보육 패러다임도 이를 반영하며 달라짐을 시대에 따라 비교해 보고, 현대사회의 보육 패러다임을 규명한다. 또한 보육을 담당하는 보육교사직의 개념과 특징을 살펴보고, 전문직으로서의 보육교사직을 모색한다.

1. 보육의 개념 및 변천사

1) 보육의 개념

보육(educare)의 개념은 시대, 사회마다 다르게 정의되어 왔지만 사전적 개념으로 볼 때 보호(care)와 교육(education)이 결합된 의미다. '보호'는 가정과 같은 분위기를 조성하여 심신을 세심하게 양육하여 정서적 안정감을 유도하는 것이고, '교육'은 영유아의 신체적·사회적·인지적·언어적 발달에 기여할 수 있는 경험을 제공하는 것이다. 즉, 영유아기의 신체적 보호뿐 아니라, 교육적 차원에서 영유아의 긍정적 발달을 위해 적절한 활동과 경험을 제공하는 것을 반영한다. 보육은 보호와 교육이 동시에 수반되는 일련의 과정이라 할 수 있으며, 과거 1980년대 단순히 낮 시간 동안 아동을 어느 장소에 맡긴다는 '탁아(託兒)'의 개념을 초월하여 아동의 전인적 발달을 위한 보호와 교육이 통합적으로 이뤄지는 포괄적 프로그램으로서의 개념으로 이해해야 한다. 양옥승 등(1999)은 보육의 개념이 "사회발전과 생활수준의 향상과 더불어 변화하였는데, 빈민을 구제하거나 여성의 노동력을 확보하기 위한 보호의 차원에서 차츰 모든 계층의 영유아를 대상으로 하여 가족의 교육기능을 지원하고, 어린이의 생활의 질을 높이려는 방향으로 변화해 가고 있다"고 했다.

이러한 보육에 대한 관점은 아동의 발달이 그를 둘러싼 환경과의 지속적인 상호작용의 결과로, 아동의 최적 발달을 위해 아동뿐 아니라 가족, 지역사회, 사회적 가치 등 다양한 환경체계에까지 관심을 가져야 한다는 생태학적 관점에 의해 지지된다. 「영유아보육법」에서 제시하는 보육의 목적 및 정의는 다음과 같다.

영유아보육법령 총칙 2014.12.30. 일부개정

가. 영유아보육법의 목적(영유아보육법 제1조)

영유아의 심신을 보호하고 건전하게 교육하여 건강한 사회구성원으로 육성
함과 아울러 보호자의 경제적 · 사회적 활동이 원활하게 이루어지도록 함으
로써 가정복지 증진에 이바지함을 목적으로 한다.

나. 보육의 정의(동법 제2조)

- "영유아"란 6세 미만의 취학 전 아동을 말한다.
- "보육"이란 영유아를 건강하고 안전하게 보호 · 양육하고 영유아의 발달
특성에 맞는 교육을 제공하는 어린이집 및 가정양육 지원에 관한 사회복
지서비스를 말한다.
- "어린이집"이란 보호자의 위탁을 받아 영유아를 보육하는 기관을 말한다.
- "보호자"란 친권자 · 후견인, 그 밖의 자로서 영유아를 사실상 보호하고
있는 자를 말한다.
- "보육교직원"이란 어린이집 영유아의 보육, 건강관리 및 보호자와의 상
담, 그 밖에 어린이집의 관리 · 운영 등의 업무를 담당하는 자로서 어린이
집의 원장 및 보육교사와 그 밖의 직원을 말한다.

다. 보육이념(동법 제3조)

- 영유아의 이익을 최우선적으로 고려하여 제공되어야 한다.
- 영유아가 안전하고 쾌적한 환경에서 건강하게 성장할 수 있도록 하여야 한다.
- 영유아는 자신이나 보호자의 성, 연령, 종교, 사회적 신분, 재산, 장애
및 출생지역 등에 따른 어떠한 종류의 차별도 받지 아니하고 보육되어
야 한다.

라. 보육에 관한 책임(동법 제4조)

- 모든 국민은 영유아를 건전하게 보육할 책임을 진다.
- 국가와 지방자치단체는 보호자와 더불어 영유아를 건전하게 보육할 책임

을 지며, 이에 필요한 재원을 안정적으로 확보하도록 노력하여야 한다.

• 특별자치도지사 · 시장 · 군수 · 구청장(자치구의 구청장을 말한다. 이하
같다)은 영유아의 보육을 위한 적절한 어린이집을 확보하여야 한다.

2) 보육의 변천사

전통적으로 보육사업은 주로 빈곤층, 저소득층의 어머니가 취업을 하는 경우
나 건강 및 여러 가지 특별한 사정으로 자녀를 돌볼 수 없을 때 가정이 아닌 다른
보육기관에서 어린이를 보호하는 탁아의 개념이었다. 기존의 보육에 대한 정의
를 살펴보면, 『사회복지사전』에서는 "낮 동안 다른 사람의 보호를 받아야 할 아
동들에게 주어지는 보호로서 그 대상은 주로 영세시민이나 보호능력이 없는 시
민의 자녀"로 정의하고 있으며, UN(1968)은 "아동이 그의 가정 내에서 정상적인
양육을 받지 못할 경우 하루 중의 일정한 시간 타인에 의해 주어지는 보호"라고
했다(전남련, 2010 재인용). 이상의 내용으로 볼 때 과거 보육의 의미는 아동이 당
면한 안전과 건강의 요구를 만족시키는 보호의 문제에 국한시켰고, 저소득층 부
모나 한부모와 같은 사회적으로 불리한 사람들이나, 자녀를 제대로 돌볼 수 없는
부모들을 위한 것으로 간주하였다

한국의 보육 변천사를 살펴보면, 1961년 제정된 「아동복리법」에서 1981년 개
정된 「아동복지법」에 이르기까지 탁아라는 명칭이 사용되었다. 정부는 1961년
「아동복리법」이 제정되면서 국가 차원에서의 보육정책을 시작했으며, 1960년대
후반 보육 수요가 늘어나자 탁아소에 대한 명칭도 1969년 어린이집으로 인가를
전환하고, 그 당시 보건사회부에서도 어린이집을 위한 시설보조금과 인건비 및
운영비 보조금 등의 예산을 편성하였다. 1970년에 이르러서는 보육에 대해 정부
와 국민의 관심이 더욱 높아졌고, 80년대에 정부가 유아교육의 중요성을 언급하
기 시작하였다. 그러다 1991년 「영유아보육법」이 제정된 이후부터 종전의 '탁

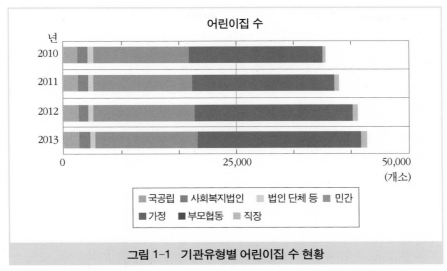

그림 1-1   기관유형별 어린이집 수 현황

출처: 보건복지부(2014a). 보육통계.

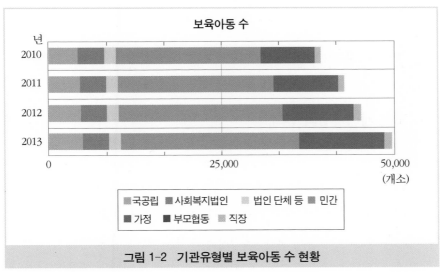

그림 1-2   기관유형별 보육아동 수 현황

출처: 보건복지부(2014a). 보육통계.

아'라는 용어 대신 보육이라는 법적 용어를 사용하게 되었다. 법체계가 다원화되면서 어린이집은 「영유아보육법」 「아동복지법」에 의해 보건사회부로, 유치원은 「유아교육진흥법」에 의해 교육부로 분산되었다.

더욱이, 2001년 보육발전기획단이 구성되면서 점차적으로 보육은 공보육을 모색하고 국가 차원에서 보육의 질을 제고하는 수준에 이르렀다. 현대는 취업모가 증가하고 가족구조가 변하면서 점점 더 많은 영유아들이 어린이집에 취원하고 있는 실정이다. 이러한 보육은 기혼여성의 사회참여와 취업의 증가와 함께, 그 중요성이 더욱 부각되고 사회적인 요구도 다양해졌다. 요보호아동을 중심으로 한 보호적 · 개별적 복지 차원이 아니라 부모를 보완하여 집단보호와 지도를 제공하기 위한 조직된 서비스로 개념이 변화되었다. 즉, 단순한 보호의 기능을 넘어 교육적 경험까지 제공하는 사회적인 제도로 인식하게 되어 사회적 책임을 법적으로 규정한 실천지향의 개념으로 재설정되고 있다.

2. 보육 패러다임

1) 보육 패러다임의 변화

사회가 변화하면서 보육 패러다임도 이를 반영하며 변하는 것을 볼 수 있다. 먼저 시대별로 출산정책이 달라지면서 가족의 구조나 기능도 변하고 이에 따라 보육 패러다임도 변했다. 시대별 출산정책은 현대사회의 가족구조에 적지 않게 영향을 미쳤는데, 1950년대 평균 6명의 자녀수에서 1960년대 가족계획사업이 공식적으로 채택됨에 따라 다자녀는 곧 빈곤임을 강조하면서 출산억제정책이 시작되었다. 1970년대부터 소득세 면제, 공공주택분양 우선권을 주는 등 출산억제정책이 시행되다가, 1990년대에 정부는 인구억제정책을 공식적으로 폐지하게 되었다. 2004년부터 출산장려정책으로 전환되면서 저출산 극복 5개년 기본 계획이 발표, 시

표 1-1	시대별 출산관련 정책		
시대(년도)	출생아		구호
6 · 25 전쟁 이전(~1950년대)	6명		힘 닿는 데까지.
근대(~1970년대)	4명		잘 살아보세(새마을운동).
현대(~1990년대)	2명		아들 딸 구별 말고 둘만 낳아 잘 기르자.
지금(~2000년대)	1명		하나만 낳아 잘 기르자.
미래(2020년 이후)	2명		출산은 필수가 아니라 선택이다.

출처: 박세정, 박지영, 석은조, 오성숙(2014). 보육교사론.

그림 1-3 시대별 가족계획 포스터

출처: http://hermes.khan.kr/323(2013/01/16).

행되었다.

한편, 전통적인 가족구조에서는 부모를 대신하여 아동의 보호와 양육, 사회화
를 위한 대양육자로 할아버지, 할머니, 고모, 삼촌, 숙모 등이 존재하므로 자녀양
육에 대한 문제가 가족 내에서 해결될 수 있었다. 그러나 부부중심의 핵가족에서
는 자녀양육이 전적으로 부모에게만 의존하면서, 가족의 자녀양육기능이 약화되

는 결과가 초래되었다. 핵가족 내에서 자녀수 감소는 아동에 대한 부모의 관심을 집중시켜 자녀에게 조기교육의 욕구를 가져오게 되었고, 부모역할에 대한 사회 가치관의 변화와 더불어 보육의 필요성은 더욱 증대되었다고 볼 수 있다. 또한 취업모의 증가는 보육의 필요성을 더욱 부각시킨 원인으로 볼 수 있다. 통계청이 발표한 '2013년 통계로 보는 여성의 삶'에 따르면, 2012년 현재 전체 여성의 경제 활동참가율은 49.9%로 전년보다 0.2%p 상승했다. 이는 남성의 경제활동참가율 (73.3%)보다 23.4%p 낮은 수준이다. 취업여성의 직업만족도에 가장 큰 영향을 미치는 요인은 직장에 있는 동안의 자녀의 보호 및 교육이며, 만약 자녀를 믿고 맡길 수 있는 사람이나 기관이 있다면 취학 전 자녀를 둔 기혼여성의 대부분이 취업을 하겠다는 생각을 갖고 있다는 점이 보고되었다. 취업모가 안고 있는 자녀양육의 문제는 개별적으로 해결할 개인적인 문제가 아니라 국가·사회적인 차원에서 관심을 갖고 다루어야 할 문제라고 할 수 있다. 여성들의 취업활동, 취미생활, 사회봉사활동의 참여나 자아실현을 위한 욕구 증대와 더불어 별거, 이혼, 부모의 사

표 1-2 **시대에 따른 보육 패러다임의 변화**

	전통사회(1980~90년대)	현대사회(2000년대 이후)
아동관	아동보육의 1차 책임자는 부모로, 정부는 소극적인 인식과 보조적 지원자 역할	미래 국민인 아동에 대한 적극적 인식과 주도적 지원자로 전환
보육사업 대상	선별주의: 빈곤층 취업모의 아동	보편주의: 일반 영유아 대상
책임성	가족책임	국가책임
보육 성격	생활이 어려운 가정에 대한 수혜적 사업	아동별 보육비 지원의 전환으로 부모의 참여가 증가하는 참여적 사업
정책	선진국의 정책과 보육프로그램을 그대로 적용	한국의 지리환경과 한국 문화를 반영한 보육프로그램 자체 개발 및 적용 다문화보육의 지향

출처: 박세정 외(2014). 보육교사론.

망 등으로 인한 결손가정 등의 출현으로 보육의 필요성은 지속적으로 증가되고 있는 실정이다. 즉, 특히 해마다 늘어나고 있는 이혼과 한부모 가정 증가를 고려해 볼 때 약화되는 가정의 자녀양육기능을 보완할 수 있는 보육은 더욱 필요한 것이라 하겠다.

2) 현대사회의 보육 패러다임

(1) 보편주의로서의 보육 패러다임

산업화와 도시화는 빈민층을 만들었고, 빈민층의 영유아들은 풍족한 양육환경을 제공받을 수 없었다. 이에 우리나라에서는 사회복지 차원에서 보육과 유아교육의 접근을 시도하였다. 미국의 헤드스타트와 같은 목적으로 저소득 밀집지역에 새마을 협동유아원을 우선적으로 설치하여 지원하였고, 점차적으로 가정, 부모지원, 지역사회와의 연계 등 포괄적 보육, 교육서비스를 제공하기 시작하였다. 이와 같은 맥락에서 촉발된 대표적인 것이 위스타트(westart) 운동이다. 위스타트 운동은 저소득 가정의 자녀들에게 공정한 삶의 출발을 돕는 시민운동으로, 보편주의 원칙에 입각하여 함께 출발할 수 있도록 환경을 만들어 주어야 한다는 운동이다. 위스타트 마을센터가 중심이 되어 자원봉사자, 사회복지관, 학교, 사회단체, 기업, 보건소 등과 네트워크를 구성해 12세 이하 빈곤아동에게 교육·복지·건강 서비스가 지원되고 있다. 정부에서는 위스타트 모델을 발전시켜 2008년 드림스타트 (dream start)를 시작하였다. 이는 빈곤의 대물림을 차단하고 공평한 양육환경을 보장한다는 예방 차원의 '아동보호통합서비스'를 제공한다는 점에서 고무적이다.

더 알아보기

드림스타트란?
취약계층 아동에게 맞춤형 통합서비스를 제공하여 아동의 건강한 성장과 발달

을 도모하고 공평한 출발기회를 보장함으로써 건강하고 행복한 사회구성원으로 성장할 수 있도록 지원하는 사업

〈추진 배경〉

1. 가족해체, 사회양극화 등에 따라 아동 빈곤 문제의 심각성 대두
2. 빈곤아동에 대한 사회투자 가치의 중요성 강조
3. 아동과 가족에 초점을 둔 통합사례관리를 통해 모든 아동에게 공평한 출발기회 보장

〈사업 운영〉

사업지역: 시 · 군 · 구

사업대상: 0세(임산부) ~ 만 12세(초등학생 이하)로 아동 및 가족

〈지원 내용〉

– 가정방문을 통해 인적조사, 욕구조사, 양육환경 및 아동발달 사정 실시
– 사례관리 대상 아동과 그 가족에게 지역자원과 연계한 맞춤형 서비스 지원, 주기적 재사정 및 지속적 모니터링 등 통합사례관리 실시

〈서비스 내용〉

양육환경 및 아동발달 영역별 서비스 제공

서비스 구분	서비스 내용
신체/건강	– 아동의 건강한 성장과 신체발달 증진 – 건강한 생활을 위한 건강검진 및 예방, 치료 – 아동발달에 필요한 신체/건강 정보 제공
인지/언어	– 아동의 의사소통 및 기초학습 능력 강화 – 맞춤형 인지/언어 서비스를 통한 아동의 강점 개발
정서/행동	– 자아존중감 및 긍정적 성격 형성을 위한 정서발달 서비스 제공 – 올바른 사회 인식 및 이해를 도와 성숙한 사회시민으로 성장을 도모
부모의 양육	– 부모-자녀 상호작용 및 적합한 교육환경을 위한 부모 역량 강화 – 부모의 유능감 및 자존감 강화 – 부모의 양육기술 지원 – 임산부의 건강한 출산 및 양육 지원

출처: 드림스타트(2015). http://www.dreamstart.go.kr.

더 알아보기

헤드스타트란?

헤드스타트(Head start) 프로그램은 성공적인 유아교육정책이란 평가를 넘어 교육의 기회균등 정신을 실천한 대표적인 사회통합정책으로 평가받고 있다. 존슨 대통령은 1960년대 미국 사회에 만연한 빈곤과의 전쟁을 선포하고, 빈곤을 추방하기 위한 구체적인 실천계획을 마련하였으며, 그 실천 프로그램 중 하나가 바로 헤드스타트 프로그램이다.

당시 미국 사회는 민권사상이 뿌리를 내리기 시작했지만, 사회구성원 간 갈등이 최고조에 이른 시기이기도 하였다. 계층 간 빈부격차도 컸고, 반전 운동과 페미니스트 운동 등 다양한 사상과 운동이 활발히 등장하였다. 특히 남부에서는 인종차별과 인종분리가 극단적인 현상으로 나타났다(Anderson, 2004). 그럼에도 불구하고 헤드스타트 프로그램은 존슨 대통령의 확고한 의지와 추진력으로 국내의 많은 저항과 난관을 극복하며 뿌리를 내릴 수 있었다.

헤드스타트 프로그램이 시행되기 이전의 영유아 교육정책은 각 지역별로 산발적으로 시행되었다. 그러나 헤드스타트 프로그램이 시행된 후 연방정부 차원에서 재원을 지원하고 프로그램을 전국적으로 통합하는 계기가 되었다.

출처: 염철현(2008). 미국의 Head Start와 한국의 We Start 운동의 비교·분석 및 그 시사점.

(2) 국가의 책임으로서의 보육 패러다임

최근 무상보육에 대한 이슈는 영유아의 교육과 보육을 누가 부담할 것이냐, 즉 영유아를 가르치고, 보호하는 것이 부모의 책임인가, 아니면 국가가 나서야 할 문제인가에 대한 논의에서 시작되었다. 1991년 「영유아보육법」의 제정 당시에 국가는 부모를 지원하는 수준에 머물렀다. 하지만 우리나라는 세계적으로 저출산 국가가 되었고, 지속적으로 출산기피 현상도 생겨났다. 따라서 국가는 보육이나 교육에 적극적으로 개입하게 되었고, 국가의 책임이 막중하다는 데에 힘을 더 실고 있다. 이는 1991년 「영유아보육법」에서 보육의 1차적 책임이 부모라고 명시했던 것이 2013년 「영유아보육법」에서는 보육사업의 대상을 모든 사회계층이라고 밝힌 것이 단적인 예라고 할 수 있다.

영유아보육법 제4조(책임)

① 모든 국민은 영유아를 건전하게 보육할 책임을 진다.

② 국가와 지방자치단체는 보호자와 더불어 영유아를 건전하게 보육할 책임을 지며, 이에 필요한 재원을 안정적으로 확보하도록 노력하여야 한다. 〈개정 2013.1.23.〉

③ 특별자치도지사 · 시장 · 군수 · 구청장(자치구의 구청장을 말한다. 이하 같다.)은 영유아의 보육을 위한 적절한 어린이집을 확보하여야 한다. 〈개정 2011.6.7., 2011.8.4.〉

이처럼 가정에서 부모가 전적으로 분담했던 것이 이제는 보호부터 교육에 이르기까지 국가가 책임지는 범위가 확대되었다. 차례를 지키는 것, 물건을 아껴 쓰는 것, 다른 사람에게 피해가 되지 않도록 행동하기, 약속 지키기 등의 기본생활습관은 가정에서 담당했던 사회화 과정을 국가가 부모와 공동으로 책임진다는 것을 의미한다.

(3) 아동의 권리를 우선시하는 보육 패러다임

사회적 역량을 갖춘 아동은 국가번영의 지속적인 자원이다. 따라서 부모에 의한 양육지원에 결함이 생기지 않도록 사회적 책임을 다한다는 관점에서 실시되는 보육은 아동이 지닌 잠재적 역량을 개발시키는 데 기여해야 한다. 따라서 현대사회에서의 보육이란 부모의 사회계층과 취업여부에 상관없이 모든 영유아에게 단순한 보호의 차원을 뛰어넘어 교육, 건강, 영양, 안전 등 풍부하고 보호적인 환경 속에서 발달을 지원해 주는 교육과 보호의 통합적인 개념으로 설명할 수 있다.

　영유아 보육은 기본적으로 그 대상인 영유아를 중심으로 다뤄져야 한다. 「영유아보육법」에도 '영유아' 란 6세 미만의 취학 전 아동을 말하며, '보육' 이란 영유아를 건강하고 안전하게 보호·양육하고 영유아의 발달 특성에 맞는 교육을 제공하는 어린이집 및 가정양육 지원에 관한 사회복지서비스를 말한다(「영유아보육법」 제2조)고 되어 있다. 보육은 영유아의 이익을 최우선적으로 고려하여 제공되어야 하며(제3조), 모든 국민은 영유아를 건전하게 보육할 책임을 진다(제4조)고 명시되어 있다. 또한 1979년 세계 아동의 해를 맞이하여 UN에서 제정한 '아동권리헌장' 을 보면, 모든 아동은 보호자가 누구인가에 상관없이 자신의 개성을 발달시키고 장차 자아실현을 할 수 있는 기반을 닦을 수 있도록 평등하게 보호받고 교육받을 기회를 누려야 한다고 제시하고 있다. 따라서 영유아 보육은 특수계층에 국한된 것이 아니라, 모든 영유아에게 보다 인간다운 삶을 보장해야 한다는 관점에서 바라보는 시각이 더욱 강조되고 있다.

더 알아보기

아동권리협약

아동권리협약(Convention on the Rights of the Child: CRC)은 18세 미만 아동의 모든 권리를 담은 국제적인 약속으로 1989년 11월 20일 유엔에서 만장일치로 채택되었다. 유엔아동권리협약에는 이 세상 어린이라면 누구나 마땅히 누려야 할 생존·보호·발달·참여의 권리가 담겨 있다. 아동권리협약에 담겨 있는 권리를 지키고 실현할 책임은 기본적으로 국가에 있다.

　협약을 비준한 국가는 아동권리 실현을 위한 법과 정책을 마련해야 한다. 아동권리협약을 어떻게 잘 지키고 있는지 비준 2년 후에 유엔아동권리위원회에 1차 보고서를 제출해야 하며, 그 후에는 5년마다 보고해야 한다.

유엔권리협약 전문의 일부 내용은 다음과 같다. 아동기에는 특별한 보호와 도움을 받을 권리가 있음을 천명한 유엔 세계인권선언을 상기한다. 조화로운 인격 발달을 위해 아동은 가족적인 환경과 행복, 사랑과 이해 속에서 성장해야 함을 인정한다. 아동권리선언이 명시하는 바와 같이, "아동은 신체적·정신적으로 미성숙하므로 출생 이전부터 아동기를 마칠 때까지 적절한 법적 보호를 비롯해 특별한 보호와 배려가 필요하다"는 점에 유념한다. 아동의 보호와 조화로운 발달을 위해 각 민족의 전통과 문화적 가치의 중요성을 충분히 고려하고, 모든 국가, 특히 개발도상국 아동의 생활여건 향상을 위한 국제협력의 중요성을 인정한다.

출처: 유니세프 한국위원회(2004). http://www.unicef.or.kr.

(4) 다양한 요구에 따른 맞춤형 보육 패러다임

우리나라는 급격한 산업화, 도시화를 겪으며 가족구조에도 변화가 일어났다. 즉, 여성의 사회활동 참여증가와 자녀양육에 대한 부담, 정보화와 세계화의 가속화와 같은 원인으로 인해서 맞벌이 가족, 무자녀 가족, 이혼 가족, 재혼 가족, 다문화 가족 등 다양한 가족 형태가 등장하였다. 이러한 변화는 보육 현장에도 많은

표 1-3 **시대별 출산관련 정책**

항목	특수 보육	2006	2007	2008	2009	2010	2011	2012	2013
어린이집 (개소)	영아전담	695	672	665	677	648	638	629	629
	장애아전문	144	154	160	168	166	169	171	172
	장애아통합	732	685	756	806	810	815	836	867
	방과후	1,124	1,007	838	554	516	461	427	387
	시간 연장	2,029	2,867	3,910	4,666	6,535	7,844	8,164	8,705
	휴일	93	81	152	166	207	238	287	269
	24시간	–	148	125	138	230	268	268	284

출처: 보건복지부(2014b). 어린이집 및 이용자 통계.

영향을 미쳤다. 예를 들어, 맞벌이 가족, 한부모 가족의 증가로 인해 시간 연장 보육에 대한 요구가 생겨났다.

3. 보육교사직

1) 보육교사직의 개념

보육교사는 보육의 개념을 실행에 옮기는 사람으로, 어린이집에서 0~5세 영유아를 보호하고 교육하는 교사이며, 동시에 영유아의 부모를 지원하여 가정복지 증진에 기여하는 사람이다. 일련의 양성과정을 거쳐서 자격을 취득하고, 영유아의 바람직한 성장·발달을 도모할 뿐 아니라, 그들의 학부모를 위한 포괄적 서비스를 제공하며 영유아와 부모의 이득과 권리보장을 적절히 조화시킬 수 있는 전문가라고 할 수 있다. 특히 영유아기는 환경의 영향을 많이 받는 시기이며, 영유아에게 교사는 교육의 중요한 인적 환경이 된다. 영유아기는 교사 없이는 모든 교육활동이 진행되지 않을 만큼 절대적이라 할 수 있다. 보육교사는 어린 연령의 영유아를 대상으로 하는 직업으로, 교육대상의 연령이 어릴수록 교사에 대한 의존도가 상대적으로 높다. 교사는 영유아의 얼굴표정이나 몸짓 등의 비언어적인 신호에 담긴 요구를 읽고 반응해야 한다.

보육교사직의 개념을 더욱 구체화시키면 다음과 같다. 먼저 보육교사는 영유아의 심신을 보호하는 양육자이며 교육하는 교수자다. 보육교사는 돌봄과 가르치는 일을 조화롭게 유지해야 한다. 보육교사는 가르치는 일과 돌보는 일이 반드시 구분된 것이 아니라는 인식을 가지고 영유아들에게 가장 필요한 것이 무엇인지를 살피는 태도가 필요하다. 따라서 돌봄과 교육이라는 동일한 과정의 다른 측면을 조화롭게 유지해야 하는 것이다. 교사와 어머니의 양육에는 다소 차이가 있는데, Katz(1989)에 의하면, 부모와 교사는 영유아와의 애착관계에서 차이가 있음

을 제안하였다. 부모는 영유아를 자신과 동일시하며 끊임없이 사랑하는 매우 긴밀한 애착관계를 유지하는 반면, 교사는 영유아를 객관적으로 대하며 적절한 거리를 두고 관계를 유지한다. 또한 교사는 개별 영유아의 특성을 고려함과 동시에, 한 학급 모든 영유아의 복지와 개인적 요구 사이의 균형을 유지하기 위해 노력해야 한다. 따라서 교사의 양육은 가정에서 부모가 담당하는 양육과 다른 면에서, 영유아를 지도할 수 있다.

또한 보육교사는 영유아의 건강한 발달을 지원하기 위한 전문적인 교육을 계획·실행하는 교육전문가로서, 생애 초기에 결정적인 역할을 담당하는 중요한 존재다. 특히 현대사회에서 보육은 영유아의 전인적 성장을 위해 질 높은 교육의 기회를 제공해야 한다. 보육교사는 교육을 통해 영유아가 자신의 잠재력을 충분히 발휘하고, 성숙한 인격을 가진 이상적인 인간으로 성장하도록 도와야 한다. 영유아기의 경험은 이후 일생의 기초가 되므로 보육교사는 일생의 가장 중요한 시기에 그 기초를 닦아 주는 중요한 역할을 하는 사람이라 할 수 있다.

2) 보육교사직의 특성

보육교사직의 특성을 살펴보면 다음과 같다(Katz & Goffin, 1990). 첫째, 보육교사는 보육의 질을 결정하기 때문에 영유아의 발달에 중요한 역할을 수행한다. 많은 연구들에서 보육의 질을 결정하는 중요한 요인으로 교사의 자질 및 전문성, 교사교육 등 교사요인이 언급되었다. 영유아의 교육은 초·중·고등학교의 교육과정과는 다르게 일정한 교과서가 없으므로 교육내용, 교수방법, 교재교구 선정 등의 모든 교육활동이 보육교사 주관에 의해 운영되고 조절되기 때문이다. 따라서 보육교사는 교육과정 운영에서 초·중·고 교사들보다 자율성이 더 요구되는 동시에 전문적인 의사결정을 내려야 하기에, 보육의 질을 결정하게 된다. 또한 교사와 영유아 간 상호작용의 질, 교사의 민감성과 반응성, 교사와 부모 간의 의사소통, 그리고 발달에 적합한 교육활동 제공 등이 보육의 질을 결정한다. 영유아를 대상으로 하는 교육에서 교사가 유아의 발달과 학습에 미치는 영향력은 높은 연령의 아동을 대상으로 하는 교육에서보다 더욱 크다고 할 수 있다(염지숙, 이명순, 조형숙, 김현주, 2008). 이는 영유아의 교육이 지식 위주가 아니라, 전인적 성장을 목적으로 하는 기초교육이기 때문이다.

둘째, 영유아기를 담당하는 교사는 다른 어떤 교사들보다도 영유아의 삶 속에 깊이 연관되어 있다. 보육교사는 영유아를 교육할 뿐 아니라 그들과 하루 중 가장 많은 시간을 함께 보내게 된다. 또한 보육과정은 특정한 지식 위주가 아닌 생활 속의 경험 중심으로 구성되어 있다. 따라서 보육교사의 말과 행동은 자연스럽게 일상 가운데 영유아에게 전달되고 모델링의 대상이 된다. 즉, 보육교사의 언행과 가치관은 영유아의 인생에 매우 지대한 영향을 미친다고 할 수 있다. 이러한 점에서 보육교사는 보육의 질과 유아의 발달과 성장에 상당히 중요한 영향력을 지니고 있음을 인식하고 자신의 성장과 발달을 위해 끊임없이 노력해야 한다.

셋째, 보육교사직은 전문직의 속성을 가지고 있다. 보육교사직이 사회에서 전문직이라 할 때 요구되는 조건을 다 충족시키지는 못하나, 보육교사직이 전문직으로 인정받을 수 있는 요소가 있다. 무엇보다도 가르치는 일은 전문성을 요하는 과업을 수행해야 하는 일이다. 초등학교 이후의 교사와는 달리 보육교사는 교과목에 따라 교육과정을 조직하는 것이 아니라 통합된 보육과정을 계획하여야 한다. 영유아의 잠재적인 흥미를 위해 가치 있는 주제를 탐색하고 조사함으로써 통합된 보육과정을 만들어야 한다. 이것이 보육교사가 전문직으로 간주되어야 하는 중요한 이유다.

넷째, 보육교사는 부모를 지원하여 궁극적으로는 가정복지 증진에 기여하는 가정과 기관을 연결한다. 현대사회에서는 과거에 비해 이혼, 별거, 사고 등 가정의 안정을 위협하는 요인이 항상 존재하며, 경쟁적인 사회 속에서 자녀를 어떻게 키워야 할지에 대해 불안을 경험하는 부모가 늘고 있다. 즉, 최선의 양육과 교육에 대한 적절한 지원이 부족한 실정이다. 따라서 교사는 부모됨에 대한 사전지식이나 준비 없이 부모가 된 경우에 부모로서 올바른 가치판단을 하고 양육하도록 지원해야 한다. 이상의 내용을 요약하면 보육교사는 영유아를 둘러싼 가족과의 긍정적인 관계 형성을 통해, 궁극적으로 영유아의 성장과 발달을 도모하는 보육 전문가라고 정의할 수 있다.

다섯째, 보육교사는 봉사직으로, 영유아라는 인간을 직접 대상으로 하기에 이해, 사랑, 헌신, 봉사정신 등을 가지고 교육에 대한 사명감이 투철하여야 한다. 이러한 보육교사의 직업적 특성은 보육교사에게 어려움을 느끼게 하는 반면, 더 보람 있게 하기도 한다. 가르치는 대상이 어리면 어릴수록 교사에게 요구되는 직업적 특성은 달라질 수밖에 없으며, 이는 영유아에 대한 무조건적인 사랑에 기초해야 한다.

3) 전문직으로서의 보육교사

(1) 전문성의 개념

전문성(professionalism)이란 지식을 갖고 계획하여 해당분야에 지속적인 차이를 가져오는 능력이다. 전문성 및 전문직에 대한 개념은 시대와 사회의 변화에 따라 달라지며, 어떤 직업을 전문직으로 인정할 것인가 역시 시대적, 사회적으로 변화해 왔다. 따라서 전문성과 전문직에 대한 일반적 개념도 이를 정의하는 학자에 따라 조금씩 견해를 달리하고 있다. 카츠(Katz, 1988)는 전문성이 사회적 필요성, 애타주의, 자율성, 윤리강령, 대상자들과의 거리유지, 실제에 관한 표준들, 계속적인 훈련, 전문화된 지식 등을 포함하여야 한다고 하였다. 스포덱과 사라코 (Spodek & Saracho, 1990)는 전문가는 상당 기간 필요한 훈련이나 교육을 받아야 하고 폭넓은 자율성과 그에 따른 책임을 져야 하며 경제적인 수입보다는 주어진 업무 수행이 중요시되며 자율적인 조직체계를 가져야 하고 윤리강령을 준수해야 한다고 주장하고 있다. 이은화, 배소연, 조부경(1996)은 고도의 지적 능력의 요구, 사회기여도, 자율성의 행사, 전문직 단체의 결성과 윤리강령, 높은 사회 · 경제적 지위 등으로 분류하였다.

한편, 전통적인 전문직은 의학이나 법학 등과 같이 일정한 분야에서 높은 학식을 갖고 있는 사람들의 직업으로 정의되었다. 하지만 현대사회가 되면서 다양한 분야에서 다양한 차원의 직업전문성이 요구되고 있다. 그중 보육교사들은 영유아에 대한 보호와 교육을 통합하고 미래지향적인 서비스를 제공하는 중요한 역할을 하는 가운데 양질의 프로그램을 수행하는 자, 연구하는 자 등의 전문성이 필요하게 되었다.

전문성이란 용어의 가장 중요한 의미는 어떤 과업 수행에 있어서 '고등지식'이 적용되는 것을 말하며 그 고등지식에 기초한 '판단'의 사용과 비전문적인 과업 수행으로는 불가능한 어떤 '기준'의 채택을 의미한다(Katz, 1989). 보육교사직이 전문직으로서 인정받으려면 업무 수행에 있어서 전문성을 갖추어야 한다. 첫째, 전문인으로서의 보육교사들이 과업 수행을 할 때 적용시키는 고등지식은 주로 발달심리학, 특히 영유아의 신체 · 인지 · 정서 · 사회성 발달에 관한 연구에서 도출된 것이다. 보육교사들은 영유아 교육 및 보육과 관련된 다른 많은 분야로부터 얻어진 지식을 적용할 수 있어야 한다. 전문인으로서 보육교사는 장기간의 준비교육과 계속적 성장을 위한 전문적 교육, 직무 수행에 있어 전문적 지식과 이를 활용할 수 있는 지적 능력을 요구받는다. 둘째, 전문인으로서 보육교사에게 요구되는 '판단'이란 직무수행 상황을 진단하고 분석하며, 취할 수 있는 여러 가지 행위들의 중요성을 가늠해 보고, 행위가 미칠 수 있는 단기적 효과와 장기적 효과를 예측하는 능력을 의미한다. 셋째, 과업 수행의 기준은 전문적인 것과 아마추어적인 것을 구분하는 것이다. 아마추어는 어떤 일을 할 때 그것이 좋다고 생각되어 하며, 과업 수행의 기준이 일정하지 않을 수 있다. 그러나 전문적인 것은 어떤 경우든지 날마다 똑같은 높은 수준의 과업 수행을 해내야 한다.

(2) 전문직으로서의 보육교사

그렇다면 보육교사는 과연 전문직이라 할 수 있겠는가? 보육교사직은 프로그램을 개발하고, 이를 영유아에게 직접 실천해 옮기며, 전문적 지식에 기초하여 판단, 결정함으로써 영유아의 건강한 성장과 발달에 영향을 미치는 인간 서비스 계통의 전문직이라고 할 수 있다. 보육교사에게 요구되는 전문성은 영유아에게 양질의 서비스를 제공해 주기 위해서 보육교사가 갖추어야 할 지식이나 기술, 태도 등을 포함하며, 충분한 경험을 가지고 보육교사로서 역할을 수행하는 것과 더불어 신념과 책임감이 중요하게 작용한다(Saracho & Spodeck, 1993). 이에 대해 일부 학자들은 보육교사를 전문직이라 하기에는 전문화된 지식이 부족하고, 전문직으로서의 사회인지도가 낮은 편이며, 사회적 지위가 낮고 교사 스스로도 전문가라는 인식이 낮다고 평가한다. 하지만 한국 사회에서 보육교사와 유치원 교사는 전문직으로 분류된다. 한국에 있는 모든 직업을 통합하여 특성별로 분류한 한국표준 직업분류에서 보육교사와 유치원 교사는 '전문가 및 관련 종사자'로 대분류된다. 구체적으로 유치원 교사와 보육교사의 중분류를 살펴보면, 유치원 교사는 교육 전문가 및 관련직으로, 보육교사는 보건사회복지 및 종교 관련직으로 구분된다. 따라서 보육교사들은 자신이 전문가임을 인식하고 전문화된 역량을 발휘해야 할 것이다.

더 알아보기

한국표준 직업분류 – 전문가 및 관련 종사자 – 25 교육 전문가 및 관련직
다양한 교육수준에서 학문에 대한 이론 및 실제를 가르치고 해당 학문분야를 연구하여 그에 대한 개념 및 운영기법을 개선, 개발하고 강의안, 교재 등을 작성한다. 직무훈련 강사, 대학 교육조교, 보조교사 등을 포함한다.
이 중분류의 직업은 다음의 5개 소분류로 구성되어 있다.
251 대학 교수 및 강사
252 학교 교사
253 유치원 교사
254 분리 · 기술 및 예능 강사
259 기타 교육 전문가

유치원에서 취학 전 아동들의 지적·정서적·사회적 발달을 바람직한 방향으로 이끌어 주기 위해 제반 교육활동을 수행하는 자를 말한다.

〈주요 업무〉
- 유희, 토론, 이야기, 게임, 노래, 무용, 도화, 그림, 만들기 등을 통하여 아동 자신과 사회환경에 대한 이해를 증진시킨다.
- 아동들의 관심과 소질을 자극·개발하고 자신감과 표현력을 북돋워 주며 협동정신을 길러 주는 등 신체적 발달을 도모하기 위한 제반 계획을 수립하고 실행한다.
- 생활습관을 가르치고 학습상태를 평가하며 아동들의 성장문제에 관하여 학부모와 상의한다.

이에 근거해 볼 때 보육교사들이 전문성을 갖기 위해서는 다음과 같은 요건을 갖추어야 한다(박세정 외, 2014). 첫째, 적절한 의사결정을 내릴 수 있어야 한다. 의사결정을 할 때에는 자신의 일에 대한 풍부한 지식을 바탕으로 반성적 사고와 비판적 관점을 가지고 다양한 정보에 근거해야 한다. 둘째, 자신이 전문가임을 인식하고, 윤리강령을 따라야 한다. 보육교사들은 자신이 전문가 집단의 일원임을 인식하며, 윤리강령을 이해하고, 이를 적절한 상황에서 사용할 수 있어야 한다. 셋째, 교육적 활동과 정책에 적극적 옹호자로서의 역할에 충실히 참여한다. 예를 들어, 국가수준의 표준보육과정과 누리과정에서 제시되는 교육활동에 적극적으로 참여하는 것 또한 옹호자로서의 역할을 충실히 하는 것이다.

현장에서 보육교사들의 전문성이 발휘되기 위해서는 끊임없는 반성적 사고, 새로운 시도와 도전 등이 접목되었을 때 실현될 수 있으며, 무엇보다 전문적 지식에만 국한할 것이 아니라 자신의 의지와 결심에 의해 확립될 수 있다.

보육교사의 전문성을 구성하는 요인에 대한 여러 학자들의 견해를 종합해 보면 보육교사에게 요구되는 전문성 요인들은 전문적 지식과 기술 요구, 사회봉사

기능, 자율성, 전문직 단체 구성, 직업윤리, 사회·경제적 지위 등이다. 〈표 1-4〉는 전문성 6개 요인으로 구성된 보육교사 전문성 인식 척도다. 이를 통해 보육교사직이 전문직인가에 대한 견해를 점검하고 자신의 전문성을 평정해 볼 수 있다. 보육교사는 단순히 영유아들을 좋아하고 영유아들과 재미있게 놀아 주는, 즉 누구나 할 수 있는 것이 아니라 고도의 전문적 자질이 필요할 뿐만 아니라 스스로를 전문인으로서 인식할 때 보다 자질 있는 교사가 될 수 있다.

표 1-4 보육교사 전문성 인식 척도

요인		문항 내용	전혀 그렇지 않다	별로 그렇지 않다	보통 이다	비교적 그렇다	매우 그렇다
전문적 지식과 기술 요구	1	보육교사는 매우 높은 수준의 교수능력이 요구된다.					
	2	보육교사는 학생들의 발달을 위해 항상 새롭고 독특한 지도방법을 꾸준히 연구해야만 한다.					
	3	보육교사는 전문적 지식 및 기술 향상을 위해 각종 연수회나 강습회에 참여해야 한다.					
	4	보육교사는 장기간의 전문교육이 요구되는 직업이다.					
사회봉사성	1	보육교사직은 미래사회를 이해하는 것이 매우 중요하다.					
	2	보육교사는 보육교사직의 보수가 적더라도 헌신할 수 있는 봉사정신을 가지고 있다.					
	3	영유아교육기관에서는 부모교육 등을 실시하여 지역의 성인들에게도 혜택을 주어야 한다.					
	4	영유아교육기관의 시설과 인적자원은 지역사회에 개방되어야 한다.					

자율성	1	보육교사의 임무수행은 상사(외부)로부터의 간섭 없이 이루어져야 한다.					
	2	교실에서의 수업 진행은 보육교사의 자율에 맡겨져 운영되어야 한다.					
	3	보육교사는 영유아교육기관 운영에 대한 중요한 결정에 적극적으로 참여해야 한다.					
	4	보육교사는 자신이 맡은 반에서 생긴 사건에 대해 해결해야 할 책임이 있다.					
전문직 단체	1	보육교사의 전문성 향상을 위해 전문직 단체가 필요하다.					
	2	보육교사는 전문성 향상을 위해 교사자격증 부여 기준이 강화되어야 한다.					
	3	보육교사는 교육현장에서 교사 채용 시 자격기준을 강화해야 할 필요가 있다.					
직업윤리	1	보육교사는 높은 윤리적 행동기준이 요구된다.					
	2	보육교사는 보육교사로서의 실천사항을 스스로 규정하여 그 역할에 충실해야 한다.					
	3	보육교사가 영유아나 학부모의 개인적 정보를 보호하는 것은 보육교사의 본질적인 역할이다.					
사회·경제적 지위	1	보육교사직을 선택한 것에 대해 후회 없이 만족한다.					
	2	보육교사의 보수는 같은 학력으로 가질 수 있는 타 직업에 비해 좋은 편이다.					
	3	보육교사의 근무조건은 좋은 편이다.					
	4	보육교육기관에서의 보육교사직은 안정성이 있다(정년문제, 해직문제 등).					

출처: 최진령, 이연승(2010). 유아교사와 초등교사의 교직 전문성에 관한 인식.

4) 보육교직원의 법적 지위

「영유아보육법」에 의한 보육교사의 법적 지위에 대한 법률적 규정은 다음과 같다.

제2조 제5항 정의

'보육교직원' 이란 어린이집 영유아의 보육, 건강관리 및 보호자와의 상담, 그 밖에 어린이집의 관리 · 운영 등의 업무를 담당하는 자로서 어린이집의 원장 및 보육교사와 그 밖의 직원을 말한다.

제17조(보육교직원의 배치)

① 어린이집에는 보육교직원을 두어야 한다.

② 보육교직원의 배치기준 등에 필요한 사항은 보건복지부령으로 정한다.

제18조(보육교직원의 직무)

① 어린이집의 원장은 어린이집을 총괄하고 보육교사와 그 밖에 직원을 지도 · 감독하며 영유아를 보육한다.

② 보육교사는 영유아를 보육하고 어린이집의 원장이 불가피한 사유로 직무를 수행할 수 없을 때에는 그 직무를 대행한다.

제19조(보육교직원의 임면 등)

① 시장 · 군수 · 구청장은 보육교직원의 권익보장과 근로여건 개선을 위하여 보육교직원의 임면(任免)과 경력 등에 관한 사항을 관리하여야 한다.

② 어린이집의 원장은 보건복지부령으로 정하는 바에 따라 보육교직원의 임면에 관한 사항을 특별자치도지사 · 시장 · 군수 · 구청장에게 보고하여야 한다.

우리나라 보육교사직은 국가자격증제도에 기반한다. 국가자격제도란 국가에서 그 전문성을 인정하고 공인된 자격증을 부여하는 것으로, 법령에 의하여 규제를 받는 질 높은 수준의 자격이다. 이는 주로 국민의 생명, 안전, 건강에 직결되거나 고도의 윤리성이 요구되는 분야 또는 사회질서에 반하거나 선량한 풍속을 해할 우려가 있는 분야에 적용된다(서문희, 박세경, 박지혜, 2005).

참고문헌

박세정, 박지영, 석은조, 오성숙(2014). 보육교사론. 경기: 공동체.

보건복지부(2014a). 보육통계.

보건복지부(2014b). 어린이집 및 이용자 통계.

백혜리(2012). 보육교사론. 서울: 동문사.

서문희, 박세경, 박지혜(2005). 보육교사자격증 발급기준 연구. 보건사회연구원 연구보고서 2005-08.

양옥승(1999). 영유아 보육개론. 서울: 학지사.

염지숙, 이명순, 조형순, 김현주(2008). 유아교사론. 경기: 정민사.

염철현(2008). 미국의 Head Start와 한국의 We Start 운동의 비교ㆍ분석 및 그 시사점. 비교교육연구, 18(2), 47-67.

이성희(2005). 어린이집 보육교사의 직무 실태 및 만족도 조사 연구. 원광대학교 행정대학원 석사학위논문.

이은화, 배소연, 조부경(1996). 유아교사론. 경기: 양서원.

전남련(2010). 보육실습의 이론과 실제. 경기: 양서원.

최진령, 이연승(2010). 유아교사와 초등교사의 교직 전문성에 관한 인식. 열린유아교육, 15(1), 335-360.

Katz, L. G. (1988). Where is early childhood education as a profession? In B. Spodek, O. N. Saracho, & D. L. Peters (Eds.), *Professionalism and the early childhood practitioner*. New York: Teachers College Press.

Katz, L. G. (1989). The Nature of Professions: Where Is Early Childhood Education? *Current Topic in Early Childhood Education, 7*.

Katz, L. G., & Goffin, S. G. (1990). Issues In the preparation of teacher of young children. In B. Spodek, & O. N. Saracho (Eds.), *Early childhood teacher preparation* (pp. 192–208). NY: Teachers colleae.

Saracho, O. N., & Spodek. B. (1993). Professionalism and the preparation of early childhood practitioners. *Early child development and care, 89,* 1–17.

Spodek, B., & Saracho, O. N. (1990). Preparing early childhood teacher for the twenty-first centry: A look to the future. In B. Spodek, & O. N. Saracho (Eds.), *Yearbook in early childhood education. V. I: Early childhood teacher preparation* (pp. 209–221). New York: Teachers College Press.

드림스타트(2015). http://www.dreamstart.go.kr.

유니세프 한국위원회(2014). http://www.unicef.or.kr.

사진 출처

http://hermes.khan.kr/323(2013/01/16).

http://www.morningreading.org/article/2011/07/01/201107011658501511.html.

http://bbs.danawa.com/view.php?board=28&seq=2800911&page=&site.

02
보육교사의 역할과 자질

현대사회에서 맞벌이의 증가 등 사회 변화로 인해 영유아 보육에 대한 수요가 급증하며 사회구성원의 영유아기 발달을 책임지는 보육교사의 역할이 날로 중요해지고 있다. 이 장에서는 보육교사가 수행해야 하는 역할이 시대에 따라 어떻게 변화해 왔는지를 알아봄으로써 현대사회에서 보육교사의 역할에 대한 이해를 높이고, 영아와 유아에 따라 보육교사의 역할이 어떻게 달라지는지를 구분하여 살펴본다. 이와 함께 보육교사의 역할을 수행하기 위해 기본적으로 요구되는 보육교사로서의 자질에 대해 알아본다.

1. 보육교사의 역할

1) 사회 변화와 보육교사의 역할

역할이란 개인이 마땅히 수행해야 하는 맡은 바 임무로서, 개인의 지위와 관련된다. 즉, 사회에서 인정하는 개인의 지위와 관련하여 수행할 것으로 기대되는 것이다. 따라서 보육교사의 역할이란 보육교사의 지위를 가지는 개인이 수행할 것으로 사회적으로 기대되는 책무라고 할 수 있다.

역할은 사회적으로 기대되는 행동으로서, 사회에서 공유되는 가치관이나 사회변화와 밀접한 관련을 갖는다. 사회에서 공유되는 보육에 대한 인식 변화에 따라 보육교사의 역할도 변화해 왔다. 보육의 의미가 부모의 보살핌을 받지 못하는 상황의 아동을 돌보는 것으로 받아들여졌던 시기에는 보육교사의 역할 또한 엄마를 대신하는 역할로서 아동의 의식주를 돌보는 양육이 중시되었다. 이후 보육의 개념이 양육 못지않게 교육의 의미를 중요시하는 것으로 변화함에 따라 보육교사의 역할 또한 교육활동을 계획하고 이를 실행하는 교수자로서의 역할이 부가되었다.

2) 일반적인 보육교사의 역할

일반적인 보육교사의 역할은 매우 다양하며, 학자에 따라 그 분류기준도 다양하다. 영유아와의 실제적인 상호작용에서의 기능을 중심으로 보육교사의 역할을 분류하면, 영유아의 양육을 위한 역할, 교육활동을 계획하고 실행하며 평가하는 교수자의 역할, 영유아의 전반적인 생활에서 본보기가 되어 주는 모델의 역할, 그리고 아동 간의 갈등 및 문제 상황에서 영유아의 문제해결을 돕는 중재자의 역할로 분류할 수 있다.

(1) 양육 역할

보육의 전통적 의미는 보호와 양육이다. 영유아의 보호와 양육은 본래 주양육자가 담당하는 역할이지만 현대사회에서 맞벌이 가정 및 한부모 가정의 증가 등 여러 가지 이유로 인해 가정 내의 주양육자가 이를 담당하지 못하는 경우가 늘어나면서 보육교사가 양육의 역할을 담당하게 되었다. 전통적인 보육개념에서의 양육의 중요성은 1980년대와 1990년대에 들어 'educare' 개념의 등장과 함께 보육에서의 교육의 기능이 강조되며 상대적으로 그 중요성이 약화되었으나 이후 일하는 여성의 증가로 인해 보육교사가 부모의 양육기능을 대신하는 대리양육자로서의 보호와 양육의 역할이 다시 강조되고 있다(박은혜, 2009).

■ 민감한 양육을 통한 애착 형성

양육에서 가장 중요한 것은 민감한 양육으로서 아동의 요구를 즉시, 정확히 파악하여 이에 대해 적절하게 대처하는 것으로서, 이러한 양육의 역할이 제대로 이루어져야 교사와 영유아 간의 정서적 유대가 강해지고 안정애착이 형성되어 다른 대인관계에까지 긍정적 영향을 미칠 수 있다. 보육교사와 영유아 간의 안정애착 형성은 부모와의 애착 형성과는 별개의 문제로, 부모와 불안정한 애착을 형성한 경우라도 교사와 안정애착을 형성할 수 있고, 이는 부모와의 불안정 애착관계를 개선하고 이로 인해 파생되는 여러 부정적인 영향을 상쇄할 수 있기 때문에 더욱 중요하다.

■ 건강과 안전

양육의 역할에서 빠질 수 없는 것이 영유아의 건강과 안전을 지키는 일이다. 영유아의 건강을 지키기 위해 충분한 영양을 섭취할 수 있도록 오전/오후 간식 및 점심식사를 충분히 섭취할 수 있도록 해야 한다. 또한 이 시간을 통해 영유아가 성장에 필요한 음식을 골고루 섭취하고 함께 어울려 식사하는 기쁨을 느끼고 올바른 식사예절을 배울 수 있도록 지도할 필요가 있다. 또한 충분한 휴식 및 수면을 취하게 해 주는 것도 영유아의 건강을 위한 교사의 역할이다. 영유아기에는 충분한 수면 시간이 확보되어야 하고, 특히 어린이집에서 집단생활을 하는 영유아는 집단생활로 인한 긴장감이나 높은 활동수준 등을 고려할 때 유아기에도 매일 일정한 낮잠 시간을 운영하여 영유아가 충분한 휴식을 취할 수 있게 해야 한다.

영유아의 안전을 보장하는 것은 보육교사의 가장 중요한 역할 중 하나다. 보육교사는 안전한 환경을 제공함으로써 영유아가 다치지 않게 보호하고 나아가 활발한 탐색을 통해 지적 호기심을 충족시킬 수 있도록 해야 한다. 이를 위해 물리적으로 안전한 교재교구를 제공하고 환경의 위험 요소를 없애거나 안전장치를 구비하며 올바른 교구의 사용법 및 규칙을 지도하여 안전하게 교재교구를 사용할 수 있게 해야 한다. 또한 요즈음 화두가 되고 있는 대인안전과 관련하여 영유아의 유괴나 성폭력 등에서 안전할 수 있도록 영유아를 지키고 관련 교육을 실시하는 것도 영유아의 안전을 보장하기 위한 교사의 노력이다. 또한 정기적으로 대피 훈련을 실시하여 재난이나 사고에 대비할 수 있도록 해야 한다.

(2) 교수자 역할

보육의 개념은 양육의 역할을 주로 강조하던 초기 개념에서 변화하여 점차 교수자의 역할을 중요시하게 되었다. 이를 잘 반영해 주는 용어가 앞에서도 거론되었던 '에듀케어(educare)'다. 이는 보육을 통해 아이를 돌보는 것(care)뿐만 아니라 교육(education)이 함께 실행되어야 함을 의미하는 것으로서, 이를 위해 교사는 교육활동을 계획하고 실행하며 평가하는 교수자로서의 역할을 수행하여야 한다. 특히 영유아를 대상으로 하는 교육활동은 교과서 없이 영유아-교구, 영유아-영유아, 영유아-교사 간의 상호작용이나 활동을 중심으로 이루어지므로 교실의 환경을 마련하고 영유아의 활동을 적극적으로 지원해 주는 교사의 역할이 중요하다(백혜리, 1990).

스포덱(Spodek, 1985)은 보육교사의 역할 유형 중 교수자 역할을 다시 진단자, 교육과정 설계 및 조직자, 평가자 역할로 구분하였다. 이 구분에 따라 보육교사의 교수자 역할에 대해 보다 상세히 알아보면 다음과 같다.

■ 진단자 역할

진단자로서 보육교사는 영유아를 관찰하고 진단하여 영유아의 발달수준을 정확히 파악하여야 한다. 보육교사는 교육활동을 효과적으로 수행하기 위해 가장 먼저 영유아의 발달수준 및 이해 정도를 파악해야 한다. 이를 위해 영유아를 관찰하고 부모 상담 등을 통해 영유아에 대한 정보를 수집하여 영유아의 현재 발달수준을 진단한다. 비고츠키(Vygotsky)의 근접발달지대의 원리에서도 알 수 있듯이 영유아의 현재 발달수준을 파악하고 그에 맞는 수준의 교육활동을 계획하고 실행할 때 최고의 교육적 효과를 볼 수 있다. 아무리 좋은 교육 프로그램도 영유아의 수준에 적합하지 않다면 효과를 발휘하기 어렵기 때문에 현재 수준의 지식이나 준비도를 점검하는 과정이 필요하다. 그 첫걸음이 영유아의 발달수준 및 영유아의 특성을 파악하는 진단자 역할이다.

■ 교육과정 설계 및 조직자 역할

교육과정 설계 및 조직자로서 교사는 영유아의 발달수준 및 특성을 고려하여 적합한 교육활동 및 교육과정을 설계하고 적합한 환경을 조직해야 한다. 영유아기는 동일연령에서도 개인의 발달에 따른 역량의 차이가 큰 시기이므로 이를 고려하여 어떠한 교육활동도 발달수준의 차이를 두어 계획할 필요가 있다. 또한 영유아의 특성상 교육활동 진행 중 돌발 상황이 많이 일어날 수 있기 때문에 교사의 역량과 철저한 사전 준비가 필요하다. 이렇게 철저히 교육활동을 준비한 교사는 영유아의 돌발 질문이나 돌발 상황을 오히려 교육적으로 활용하여 더욱 양질의 교육활동을 실행할 수 있다.

■ 평가자 역할

보육교사는 평가자로서 자신이 수행하는 교육활동의 효과를 평가하고 이로 인한 영유아의 발달수준 변화를 가늠할 수 있어야 한다. 이를 위해 교사는 교육활동의 목표를 설정하고 이와 관련하여 영유아를 관찰하고 여러 가지 평가 방식을 익혀 다각도로 평가하여야 한다. 보육교사가 실행하는 영유아에 대한 평가는 교육활동 계획 전에 시행하는 진단평가, 교육활동 진행 중에 시행하는 형성평가, 그리고 교육활동 종결 후에 시행하는 총괄평가로 나뉜다. 이러한 평가과정을 통해 교육활동의 효과 및 부족한 점을 파악하고 개선할 수 있기 때문에 평가 결과를 활용한 더욱 효과적이고 지속적인 교육활동이 가능하다.

평가 결과는 부모 상담 시 아동에 대한 이해를 돕기 위한 객관적 자료로도 활용될 수 있으며 동료교사 및 자기 스스로의 교육활동 평가 시 유용한 자료로 활용할 수 있다.

(3) 모델 역할

사회학습이론에 기반했을 때 영유아는 모방을 통해 많은 것을 배운다. 특히 영유아가 주의를 집중하고 모방하는 대상은 '의미 있는 타인'으로서, 주로 부모 및 형제자매, 교사, 또래 등이 이에 해당한다. 이 중 성인에 해당하는 사람이 부모와 교사로서, 이들은 영유아에게 사회적으로 인정되는 올바른 생활방식 및 관련지식을 전달하는 중요한 역할을 수행한다. 어린이집에 다니는 영유아는 하루의 대부분의 시간을 어린이집에서 보내는 경우가 많다. 따라서 부모보다 더 중요한 모델이 될 수 있는 것이 교사다. 때때로 교사는 아동에게 부모보다 더 권위 있고 매력적인 모델이 된다. 그래서 교사가 아이들과 생활하며 보여 주는 언어, 생활방식, 감정의 표현 및 문제해결 방식, 가치관 등 모든 행동과 사고가 부지불식간에 영유아에게 영향을 미치기 쉽다. 따라서 교사는 자신의 생활 전반을 돌아보아 자신을 파악하고 이를 바탕으로 의식적으로 노력하여 영유아에게 올바르고 교육적인 모습을 보여 줄 필요가 있다

(4) 중재자 역할

영유아는 인지적으로나 사회적으로 아직 발달이 미숙하기 때문에 집단생활을 통한 상호작용에서 갈등이 많이 발생한다. 교사는 다양한 갈등 상황에서 영유아가 스스로 문제를 해결해 나갈 수 있도록 돕는 역할을 수행해야 한다. 교사가 문제해결 상황에 적극적으로 개입하여 문제를 해결해 나가는 것도 나이가 어린 영아들에게는 필요하다. 하지만 유아기가 되면 스스로 문제를 해결해 나가야 하기

때문에 이를 준비하기 위해서는 교사가 직접적인 문제해결책을 제시하기보다 중재자로서 상황을 설명하고 가능한 문제해결책을 함께 도출해 낼 수 있도록 유도하는 중재자 역할을 수행해야 한다.

이와 함께 성인 간의 갈등에서도 교사는 중재자 역할을 수행해야 한다. 보육은 대인 간의 상호작용에 기반하여 이루어지기 때문에 이 과정에서 다양한 갈등 상황이 발생할 수 있다. 어린이집에 관련된 보육교직원들 간의 갈등이나 학부모와의 갈등 상황이 발생했을 때 교사는 이러한 갈등 상황을 효과적으로 해결할 수 있도록 중재자의 역할을 담당하여 서로에 대한 오해를 불식시키고 이해를 도울 수 있어야 한다.

3) 아동발달에 따른 보육교사의 역할

보육교사는 아동을 대상으로 하여 보육 업무를 행하는 자로서, 보육교사의 역할은 대상이 되는 아동에게 직접적인 영향을 미친다. 따라서 대상 아동의 특성에 따라 보육교사의 역할은 달라진다. 여기서는 아동의 특성 중 가장 일반적으로 적용되는 기준인 연령에 따라 영아와 유아를 구분하여 각 연령대의 아동에 대한 보육교사의 역할이 어떠한 차이가 있는지를 살펴볼 것이다.

(1) 영아 보육교사의 역할

연령구분에서 영아는 2세 이하를 의미한다. 따라서 영아 보육교사란 2세 이하의 영아를 보육하는 교사를 의미한다(「영유아보육법」 시행규칙 제10조 별표 2). 기관별로 차이가 있으나 대개 학급이 새로 구성되는 3월을 기준으로 연령별 학급이 구성되기 때문에 학급을 기준으로 하였을 때에 실제 보육 대상인 아동의 연령은 1년간의 기간을 거치며 점차 3세에 가까워지기도 한다. 영아기의 발달 특성에 따른 보육교사의 역할은 다음과 같다.

■ 건강하고 안전한 환경의 제공

영아기는 생존을 위한 기술의 발달이 미흡한 시기로서 양육을 담당하는 성인의 도움이 필수적이다. 따라서 영아를 대상으로 하는 보육교사의 가장 기본적이면서도 중요한 역할은 영아의 생존을 위한 기본조건으로서 안전하고 쾌적한 환경에서 의식주의 기본요소를 제공하고 돌보는 것이다. 영아기는 Freud의 심리성적 이론의 발달 단계상 구강기에 해당한다. 영아들은 무엇이든 입으로 가져가 탐색하는 경향이 강하다. 이는 각종 질병을 일으키는 세균의 전염을 일으키기 쉬운 조건으로서 영아 보육교사는 손씻기 등 영아의 위생관리에 철저해야 한다.

또한 신체 발달을 통해 여러 가지 운동기술을 획득하면서 이를 숙달시켜 나가는 과정에 있는 영아는 일상생활 속에서 안전사고의 위험이 늘 뒤따른다. 특히 영아기의 왕성한 호기심은 신체 발달로 인한 이동능력의 확보와 맞물려 크고 작은 안전사고를 유발할 수 있는 요인이 되기 때문에 교사는 영아의 안전을 확보하면서도 탐색욕구를 채워 줄 수 있도록 안전하고 다채로운 환경을 제공하여야 한다.

■ 안정애착 형성

영아기는 사회성의 기초가 되는 애착이 형성되는 결정적 시기다. 여성 취업의 증가로 영유아가 어머니와 보내는 시간은 감소되었고 영유아는 예전보다 훨씬 어린 연령부터 어린이집에 다니게 되었다. 또한 하루 중 보육교사와 함께 있는 시간도 증가하였기 때문에 애착이 주 양육자와 영아 간의 정서적 유대관계라는 맥락에서 봤을 때, 보육교사와 영유아 간에 형성되는 애착의 중요성이 부각되고 있다. 보육교사와 영유아 사이에도 애착관계가 형성되며 이는 부모와의 애착관계와는 별개의 것으로, 부모와 불안정한 애착을 형성한 영유아도 교사와의 안정애착 형성을 통해 부모와의 관계 개선 및 사회성 증진에 도움이 될 수 있다. 영유아가 애착대상인 교사에 대해 신뢰감을 형성하면 낯선 상황에 대해 두려움을 덜 가지게 되고, 탐색활동을 보다 적극적으로 할 수 있다(민성혜, 신혜원, 김의향, 2012).

■ 건강한 신체 발달의 도모

영아기를 가리켜 제1성장급등기라고 한다. 이는 영아기에 신체적 성장이 양적, 질적으로 급격히 증가하는 특징을 나타내는 용어다. 따라서 영아를 대상으로 하는 보육교사의 역할은 영아의 신체 발달을 최적화하도록 노력하는 것이 중요하다. 이를 위해 구체적으로 영아의 영양섭취 및 휴식과 배설에 관심을 기울일 필요가 있다. 특히 영아기는 아직 발달이 분화되지 않고 통합적으로 이루어지기 때문에 이 시기의 영양 부족은 영아의 신체 발달을 지연시킬 뿐만 아니라 인지발달이나 정서발달에도 악영향을 미칠 수 있다. 따라서 규칙적으로 균형 잡힌 영양소를 섭취할 수 있도록 해야 하며, 이때 교사는 영아의 개별적인 수유 및 수면 등 개인적인 신체리듬을 고려하여 일과를 개별적으로 운영해야 한다. 표준보육과정에도 명시되어 있듯이, 집단생활 속에서 정해진 시간에 맞추어 식사 및 수면 시간을 갖는 것은 영아기 후반에 가서야 적합하므로 영아 보육교사는 최대한 개별 아동의 요구에 맞추어 줄 수 있도록 배려해야 한다.

■ 원활한 의사소통을 위한 노력

영아기에 가장 큰 발달을 보이는 영역 중 하나가 언어발달이다. 영아기 초기에 자신의 의사를 언어로 표현하는 것이 불가능했던 영아가 영아기 말기인 2세경이 지나면서 어휘폭발을 경험하며 자신의 의사를 언어로 표현할 수 있게 된다. 그러나 그 과정에 속하는 영아기는 아직 언어발달이 미흡하기 때문에 성인이 주의를 기울여 영아의 발화를 이해하기 위해 노력해야 한다. 이는 언어발달을 촉진시킬 뿐만 아니라 영아의 사회성 발달, 정서발달에도 지대한 영향을 미친다. 아직 언어발달이 미숙하여 언어로 자신을 표현하지 못하는 영아도 몸짓 등을 통해 자신의 의사를 표현하고 이는 의사소통의 기초적 형태로 의사소통 방식을 배우는 중요한 기제가 된다. 교사가 영아의 의사를 이해하여 의사대로 행동해 주거나 영아가 표현하고자 하는 바를 교사가 이해했음을 언어로 표현해 줄 때 영아는 의사표현에 대한 자신감을 얻음과 동시에 타인과의 적절한 상호작용의 기초를 익히게 된

표 2-1 영유아의 수면시간과 낮잠시간

개월 수	밤잠	낮잠	총 수면시간
1개월	$8\frac{1}{2}$시간	7시간(낮잠 3회)	$15\frac{1}{2}$시간
3개월	10시간	5시간(낮잠 3회)	15시간
6개월	11시간	$3\frac{1}{4}$(낮잠 2회)	$14\frac{1}{4}$시간
9개월	11시간	3시간(낮잠 2회)	14시간
12개월	$11\frac{1}{4}$시간	$2\frac{1}{2}$(낮잠 2회)	$13\frac{3}{4}$시간
18개월	$11\frac{1}{4}$시간	$2\frac{1}{4}$(낮잠 1회)	$13\frac{1}{2}$시간
24개월	11시간	2시간(낮잠 1회)	13시간
36개월	$10\frac{1}{2}$시간	$1\frac{1}{2}$(낮잠 1회)	12시간

출처: babycenterkorea(2014). http://www.johnsonsbaby.co.kr/babycenter/article/article_view.asp?CateNo=
9&TopicNo=9&ArticleNo=777.

다. 이를 바탕으로 자신에 대한 긍정적 감정 및 타인과의 의사소통을 통한 문제해결 방식을 연습할 수 있다. 이러한 영아의 전언어적 신호를 알아차리고 해석하는 것이나 초기 발화를 이해하는 것은 영아 보육교사에게 매우 도전적인 과제다. 영아의 초기 발화를 알아듣고 이해하기 위해서는 인내심을 가지고 영유아와 지속적으로 상호작용함으로써 영유아의 개별적인 특성 및 발화규칙을 이해하여야만 하기 때문이다.

영아가 표현하는 언어를 교사가 이해하는 것도 중요하지만 영아에게 언어를 통해 교사의 의사를 전하는 것도 중요하다. 영아기 언어발달은 말하기 능력에 앞서 듣기 능력이 먼저 발달한다. 교사는 이러한 언어발달의 특징을 이용하여 영아의 발달수준에 맞게 쉬운 언어를 사용하여 상세한 설명을 해 줌으로써 영아가 의사소통의 즐거움을 느낄 수 있게 하여야 한다. 언어적 상호작용의 즐거움과 편리함을 영아가 인식함으로써 언어발달이 촉진되도록 하는 것이 교사의 역할이다.

■ 바른 기본생활습관 형성

'세 살 버릇 여든 간다.'는 유명한 속담이 있듯이, 영아기에 형성되는 기본생활습관은 평생 지속된다. 영아기에 기본적인 생활습관을 형성하는 것은 본래 개별 가정에서 행해지는 과업이었으나, 어린이집에 다니는 영유아의 연령이 점차 낮아지고 영아의 어린이집 재원이 보편화되면서 영아기 기본생활습관의 형성이 중요한 영아 보육교사의 역할로 자리 잡았다.

영아기에 형성되어야 할 올바른 기본생활습관에는 식사와 수면, 배변훈련 등 기본적인 생활을 영위하는 데에 필수적인 생활습관과 인사하기, 고운 말, 존댓말 사용하기 등 기본적인 예절과 관련된 생활습관들이 있다. 이를 위해 영아 보육교사는 일상생활에서 자연스럽게 바른 생활습관이 몸에 배도록 돕는 역할을 해야 한다.

식사 습관에는 규칙적인 수유로부터 시작하여 이유하는 과정을 거쳐 고형식을 골고루 섭취할 수 있게 되기까지의 모든 과정이 포함된다. 매일 일정시간에 적당한 양의 낮잠을 자는 습관과 잠들기 전에 양치를 하는 등의 습관을 들이는 것에도 힘써야 한다.

배변훈련은 특히 영아기에 이루어야 하는 중요 발달과업이다. 개인차가 있지만 영아는 대개 18개월을 전후하여 괄약근의 조절이 가능해진다. 교사의 지지와 또래들 간의 모델링 효과를 활용하기 위해 교사는 배변훈련이 가능한 영아들을 대상으로 적절한 시기를 선택해 한꺼번에 배변훈련을 할 수 있다(공인숙, 한미현, 김영주, 권기남, 2013). 계절상으로는 실수를 해도 옷을 갈아입기 좋은 초여름이 배변훈련에 가장 적합하지만 개별 영아의 월령 및 발달수준, 배변훈련의 준비도 등을 고려하는 것이 우선시되며 가정과 연계하여 실시한다. Freud에 의하면 배변훈련은 이후의 성격 형성에도 큰 영향을 미치는 중요한 사건으로, 교사는 배변훈련 과정에서 영아가 너무 강압적으로 느끼거나 수치심을 느끼지 않도록 배려해야 한다. 이를 위해서는 아동의 연령에 기초하여 배변훈련 시기를 정하기보다 아동의 준비도를 고려해야 하고, 배변훈련 과정에서 옷에 실수를 할 때 야단치거나 수

치심을 주지 않고 충분히 있을 수 있는 일임을 반복해서 이야기해 주고 신속하고 청결하게 이를 처리해 주어야 한다. 배변훈련을 시키는 과정에서 실수한 옷을 가정으로 보내는 과정은 또 다른 갈등과 불만을 일으키는 경우가 많기 때문에 영아 보육교사는 이러한 점에 주의하여 배변훈련 전, 가정에 배변훈련 과정 및 방식에 대해 자세히 알리고, 서로 협의를 거쳐 진행하여야 한다.

더 알아보기 **영아기 기본생활습관의 중요성**

24개월 전후에 들인 아이 습관 평생 간다

'세 살 버릇 여든 간다'는 속담이 있다. 그만큼 세 살 시기의 습관 형성이 중요하다는 의미다. 실제로 육아 전문가들은 아이들이 세 살이 되는 24개월 전후, 자아의식이 발달하고 자기주장이 강해지는 시기라 이때의 올바른 습관 들이기가 중요하다고 말한다. 그래서 영아기가 끝나는 만 2세 자녀를 둔 부모들은 분주하다. 젖먹이 어린 아기 시절에서 벗어나는 시기인 만큼 성장을 위한 균형 잡힌 영양부터 두뇌발달, 인성교육 등 신경 써야 할 부분이 늘어나기 때문. 신체 발달의 속도 확인은 기본이고 배변훈련과 양치, 목욕과 같은 위생·건강까지 챙겨야 한다. 한마디로 만 2세는 아이가 평생 갖게 될 '습관 들이기'를 시작하는 아주 중요한 시기다. 이렇듯 영유아기의 습관 형성의 중요성을 간파한 유통업계에서는 만 2세를 타깃으로 한 제품 출시와 마케팅에 열을 올리고 있다. ……

출처: 세계일보(2014. 12. 15.).

(2) 유아 보육교사의 역할

연령구분상 유아는 3~5세를 의미한다. 따라서 유아 보육교사라 함은 3~5세 유아를 보육하는 교사를 의미한다(「영유아보육법」 시행규칙 제10조 별표 2). 영아 보육교사의 역할과 비교했을 때 유아 보육교사의 역할의 가장 큰 차이점은 양육과 교육의 비중에서 점차 교육의 비중이 커진다는 것이다. 유아기는 자조능력이 발달하여 스스로 생존과 관련된 기본적인 생활의 영위가 가능해지므로 이를 돕는 양육관련 역할이 감소하는 반면, 인지가 발달함에 따라 다양한 교육활동을 실행

하는 역할이 더 중요시된다. 또한 본격적인 사회성 발달이 시작되는 시기로 상호
작용을 통한 또래놀이가 가능해지기 때문에 또래관계를 활성화시키는 것이 보육
교사의 역할에 추가된다.

■ 또래관계 형성 돕기

유아기에는 타인에 대한 정서를 조망할 수 있는 인지가 발달하며 점차 타인을
이해하고 수용하는 과정을 통해 상호작용을 통한 또래관계를 발달시킬 수 있게
된다. 이와 함께 또래동조성이 강해지고 또래의 영향을 많이 받게 되는 시기이기
도 하다. 이처럼 또래관계가 중요해지는 시기이기 때문에 보육교사는 유아가 또
래관계를 잘 형성하고 있는지, 또래 간의 상호작용에 문제점은 없는지, 또래관계
를 통해 아동의 자존감 발달 및 생활의 즐거움이 긍정적 영향을 받고 있는지 등을
면밀히 살펴 또래관계가 원만히 이루어지지 않거나 이로 인해 부정적 영향을 받
는 경우, 원만한 또래관계를 형성할 수 있도록 돕는 역할을 해야 한다. 특히 또래
관계에서 가장 관건이 되는 것은 또래관계에 진입하는 과정이기 때문에, 또래관
계 형성이 어려운 유아에 대해서는 교사가 눈에 띄지 않게 그 유아와 잘 어울릴
수 있는 또래들과 또래집단을 형성해 주고 그 안에서 원활한 또래관계가 이루어
질 수 있도록 지원해야 한다. 또한 사회성 발달이 뒤처지는 유아들의 경우, 또래
와의 상호작용보다 성인과의 상호작용이 훨씬 수월하므로 교사와의 상호작용을
통해 적절한 대인 간 상호작용 기술을 연습할 수 있도록 교사가 보다 많은 상호작
용을 함께 해 주고 좋은 모델이 되어 주는 역할을 수행할 필요가 있다.

또래관계와 함께 또래 간에 발생하는 갈등을 다루는 문제가 대두되는데, 유아
기에는 이러한 문제 상황에서 스스로 해결책을 찾고 여러 해결책 중에서 가장 좋
은 방안을 선택하여 스스로 문제를 해결해 나가는 과정을 경험하도록 교사는 최
소한의 개입을 통해 이를 돕는 역할을 해야 한다. 타인의 정서에 대한 이해를 돕
기 위한 활동이나 협동활동 등 친사회적 행동을 배우고 연습할 수 있는 활동을 계
획, 실행하는 것도 이를 위한 중요한 교사의 역할이라고 할 수 있다.

■ **상징놀이 등 인지발달 자극**

유아기는 인지가 발달하여 정신적 표상이 가능해지는 시기로서, 영아기의 구체적인 경험 위주의 활동에서 벗어나 사고과정을 통한 활동이 가능해진다. 이때 유아들이 가장 즐기게 되는 놀이가 가작화놀이다. 활발한 가작화놀이는 유아기의 발달 특성을 보여 주는 한 예로서, 교사는 유아가 가작화놀이를 활발하게 할 수 있도록 다양한 표상거리를 제공해 주고, 가작화놀이를 활성화시킬 수 있는 환경을 제공하는 역할을 담당해야 한다. 아이들의 표상을 도울 수 있는 다양한 역할에 따른 의상을 배치해 주거나, 아이들의 상상을 자극할 수 있는 환상동화를 배치하는 것, 자신의 상상을 자유롭게 표현해 볼 수 있는 여러 가지 공작 도구를 배치해 주는 것 등 다양한 방안을 적극적으로 활용한다.

■ **정교화된 신체기술을 활용한 신체활동 제공**

유아기는 영아기부터 발달해 온 신체조절능력이 정교화됨으로써 다양한 신체조절활동에 도전하는 시기다. 유아는 신체조절능력의 향상으로 인해 보다 활동적이 되는 경향이 있다. 이러한 활동성을 억제했을 때, 오히려 안전사고의 위험도 커지게 되므로 아이들이 마음껏 활동성을 분출할 수 있는 안전한 환경을 제공하고 신체활동을 일과에 포함시키는 것이 바람직하다. 적절한 신체활동놀이는 신체 각 부분의 조화로운 발달을 도와주며 순환, 배설, 호흡 등 신체기관의 기능을 향상시키고 바른 자세를 갖는 데에도 도움이 된다(이순형, 권기남, 김진욱, 민미희, 김정민, 김은영, 이성옥, 정현심, 심도현, 안혜령, 2013).

대근육뿐만 아니라 소근육도 잘 발달할 수 있도록 관련 교구나 활동을 통해 유아가 정교하게 소근육을 발달시킬 수 있도록 돕는 것도 유아 보육교사의 중요한 역할이다. 이를 위해 점토 공작이나, 작은 블록을 활용한 조형물 만들기, 가위로 오리기 등 소근육 활동을 포함하는 활동을 제공함으로써 유아가 자연스럽게 정교한 소근육을 발달시킬 수 있도록 돕는다.

4) 부모에 대한 보육교사의 역할

보육교사는 아동을 보육하는 역할을 주로 담당하지만 아동을 양육하는 일은 보육교사 혼자만의 일이 아니라 부모와 함께 해야 하는 일이므로 부모와의 상호작용이 필수적이다. 부모와의 원활한 상호작용을 위해 교사는 학부모를 자신과 함께 같은 목표를 가지고 나아가는 동역자로서 인식하고 서로 도와야 한다. 부모에 대해서 보육교사는 아동의 발달 및 양육 관련 지식을 전달하는 조언자 역할, 아동의 최적의 발달을 이끌기 위해 어려움을 함께 나누는 상담자 역할을 담당한다.

■ 조언자 역할

보육교사는 보육이라는 업무를 담당하기 위해 아동의 발달 및 지도법, 가족관련 학문 등을 수학하고 자격증을 가지고 있는 전문가다. 젊은 초임 교사의 경우, 자녀를 출산하고 기르는 양육의 경험이 없는 경우가 많기 때문에 학부모들은 양육에 있어 학부모가 더 전문가라고 느끼는 경우도 많이 있다. 실제로 개별 영유아에 대해서는 해당 영유아의 부모가 가장 전문가라고 할 수도 있을 것이다. 그러나 전반적인 영유아에 대한 이해나 영유아의 부적응행동을 수정할 수 있는 능력에 있어서는 보육교사가 전문가이므로 보육교사는 해당 영유아에 대한 부모의 이해도가 높음을 인정하되 본인의 지식과 경험에 대해서도 자신감을 가지고 부모와 원활히 상호작용하면서 부모에게 유용한 양육관련 조언을 할 수 있어야 한다. 이러한 조언자의 역할을 수행함으로써 영유아의 발달을 도울 수 있다.

■ 상담자 역할

영유아를 양육하는 과정에서는 영유아의 발달이 지체되거나 또래관계에서 반복적으로 문제가 발생할 때, 생활습관이 잘못되었을 때 등 때로는 일시적이고, 때로는 지속적인 문제가 발생한다. 부모와 교사는 서로 협력하여 해당 영유아가 자신의 능력을 십분 발휘하여 최적의 발달을 이룰 수 있도록 하기 위한 공동의 목표를 가지고 함께 의견을 공유하여야 한다. 이때 교사는 전문가적 입장에서 부모에게 상담자 역할을 수행한다. 상담자로서 자격을 소유한 전문적 상담은 아니지만 부모의 입장에서 부모에게 공감해 주고 적극적으로 경청해 주며 함께 해결책을 모색해 보는 과정만으로 부모에게는 큰 힘이 될 수 있다. 교사는 이때 자신의 능력에 맞게 부모와 함께 문제를 공유하고, 전문적인 도움이 필요한 경우에는 전문가에게 의뢰하여 보다 효율적인 해결책을 찾을 수 있도록 도와야 한다.

2. 보육교사의 자질

자질(資質)이란 타고난 성품이나 소질 또는 어떤 분야의 일에 대한 능력이나 실력의 정도를 의미한다. 이는 보육교사가 되기 위해 제도적으로 규정한 자격요건과는 다른 개념으로서, 동일하게 보육교사 국가자격증을 소지했다 하더라도 보육교사로서의 자질은 저마다 개인차가 있다.

보육교사의 역할을 수행하는 질적인 측면에 영향을 미치는 교사의 자질은 크게 개인적 자질과 전문적 자질로 구분하여 생각해 볼 수 있다. 개인적 자질은 영유아에 대한 사랑 등 보육교사의 인성적인 면과 관련이 깊은 반면, 전문적 자질은 보육교사로서 보유하고 있는 전문 지식 및 양육기술 등과 관련된다. 최근에는 사회가 전문화, 분업화되며 교사의 전문적 자질이 더 많이 강조되는 경향이 있으나, 영유아 보육은 자연스러운 생활 속에서 체험 위주로 이루어진다는 점에서 교사의 개인적 자질은 여전히 매우 중요하다(이순형 외, 2013).

보육교사로서 개인적 자질과 전문적 자질을 모두 갖추고 있는 것이 가장 바람직하므로 예비보육교사는 자신을 돌아보고 자신이 부족하다고 생각되는 부분을 개발할 필요가 있다.

1) 개인적 자질

(1) 건강

보육교사는 건강해야 한다. 여기에는 신체적 건강과 심리적 건강이 모두 포함된다. 영유아를 보육하는 일은 기본적으로 상당한 수준의 신체활동을 요구하는 일이다. 여러 가지 영역에서 아직 기술이 부족하고 발달수준이 미흡한 영유아들을 안전하게 양육하기 위해서는 영유아의 미흡한 점을 교사가 보충해 주어야 하기에 영유아들 개개인의 필요를 지속적으로 채워 주기 위해 움직여야 하고, 쉴 새없이 움직이며 탐색하는 에너지가 왕성한 영유아들을 집단으로 보육하는 업무를하기에 교사도 영유아들과 함께 움직여야 한다. 또한 보육교사가 질병으로 인해아플 경우, 대체교사를 투입한다고 해도 보육업무에 차질을 빚게 되고 영유아가새로운 선생님과 생활해야 하는 문제가 있기 때문에 보육교사의 병가도 쉽지 않은 형편이다. 따라서 교사 스스로 자신의 체력을 안배하고 신체적 건강을 유지할수 있는 자질을 갖추어야 한다.

이와 함께 정신적 건강도 보육교사의 중요한 자질이다. 교사는 영유아에게 매우의미 있는 타인으로서 영유아에게 모델의 역할을 한다. 이는 정서적 표현 방법이나, 심리상태가 드러나는 표정 및 행동 등에서도 마찬가지다. 정신적으로 건강하지못한 교사는 영유아의 발달에 악영향을 미칠 수밖에 없다. 따라서 교사는 밝고 건강한 정신 상태를 유지해야 하고 불안, 우울 성향이 있으면 안 되며, 자기통제력이높아서 영유아를 상대로 자기조절을 하지 못하는 불상사가 일어나지 않도록 해야한다.

(2) 영유아에 대한 애정

보육은 영유아를 대상으로 하는 업무다. 성인을 대상으로 하는 서비스직에서도 기본적인 자질로 보는 것이 인간에 대한 애정이다. 기본적으로 인간에 대한 이해와 수용, 애정이 없으면 사람을 대하는 직업에 종사하기가 어렵다. 보육은 성인

보다 더 약하며, 발달 상태가 미흡하고, 무엇보다 많은 애정과 돌봄을 요하는 특성을 가진 영유아를 대상으로 하는 업무이기 때문에 기본적으로 영유아에 대한 애정과 수용이 있어야 한다. 자기통제력이 약하며 타인의 감정을 알고 수용하는 데 미흡한 영유아를 상대하는 일은 자식을 사랑하는 부모에게도 매우 힘이 들고 도전이 되는 과제이므로, 보육교사에게는 다른 어느 직종보다 영유아에 대한 애정과 그들을 품어 줄 수 있는 포용력이 필수적인 자질이 된다. 이는 보육교사의 직무만족도에 영향을 미칠 뿐만 아니라 상호작용을 통한 영유아와의 관계 형성을 통해 영유아의 발달에 긍정적인 영향을 미치는 중요한 요소다.

(3) 자기효능감

여러 연구 결과에서 자기효능감이 높은 교사가 교육활동을 성공적으로 이끈다는 것이 입증되었다. 자신의 능력을 믿는 자기효능감은 교수활동에 대한 교수효능감으로 이어지고, 교수효능감이 높은 교사는 교육활동을 계획하고 실행하는 데 있어 보다 적극적으로 임하며 영유아를 자신이 잘 보살필 수 있다고 생각하기 때문에 영유아와의 상호작용에 있어서도 더욱 적극적이다. 이러한 특질은 영유아와의 관계에도 긍정적인 영향을 미친다. 그러므로 보육교사는 본인의 능력, 특히 교수활동과 관련하여 높은 교수효능감을 유지할 수 있도록 지식과 경험을 쌓아야 한다.

2) 전문적 자질

(1) 영유아 발달관련 지식

보육교사 자격을 획득하기 위해서는 영유아의 발달에 대한 이해가 필수적이다. 물론 보육교사는 교육 프로그램이나 지도법 등에 대한 지식도 갖추어야 하고, 이 역시 중요한 부분이지만 영유아기는 발달의 속도가 빠르고 연령에 따라 발달 수준이 질적으로도 큰 차이를 보이기 때문에 영유아 발달을 잘 이해해야 적절한 교수활동도 행할 수 있다. 예를 들어, 영아들이 구강을 통해 물체를 탐색한다는 지식이 없어서 무조건 입에 넣지 못하게 하는 것은 영아의 인지발달에 도움이 되지 않는다. 사전지식을 바탕으로 영아가 입에 넣어도 안전한 교구를 위생적으로 관리하여 제공함으로써 영아가 자유롭게 탐색하는 것이 바람직한 교사의 모습이다. 또한 발달의 '결정적 시기'를 고려할 때, 영유아는 각각의 결정적 시기에 특정 영역에서 발달해야 하는 부분들이 있다. 생후 2년까지의 기간 동안 애착을 발달시켜야 하거나 언어발달을 해야 하는 등 이러한 각 영역별 발달을 이해하는 지식이 갖추어져 있지 않으면 최적의 영유아 발달을 이끌어 내는 훌륭한 보육교사가 될 수 없다.

(2) 양육기술

보육교사는 영유아를 양육하는 데 필요한 여러 기술을 갖추어야 한다. 언어가 아직 발달하지 못하여 의사소통이 미숙한 영아를 대상으로 의사소통하는 기술부터 유아와의 의사소통에서 그들을 인정해 주는 적극적 경청 기술, 교사의 의견을 거부감 없이 전달할 수 있는 나-전달법의 의사소통 기술과 같은 다양한 의사소통 기술을 비롯하여 영아들을 잘 돌보기 위해 수유를 하고, 적절한 자세로 안아 주고 정서적인 안정감을 줄 수 있는 양육기술, 교육활동 시 다른 것에 대한 영유아의 주의를 돌려 원하는 활동으로 이끌어 낼 수 있는 교수법과 관련된 기술, 영유아의 발달수준이나 교육목표에 적합한 교구를 제작할 수 있는 다양한 기술 등 다양한 양육 및 교육 관련 기술이 필요시된다.

(3) 보육교사로서의 윤리의식

최근 들어 보육교사의 윤리의식이 사회적으로 큰 이슈가 되며, 중요시되고 있다. 미국 NAEYC(National Association for the Education of Young Children)는 아동, 가정, 동료교사 및 기관, 지역사회와 공동체에 대한 책임의 네 가지 영역으로 나누어 유아 대상 윤리기준 및 실천강령을 제시하여 유아교사의 윤리의식을 강조하였다. 영유아는 발달의 미성숙으로 인해 신체적, 정서적으로 교사, 부모 등 보호자에 대한 의존도가 높고 보호자로부터 받는 영향력이 더 크고 지속적이다. 따라서 보육교사는 윤리의식을 갖추어 보육교사로서 지켜야 할 윤리적 기준들을 지켜 나갈 수 있어야 한다.

참 고 문 헌

공인숙, 한미현, 김영주, 권기남(2013). 최신보육학개론. 경기: 교육과학사.

민성혜, 신혜원, 김의향(2012). 보육교사론. 경기: 양서원.

박은혜(2009). 유아교사론. 서울: 창지사.

백혜리(1990). 유아교사의 전문성에 관한 연구. 이화여자대학교 대학원 석사학위논문.

이순형, 권기남, 김진욱, 민미희, 김정민, 김은영, 이성옥, 정현심, 심도현, 안혜령
  (2013). 보육교사론. 경기: 양서원.

Spodek, B. S. (1985). *Teaching in the early years* (3rd ed.). New Jersey: Prentice
  Hall, Inc.

세계일보(2014.12.15.). "24개월 전후에 들인 아이 습관 평생 간다."

babycenterkorea(2014). http://www.johnsonsbaby.co.kr/babycenter/article/article
  _view.asp?CateNo= 9&TopicNo=9&ArticleNo=777.

제2부

보육교사를 위한 준비

보육교사가 되기 위해서는 우선 자기이해
와 반성적 사고를 통해 자신이 보육교사직
에 적합한지에 대해 고려해야 한다. 보육관
련 교과목을 이수하면서 보육교사로서 필
요한 전문적 지식을 습득하게 되고 보육실
습을 통해 예비보육교사의 역할을 경험하
게 된다. 이 과정을 거치고 나면 최종적으
로 보육교사 자격을 취득하여 보육교사로
서 준비를 마치게 된다. 제2부에서는 보육
교사를 위한 준비로 보육교사로 자신 이해
하기, 보육실습 경험하기, 보육교직원 자격
기준에 대해 살펴본다.

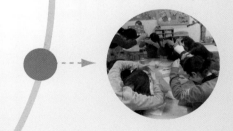

03 보육교사로서 자신 이해하기

이 장에서는 보육교사로서 자신을 이해하는 기초 자료를 제공하고자 한다. 먼저 보육교사의 자기이해로서, 보육교사의 자아개념과 자아상태 파악을 다룬다. 보육교사의 자아개념에는 일상적 자아, 자기수용, 타인수용, 직업, 신분적 자아, 대유아관이 포함된다. 성격의 구조 및 기능 분석을 통해 보육교사의 자아상태를 파악하는 과정을 모색해 본다. 보육교사의 효능감을 자기효능감, 교수효능감, 교사효능감으로 구분하여 살펴본다. 또한 전문직종에 종사하는 사람들에게 필요한 반성적 사고의 특성을 규정하고, 보육교사의 반성적 사고 함양을 위한 방안들을 모색한다.

1. 보육교사의 자기이해

1) 보육교사의 자아개념

자아개념(self-concept)이란 개인의 행동, 능력, 자질과 관련된 태도, 판단, 가치의 총체(송인섭, 1989)로, 특히 자기 자신에 대한 인식 또는 지각이다. 자아개념은 부모, 또래, 친구, 동료, 교사 등과 같은 의미 있는 타인과의 상호작용 경험에 의해 형성되며 이렇게 형성된 자아개념은 자신이 어떤 행동을 할 것인가에 영향을 미친다. 즉, 자아개념은 한 개인의 사고와 행동을 결정하게 하므로 매우 중요한 인성적 특성이다. 특히 보육교사의 자아개념이란 자신의 능력이나 자질과 관련된 태도, 판단, 가치의 총체에 대한 지각을 의미하며 이는 영유아의 특성을 이해하고 상황에 따라 섬세하고 정확한 판단을 내리기 위한 핵심요인으로 구성된다. 따라서 보육교사의 자아개념에는 〈표 3-1〉와 같이, 보육교사라는 직업적 특성이 반영된 일상적 자아, 자기수용, 타인수용, 직업·신분적 자아, 대유아관을 포함한다(박명희, 박은혜, 1999).

표 3-1 교사의 자아개념의 구성

구성요인	내용	예시문항
일상적 자아	• 가정생활만족도 • 근래에 자신의 생활에 대한 만족도 • 자신의 건강·경제적 여건에 대한 만족도 • 전반적인 인생의 성공감	나는 어쩔 수 없이 하는 일보다는 하고 싶은 일을 하는 경우가 더 많다.
자기수용	• 자신의 인간적 가치에 대한 인식 • 자기노출 및 자기폐쇄 • 자신의 언행 및 능력에 대한 자신감 • 타인의 반응에 대한 감수성 • 통제의 소재	나는 다른 사람들이 싫어할 만한 이유가 없는 꽤 괜찮은 사람이라고 생각하기 때문에 새로운 사람들을 만나기를 꺼려 하지 않는다.

타인수용	• 타인의 인간적 가치에 대한 인식 • 타인의 판단에 대한 인정 • 타인의 언행 및 능력에 대한 신뢰 • 타인의 행위 동기 추정 • 타인에 대한 기술 및 평가	사람들은 대체로 선량하다.
직업 · 신분적 자아	• 교직관 • 직업에 대한 만족도 • 신분에 대한 인식 • 직장 내 인간관계 • 근무부담에 대한 견해 • 교직적성에 대한 견해 • 교직에 대한 기술 및 평가 • 미래전망	유치원 교사라는 직종은 창 의성을 발휘하여 직무를 수 행할 기회가 많이 주어진다.
대유아관	• 유아의 판단, 사고능력에 대한 신뢰 • 유아의 세대적 속성에 대한 인식 • 양육방식에 대한 관점 • 유아에 대한 기대감	유아들은 스스로 생각할 수 없는 존재다.

출처: 박명희, 박은혜(1999). 유아교사의 자아개념에 따른 관심사 연구.

긍정적인 자아개념을 지닌 보육교사일수록 실제 수행하는 교수에 있어서도 성공적이며 창의적으로 교수하며(송인섭, 1989), 직무만족 및 교수효능감(길경숙, 노수남, 2004), 직무수행에 대해 잘 적응하는 것(백은주, 2006)으로 나타났다. 따라서 보육교사의 자아개념은 전문적 교사의 역할과 직무의 성공적 수행을 위한 중요한 변인이라고 할 수 있다. 특히 보육교사의 자아개념이 중요한 이유는 교사 개인에게 한정된 문제가 아니라 영유아들의 성장 · 발달 및 인성 형성에 지대한 영향을 미치는 의미 있는 상호작용자이기 때문이다.

2) 보육교사의 자아상태 파악

(1) 성격의 구조 · 기능 분석

성격의 구조분석(structural analysis)이란 성격이나 대인 간의 교류들에 대해 자아상태(ego state) 모델의 관점에서 분석하는 것으로 주로 어버이(P), 어른(A), 어린이(C) 세 가지 자아상태에 대한 분석을 의미한다(우재현, 2001). 모든 사람의 마음속에는 이 '세 가지의 나'가 있는데 이것은 성격구조를 형성하고 있는 자아상태다. 특별한 문제가 없을 때는 종합적인 기능을 하지만, 특정한 문제 상황 발생 시 세 가지 자아상태 가운데 강하게 반응을 보이는 부분이 있다. 이 반응은 그 사람 특유의 사고나 행동패턴에 의해 형성된다.

성격의 기능분석(functional analysis)은 개인의 자아상태가 어떻게 기능하는지 분류하는 것을 의미한다. 기능분석에서 어버이 자아상태를 더욱 기능적으로 분류하여 비판적 어버이, 양육적 어버이로 나누며, 어린이 자아상태 역시 자유로운 어린이와 순응하는 어린이로 구분한다.

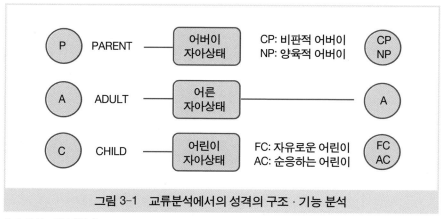

그림 3-1 교류분석에서의 성격의 구조 · 기능 분석

출처: 한국교류분석협회(2015). http://www.ta.or.kr.

(2) 이고그램

이고그램은 개인의 자아상태를 진단하여 각 자아상태를 활성화하고 심리적 자세를 긍정적으로 발전시키기 위해 활용될 수 있는 자기탐색 도구다. 이고그램을 통해 자신의 성격 구조·기능을 분석하여 자신의 자아상태를 이해하고, 이를 바탕으로 자신을 변화시킬 수 있는 실천방안을 모색할 수 있다. 결국 어른 자아상태(A)의 성숙을 목표로 하며 궁극적으로는 다른 자아들의 균형을 이루는 것을 지향한다. 이고그램에서는 높은 자아상태를 내리는 것보다는 낮은 것을 올리는 편이 더욱 쉽고 효과적이라고 설명한다.

표 3-2 자아상태

자아상태	특성	
어버이 자아상태	양친이나 양육자들의 생각, 행동 또는 느낌을 동일시한 부분으로 아직도 자기에게 영향을 주고 있는 말이나 동작이 내포되어 있다. P에는 징벌과 제한을 가하는 비판적인 부분과 남을 보살펴 주는 양육적인 부분이 있다.	
	비판적 어버이(Critical Parent)	양육적 어버이(Nurturing Parent)
	약자로 CP라고 부르며, 주로 비판, 비난, 질책과 관련되어 있으며, 어린이들에게 규칙을 가르쳐 주는 엄격한 면, 양심과 관련이 있다.	약자로 NP라고 부르며, 어린이의 성장을 도와주는 어머니와 같은 부분이며 동정적, 보호적, 양육적, 공감적이다. 그러나 지나치면 상대방의 독립심이나 자신감을 빼앗는 결과를 가져오기도 한다. 치료자에게 있어 요구되는 가장 기본적인 것이다.
어른 자아상태	사실 중심으로 관찰하여 정보를 수집, 정리, 통합하는 것이다. 문제해결법을 찾으려고 하며, 이를 위해서 행동에 옮기는 것도 가능하다. A는 감정에 지배되지 않는 냉정한 부분이지만, 정신적으로 성숙한 인간이라는 의미는 아니다.	
어린이 자아상태	우리들이 어린 시절에 실제로 느꼈다든지 행동했다든지 했던 것과 같은 감정이나 행동을 나타내는 상태다. 인생 초기에 어버이에 대응하기 위해 습관화된 반응양식도 포함된다. C에는 자유로운 어린이와 순응하는 어린이 두 가지 기능이 있다.	

	자유로운 어린이(Free Child)	순응하는 어린이(Adapted Child)
어린이 자아상태	약자로 FC라 부르며, 이것은 성격 중에서 가장 선천적인 부분이다. 감정적, 본능적, 자기중심적이며, 호기심이나 창조성의 원천이다. 일반적으로 FC가 풍부한 것이 건강하다.	약자로 AC라고 부르며, 어린이가 부모에게 순종하려고 노력하는 부분으로 부모의 영향 밑에서 이루어진다. 보통 말이 없고 얌전한 소위 '좋은 아이'이지만 반항하거나 격노하기도 한다. 교류분석에서는 AC가 과도한 경우를 특히 주목해야 한다. 이것은 '자유로운 나'를 극도로 억압하여 마치 어른인 것처럼 행동하여 주위를 놀라게 하는 경우가 있다.

이고그램에 기초하여 보육교사는 자신의 자아상태를 파악하고 변화를 위해 노력할 수 있다. 먼저 NP(양육적 어버이)가 지나치게 높을 경우, 교사는 과허용적이어서 영유아들에게 끌려다니는 교사가 될 수 있다. 따라서 무조건 수용만 할 경우, 영유아는 자신의 행동 범위나 기준이 없어 오히려 불안정하기 때문에, 교사는 일정한 범위의 규율을 제공해야 한다. 반면, CP(비판적 어버이)가 지나치게 높은 경우, 교사는 영유아들에게 규칙엄수만을 지나치게 강조하기 때문에 대화가 쉽게 단절되고 의사소통이 어려워진다. 즉, 지나치게 원리원칙을 강조하면, 영유아의 자발적 참여를 방해하고 수동적으로 만들 수 있다.

한편, FC(자유로운 어린이)가 지나치게 낮은 경우, 교사는 마음속에도 천진난만하고 즐거움을 추구하는 마음이 여전히 있다. FC가 높은 교사는 몸을 던져 영유아들과 놀이하는 것을 즐기는 반면, FC가 낮은 교사는 진정한 의미에서 영유아들과 놀이하는 것에 어려움을 느끼기 때문에, 이러한 경우 FC를 키워야 한다. 반면, AC(순응하는 어린이)가 지나치게 높은 경우, 항상 순종해서 칭찬받고 싶어 하는 마음이 있어서 자신의 진정한 욕구를 억누르고자 한다. AC가 지나치게 높으면 무엇이든지 잘해야 한다는 강박관념이 있고, 자신의 내면에 대해 소홀해진다. 영유아들에게도 이러한 것을 요구하는 경향이 있다.

더 알아보기

이고그램의 대표적인 유형

• ∧형: 원만 패턴(보통)

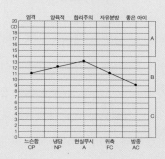

A를 정점으로 하는 [∧]형의 이고그램을 나타내고 일반적으로 대인관계에 있어서 문제가 적고 자타를 모두 긍정하는 사람이라고 할 수 있다.

이 패턴은 '인화'를 강조하는 사람에게 많이 나타나는 패턴이라고 할 수 있다. 자신의 성격을 바꿔 보고자 하는 사람은 이 형태를 목표로 하는 것이 좋다.

• M형: 명랑 패턴(우상형)

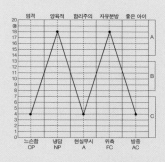

NP, FC 양쪽이 높고 다른 것은 그것보다는 낮은 것이 특징이다.

이 패턴은 밝고 명랑한 젊은 여성에게 잘 나타난다.

타인에 대한 배려가 있고 호기심이 왕성하며 즐거운 것을 아주 좋아하는 사람이라고 할 수 있다.

분위기를 주도하는 밝고 유쾌한 사람이다.

- 노력point: 현실에 근거하여 상황에 대한 정확한 판단을 하는 것이 중요하다. 감정적으로 행동하지 않도록 하고, 감정이 높아져 있을 때는 "조금만 생각할 여유를 주십시오." 하고 사이를 두는 것이 필요하다.

출처: 한국교류분석협회(2015), http://ta.or.kr/index.asp.

2. 보육교사의 효능감

1) 보육교사의 자기효능감

자기효능감은 본인의 능력에 대한 믿음으로 인간의 행동과 성취수준에 영향을 미치는 것으로 알려져 있다. 반두라(Bandura, 1993, 2006)는 자기효능감을 특정한 결과를 얻기 위한 일련의 행동을 조직화하고 실행하는 자신의 능력에 대한 믿음으로 정의하고 효능기대(efficacy expectation)와 결과기대(outcome expectation)의 두 가지 요소로 구분하였다. 결과기대는 특정한 상황과 맥락에서 구체적 행동의 가능한 결과들에 대한 개인의 예상 및 판단이다. 이는 어떤 행동은 어떤 결과를 이끌어 낼 것이라는 개인의 일반적 신념을 말하는 것이다. 반면, 효능기대는 주어진 상황과 맥락에서 자신이 특정한 수준의 수행들을 해낼 수 있을 것이라는 스스로의 능력에 대한 개인적인 신념을 말한다.

2) 보육교사의 교수효능감

자기효능감을 교육 상황에서의 교수효능감으로 연구하기 시작한 깁슨과 뎀보(Gibson & Dembo, 1984)는 교수효능감을 교사가 학습자의 수행에 미칠 수 있는 능력을 가졌다고 믿는 정도라고 정의하였다. 교수효능감은 개인적 교수효능감(personal teaching efficacy)과 일반적 교수효능감(teaching efficacy)의 두 차원으로 구분된다. 개인적 교수효능감은 교사로서의 능력에 대한 자신감이며 반두라의 효능기대 개념에 기초한다. 반면, 일반적 교수효능감은 학생들의 행동이 교육으로 인하여 얼마나 변화될 수 있는가에 대한 믿음으로 반두라의 결과기대 개념에 관련된다. 결과기대란 특정한 행동이 특정한 결과를 초래할 것이란 기대를 의미하는데, 예를 들어 효과적인 교육을 하면 학생의 학업능력이 향상될 것이라는 기대를 가지는 것이다. 교수효능감에 대한 연구 결과들을 살펴보면 보육교사의 교수효능감은 교사가 제공하는 수업의 질, 교사행동, 교수법, 유아의 놀이행동, 유아의 과학행동에 긍정적인 영향을 주었다(신은수, 유영의, 박현경, 2004; 신혜영, 2005; 조부경, 서소영, 2001). 교수효능감이 높은 교사는 학습에 참여하고 지도하는 일을 의미 있게 여기고 자신이 학생의 학습에 긍정적인 영향을 줄 수 있는 있다고 믿고 이를 위해 자신의 교수행동에 대한 반성적 사고를 할 수 있다.

한편, 깁슨과 뎀보(Gibson & Dembo, 1984), 릭스와 에녹스(Riggs & Enochs, 1990)의 교수효능감 척도 중 일반적 교수효능감 척도는 교수에 대한 개인의 능력을 측정하기보다는 일반적인 교육 효과에 대한 기대를 측정한 것이어서 교사의 효능감을 측정하기에는 부적절하다는 지적이 있다(김연하, 김양은, 2008). 또한 반두라(Bandura, 2006)는 기존의 효능감 척도들이 심리학적 개념에 지나치게 치우치거나, 수학 효능감이나 과학 효능감 등 과목 특정적인 목적으로 변용되어 사용되었다고 지적하였다.

3) 보육교사의 교사효능감

교사가 인식하는 자신의 능력은 특정한 상황에 따라 차이가 있을 수 있다. 반두라(2006)는 상황 특정적인 교사효능감 척도(Teacher Self-efficacy Scale: TSES)를 개발하였다. TSES는 7개 영역(의사결정 참여, 교재교구 사용, 교수, 훈육, 가정연계, 지역기관연계, 긍정적 학습환경 조성) 30문항으로 구성되어 있다. 이 척도는 다른 교수효능감 척도와는 달리 응답자의 개인적 능력에 대한 믿음의 정도를 측정하도록 구성되어 있으며 다양한 교육적 상황에 대처하는 교사로서의 능력을 본인이 얼마만큼 평가하는가를 측정하도록 구성되어 있다(김연하, 김양은, 2008). 교사효능감의 하위 영역은 다음과 같다.

교사효능감이라는 개념은 교사 자신이 학생의 성취에 영향을 미칠 수 있는 능력을 갖고 있다고 믿는 정도를 의미한다(Ashton, 1984). 즉, 학생의 학습에 대한 교사

표 3-3 교사효능감 척도

		문항
의사 결정	1	유치원(어린이집)에서 이루어지는 의사결정에 참여하실 수 있습니까?
	2	유치원(어린이집)과 관련된 중요한 일에 자유롭게 본인의 의견을 표현하실 수 있습니까?
교재 교구	3	필요한 교육 자료나 도구를 쉽게 구할 수 있습니까?
교수	4	교사 대 아동비율 및 학급규모를 결정할 때 영향을 미칠 수 있습니까?
	5	다루기 어려운 유아들을 효과적으로 지도할 수 있습니까?
	6	부모가 무관심하거나 가정환경이 어려운 유아들을 지도할 경우 그들의 학습을 향상시킬 수 있습니까?
	7	유아들이 어려워하는 과제를 해야 할 경우 유아들이 그 과제에 집중하도록 할 수 있습니까?
	8	유아들이 지난 시간에 배웠던 내용들을 잘 기억하도록 할 수 있습니까?
	9	교육활동에 관심이 적은 유아들을 지도할 경우, 그 유아들에게 학습동기를 부여할 수 있습니까?
	10	유아들이 협동하여 작업을 해야 할 경우, 성공적으로 유아들을 이끌 수 있습니까?
	11	불우한 지역의 유아들을 위해 일할 경우, 불우한 환경이 유아들의 학습에 미치는 나쁜 영향을 극복할 수 있습니까?
	12	유아들이 가정연계활동(숙제)을 하도록 할 수 있습니까?
훈육	13	유아들이 교실 내의 규칙을 지키도록 할 수 있습니까?
	14	교실 내의 문제 행동을 통제할 수 있습니까?
	15	운동장(바깥놀이터)에서의 문제 행동을 예방할 수 있습니까?
가정 연계	16	유치원(어린이집)활동에 학부모들을 참여하게 할 수 있습니까?
	17	자녀가 유치원(어린이집)생활을 잘할 수 있도록 가정에서 지도하는 방법들을 학부모들에게 알려줄 수 있습니까?
	18	유치원(어린이집)을 학부모들이 거리낌 없이 편안하게 방문할 수 있는 곳으로 만들 수 있습니까?
지역 연계	19	유치원(어린이집)활동과 지역사회단체들을(예: 노인정, 소방서) 연계시킬 수 있습니까?
	20	유치원(어린이집)활동과 지역 종교단체들을 연계시킬 수 있습니까?

지역 연계	21	유치원(어린이집)활동과 지역 영리기관들(예: 기업체, 시장)을 연계시킬 수 있습니까?
	22	유치원(어린이집)활동과 지역에 있는 타 교육기관들(예: 인근 초등학교, 대학교)을 연계시킬 수 있습니까?
학습 환경 조성	23	유치원(어린이집)을 유아들에게 안전한 장소로 만들 수 있습니까?
	24	유아들이 유치원(어린이집)에 오는 것을 즐기도록 할 수 있습니까?
	25	유아들이 교사들을 신뢰하게 할 수 있습니까?
	26	동료교사들이 성공적으로 유아들을 지도할 수 있도록 도와줄 수 있습니까?
	27	유치원(어린이집)의 효과적인 운영을 위하여 교사와 운영진 간의 협력을 촉진시킬 수 있습니까?
	28	유아들의 유치원(어린이집)을 그만두는 비율을 낮출 수 있습니까?
	29	유아들의 결석률을 낮출 수 있습니까?
	30	유아들이 유치원(어린이집) 생활에 자신감을 갖도록 할 수 있습니까?

출처: 김연하, 김양은(2008). Bandura의 교사 자기 효능감 척도(Teacher self-efficacy scale) 요인구조 분석.

의 영향력이라 할 수 있다. 원래 교사효능감은 Rotter의 귀인이론에 기초한 것이다. 미국 아동의 여러 가지 읽기능력 증진 프로그램의 효과를 검정하는 과정에서 교사들이 학생들의 읽기능력에 어느 정도 영향을 미칠 것이라고 생각하는지를 측정하면서 시작되었다. 교사효능감에는 교사가 얼마만큼의 지식을 가지고 있느냐 하는 지식기반 외에 기술적인 것, 교수능력을 가지고 있는가에 대한 전반적인 물음 등이 포함된다.

3. 보육교사의 반성적 사고

1) 반성적 사고의 개념

반성적 사고(reflective thinking)는 1933년 듀이(Dewey)에 의해 소개되었는데,

그의 저서 『How We Think』(1933)에서 반성적 사고에 대한 개념을 "어떤 신념이나 지식에 근거를 두고 그것으로부터 만들어질 결과에 근거하여 신념이나 지식을 능동적이고 지속적으로 고려하는 것"이라고 정의하였다. 반성적 사고란 문제 상황을 인식하고, 이에 대해 지속적이면서 신중하게 고려하는 과정이다. 또한 반성적 사고는 훈련과 학습을 통해 발달되며, 문제 상황에 대한 보다 나은 지식과 결론 또는 전문적인 지식을 얻게 되는 과정이다. 특히 듀이는 교사가 의식하지 못하고 있는 바람직하지 않는 신념, 편견을 드러내어 검토하는 과정을 겪어야 한다고 주장하였다. 이를 토대로 숀(Schön, 1987)은 교사 스스로 교수행위를 검토하고 교실에서의 다양한 자신의 역할을 살피며, 이를 분석, 종합하여 바람직한 의사결정을 할 수 있는 것이 반성적 사고라고 하였다(신은수 외, 2013, 재인용). 즉, 반성적 사고는 자신의 사고, 행동 패턴, 정서적 측면, 교수방법 등을 비판적으로 검토하는 적극적인 과정이다.

또한 반성적 사고는 자신의 신념이나 실천행위에 대해 그것의 원인이나 궁극적인 결과를 적극적으로 끈기 있고 주의 깊게 고려하는 것을 의미한다. 반성적 사고과정은 탐구하는 정신적인 과정으로, 어떤 틀에 얽매이지 않고, 다양한 시각과 태도를 가지고, 일관된 마음으로 그 결과까지도 고려한 행동은 충동적이고 반복적인 행동과 구별된다. 반성적 사고에 의한 행동은 문제 상황에 반응을 나타내는 것을 의미하기보다는 문제 상황을 탐구적으로 해결하는 것이다(Zeichner, 1981). 교사는 반성적 사고 시 문제 상황을 인식할 수 있는 능력을 발달시키고, 문제 상황을 해석하여 재구성할 수 있는 지식을 가져야 한다. 반성적 사고능력은 교사에게만 요구되는 능력이 아니라 오히려 민주사회의 시민적 자질을 갖추기 위해 모든 시민에게 필요한 능력이다.

반성적 사고의 특징은 전문직종에 종사하는 사람들이 현장에서 어떤 문제에 직면했을 때 자신이 가지고 있는 전문적인 지식에 근거하여 문제를 여러 각도에서 분석하고 그 분석의 결과에 따라 자율적으로 결정을 내리는 것으로 이렇게 내려진 결정은 사회·윤리적으로 적합하고 타당하게 된다. 따라서 교사로서 바람직한 반성적 사고를 하는 것은 교사로서의 역할을 수행하는 데 기본이 된다고 해도 과언이 아니다.

한편, 구성주의 시각에서도 아동의 반성적 사고를 강조한다. 아동은 모든 현상에 대해 형식적인 수업을 받은 경험이 없더라도, 그것을 나름대로 설명해 주는 아동 자신의 가설(naive theory)을 갖게 되는데, 그 현상에 대해 새로운 사실이나 정보를 접하게 될 때, 아동은 우선 자신이 가진 기존의 가설적 이론을 적용하여 이해하려 한다는 것이다. 즉, 자신의 사고 틀에 맞추어 새로운 정보나 자극을 동화시키는 과정을 갖는데, 그 가설로 더 이상 새로 접하는 현상을 설명할 수 없게 되면, 인지적 갈등을 느끼고 자신의 기존 가설에 대해 재고찰해 보는 과정을 겪게 된다. 이것이 반성적 사고다.

2) 보육교사의 반성적 사고

영유아들을 보육하는 것은 단순히 교수 역할을 넘어 반성적 사고를 통해 자율적으로 기능하는 사람으로서의 역할이 중요하다. 보육교사들이 지니고 있어야 하는 특성 중의 하나는 교수에 필요한 이론적인 지식, 기술, 방법 등을 토대로 실천적 지식을 이끌어 내고 이를 실천에 옮기는 능력이다. 실천적 지식을 형성한다는 것은 교사가 문제 상황에 직면했을 때 이를 해결하기 위하여 강의나 책을 통해서 이미 배운 이론이나 지식, 또는 다른 사람에게서 배운 교수기술이나 방법 등을 그대로 적용하는 것이 아니라 문제에 관계된 유아와 상황을 바르게 이해하고, 문제와 관계되는 이론과 지식, 교수기술 등을 참고로 하며, 교사 자신과 사회의 가치관을 고려하고, 교사 자신의 직간접적인 현장경험을 참고로 하여 그 문제해결에 가장 적절한 방안을 새로이 만들어 내는 것을 의미한다(배소연, 1993).

영유아들을 대상으로 이루어지는 교수 상황이란 각각의 특성을 지닌 유아들이 생활하는 역동적인 것으로, 많은 종류의 복잡한 문제가 예상치 못하게 일어나는 상황이다. 따라서 특정 이론이나 지식을 그대로 적용하여 문제를 해결할 수 없는 경우가 많다. 즉, 교실환경에서 일어나는 많은 문제들이 완벽하고 유일한 대답을 가지고 있지도 않다. 따라서 보육교사는 현장에서 직면하게 될 많은 문제들에 대하여 직접 적용될 수 있는 지식이나 기술을 가능한 한 많이 배우는 것과 동시에, 이를 근거로 하여 당면한 문제를 최선의 방향으로 판단, 결정, 해결할 수 있는 태도와 능력을 함양하는 것이 중요한 과업이다. 중요한 것은 나타난 교사의 행동이 아니라, 그 행동을 일으키는 교사의 사고과정이며, 관련 지식과 정보를 재창출해 내는 좀 더 근원적인 변인으로서의 교사능력이며, 이때 필요한 것이 반성적 사고다.

자율적 의사결정자로서의 교사의 역할과 관련하여 고려해 보아야 할 것은 문제해결을 위해 교사들이 내린 판단이 바람직하지 않을 수도 있다는 점이다. 따라서 교사들은 자신의 판단에 대해 끊임없이 재평가할 기회를 가질 필요가 있다. 이처럼 교사들의 의사결정 과정과 자신의 결정에 대한 재평가를 내릴 수 있도록 해 주는 것이 바로 반성적 사고다. 문제 상황에 직면한 교사는 가장 윤리적이고 공평한 결정을 내릴 수 있어야 하며, 반성적 사고를 하는 교사는 각각의 대안을 윤리적이고 공평한 기준을 가지고 평가할 수 있게 된다. 반성적 사고는 교사들이 적절하고 바람직한 판단을 내리도록 하는 능력을 향상시켜 주어서 자율적으로 권한을 부여받은 의사결정자가 되게 해 준다.

교사들은 예비교사 시절 교사교육 프로그램에서 교수학습에 대하여 이미 많은 신념체계를 발전시킨다. 그런데 이러한 신념체계들은 드러나지 않거나 본능적인 것으로 검증되지 않은 것이 대부분이다(Schön, 1983). 또한 교수, 학습, 유아에 대한 신념들은 일생에 걸친 경험을 통해 이루어지기 때문에 자신이 가지고 있는 믿음과 신념을 모두 인식할 수 있는 교사는 아무도 없다. 문제는 교사들이 가지고 있는 이러한 신념들 중에는 때로 교육에 적합하지 않은 것이 있을 수도 있다는 것이다. 즉, 아무리 우수한 교사라 할지라도 자신이 의식하지 못하고 있는 바람직한 신념들이 영유아의 학습을 도우려는 교사의 노력을 방해할 수도 있다는 것이다. 반성적 사고는 바로 이렇게 감추어진 신념들을 드러내어 검토하고 분석할 수 있게 해 준다. 교사들은 자신의 신념과 관련된 여러 가지 행위의 증거들을 수집하여

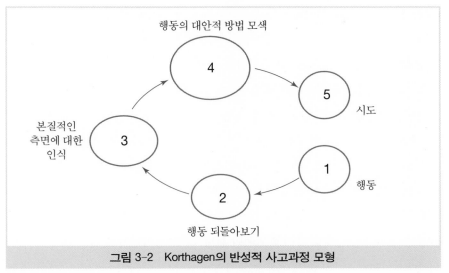

그림 3-2   Korthagen의 반성적 사고과정 모형

출처: Korthagen(1999). Linking Reflection and Technical competence: the logbook as an instrument in teacher education.

각각을 비교하여 볼 수도 있고 적합하지 않은 믿음이나 자신의 신념과 일치하지 않는 행동을 바꿀 수도 있다. 교사가 자신이 유아에게 미치는 영향을 이해하기 위해서는 교사 자신의 눈을 통해서 본 교수학습의 본질이 무엇인지를 생각할 수 있는 능력을 키워야 한다. 반성적 사고는 바로 이럴 때 당면한 상황을 다각적인 관점에서 보도록 해 준다(O' Loughlin, 1992).

또한 교사들이 현장에서 당면한 문제들 중에는 고정된 정답이 없는 것이 대부분이다. 이러한 교수활동의 복잡성과 불확실성을 극복하게 하기 위해 1980년대 이후부터 현재까지 교사교육의 주된 흐름은 예비교사들을 가능하면 현장에서 자주, 그리고 빨리 내보내는 것이었다. 그러나 예비교사들을 단순히 현장에 많이 내보내는 것이 해결책은 아니다. 학자들은 대부분의 현장교육이 사회·문화적 맥락 속에서 교육을 이해하기보다는 지엽적인 교수방법이나 기술을 강조한다는 점을 우려한다(Goodman, 1986). 유능한 교사란 시대에 따라 그 개념이 바뀌어져 왔는데, 현대 유아교육에서 말하는 유능한 교사란 실천적 지식을 형성하고 끊임없는 반성적 사고를 통해 자율적으로 의사결정을 할 수 있는 교사를 의미하고 있다.

다른 사람이 가르쳐 주는 대로 또는 지시하는 대로의 일을 잘 수행하는 사람은 기술자(technician)다. 기술자가 담당하는 대부분의 일은 자신이 배운 지식이나 기술을 그대로 현장에 적용하면 해결될 수 있는 일들이다. 이에 비해 자신이 배운 지식이나 기술을 토대로 하여 이를 응용하거나 종합 · 정리하여 매 상황에 적절한 해결책을 찾아내야만 하는 사람이 있다. 이들이 바로 전문가(professional)다. 보육교사는 전문가이어야만 한다. 보육교사가 하는 일은 교사양성과정에서 배운 내용을 그대로 적용하여 해결할 수 없는 일이다. 전문가로서의 유아교사는 많은 지식을 받아들이는 것도 중요하지만, 받아들인 지식을 상황에 맞게 응용하고 종합하는 창의적인 능력도 가지고 있어야 한다. 그 창의적인 능력이 바로 실천적 지식(practical knowledge)을 형성하는 능력이다. 유능한 교사는 자기가 가지고 있는 교수에 필요한 많은 지식, 기술, 방법들을 근거로 하여 상황에서 최선의 교육 효과를 가져올 수 있는 실천적 지식을 이끌어 내고 이를 행동으로 옮길 수 있는 능력을 가져야 한다. 이는 교사교육의 방향을 가리킨다고 할 수 있다(이은화, 배소연, 조부경, 2005).

오늘날 교사교육은 기본 기술과 능력에 지나친 관심을 가지게 된 나머지, 교사들이 생활에 충분히 대처할 수 있게 했으나, 자신의 교수활동에 대해서는 더 높은 수준의 사고를 하지 않기 때문에 시간이 흐를수록 정체되는 경우가 있다. 따라서 교사교육에서 반성의 기회가 부족하게 되면 잘못된 교육경험이 그대로 지속될 수 있으며, 자신이 가르치는 학생에게 더욱 권위적이 되고, 반응을 덜 하게 되며, 교실에서의 행동이 더욱 엄격해질 수 있다. 따라서 아이들과의 생활 속에서 교사가 직면하는 많은 문제들을 최선의 방향으로 판단, 결정, 해결할 수 있는 태도와 능력을 기르기 위해서는 늘 자신의 실천행위에 대해 다시 생각해 보고, 점검하고, 탐색하며 그 결과에 따른 의사결정 습관을 길러야 한다.

예비교사들이 반성적 사고를 하도록 도와주려면, 그들이 자신의 사고를 공유하고 나눌 수 있는 안전하고 서로 격려하는 학습공동체가 필요하다. 일단 서로 신뢰할 수 있는 학습공동체가 형성되고 나면 심성을 준비해 주어야 한다(박은혜, 2009). 듀이(Dewey, 1933)에 의하면, 반성적 사고를 하는 사람은 그 탐색의 과정을 익히기 전에 집중하면서, 열린 마음, 책임감, 그리고 성심성의를 다하는 태도를 먼저 가져야 한다고 하였다. 열린 마음이란 여러 가지 가능성을 적극적으로 고려하려는 태도다. 상황이나 문제가 생긴 이유를 여러 가지 각도에서 살펴보고 가능한 모든 대안에 대하여 충분히 검토하며 자신이 가장 확실하게 믿었던 신념들조차도 틀린 것일 수 있다는 가능성을 인정하는 것이다. 반성적 사고가 일어나기 위해서는 학교문화가 가지고 있는 공식적인 의미에 대한 비판이 우선되어야 한다. 열린 마음을 가지고 있는 교사들은 지금까지 당연하고 옳다고 믿어 왔던 교육활동에 깔려 있는 신념들을 끊임없이 검토하게 된다.

3) 반성적 사고의 수준

반성적 사고의 수준에 대해 기술적 수준, 전문가적 수준, 그리고 정의, 평화, 평등과 같은 도덕적 · 윤리적 가치를 포함한 비판적 수준으로 구분(Manen, 1977)하였다. 즉, 교사의 발달 단계에 맞추어 교사의 관심사를 넓혀 가는 가운데 반성적 사고의 수준도 교육학적 원리에 근거한 기술적인 차원을 넘어 도덕적 윤리기준이 포함된다는 것이다.

이런 단계에 이르는 반성적 사고를 할 수 있는 교사를 양성하는 것이 매우 어렵지만 반드시 이루어야 하는 과제라고 주장하고 있다. 반성적 사고수준은 다음과 같다(박은혜, 2011; 염지숙, 이명순, 조형숙, 김현주, 2008). 첫 번째, 기술적 수준에서 반성적 사고의 주된 관심사는 주어진 목적을 달성하기 위해 교육적 지식을 기술적으로 적용하는 것에 있다. 목표 그 자체가 의문시되는 경우는 거의 없으며 당연히 추구해야 하는 것으로 여겨진다. 실천행위에 대한 반성적 사고는 단지 경제성이나 효율성 같은 기술적인 측면에 의해서만 정의된다. 이것은 대부분의 실습생들이 실습을 하는 동안 가지게 되는 관점이며, 대부분의 초기 탐구중심의 교사교육에서 취한 관점이라고 보았다.

두 번째, 전문가적 수준에서 교사는 문제 상황에 직면하거나 어떤 결정을 내려
야 할 때 그 문제나 상황의 기저에 깔려 있는 가정이나 경향성에 대하여 분석해
보고, 교사가 취한 행동이 미칠 장기적인 교육 효과까지 검토한 후에 행동을 한
다. 이 수준에서 반성적 사고를 하는 교사는 의사결정의 순간에 직면했을 때 그러
한 상황이 일어난 배경, 문제점 등에 대해 분석하고, 자신의 결정이 어떠한 교육
효과를 가져올 것인가를 고려한 후에 행동을 취하게 된다. 교사들은 자신이 취한
행위가 적절한가, 그리고 자신의 행위를 이끌어 낸 목표가 적절한가에 대해서도
반성한다. 반성적 사고의 두 번째 수준에서 교사는 아주 기술적이고 도구적인 교
수활동에서 벗어나지만 아직도 모든 결정을 할 때 교육학적 원리에만 기초를 두
고 있다.

세 번째, 교사의 실천행위 안에 도덕적 · 윤리적 가치를 포함한 비판적 수준에
서 교사들의 주된 관심사는 교육목표, 교육활동, 교육경험이 도덕적 · 윤리적으로
정의, 평등, 배려, 동정심과 같은 삶의 방식을 지향하는가에 있다. 즉, 비판적 수
준에서의 반성적 사고는 제2수준에서의 관심을 가졌던 교사행위 이면의 가정과
교사행위의 교육 효과뿐만 아니라 교실에서 일어나는 다양한 상황을 정치 · 경
제 · 사회적 상황 및 조건과 연결시켜 생각해 봄으로써, 교육활동과 경험이 도덕
적 · 윤리적 목적하에 행해지고 있는가에 대한 의문을 포함한다. 반성적으로 사고
하는 습관은 하루아침에 이루어지는 것이 아니며, 유아교사의 전문성 향상에 결
정적 요소임을 고려한다면 이를 향상시키기 위한 노력이 지속되어야 할 것이다.

4) 반성적 사고를 위한 구체적 방안

보육교사의 반성적 사고와 실천적 지식 구성을 촉진하는 방법에는 저널 쓰기,
포트폴리오, 다양한 형태의 이야기 쓰기, 학급연구(action research), 동료장학 등
이 있다(박은혜, 2011).

(1) 저널 쓰기

저널 쓰기는 반성적 사고에서 가장 많이 사용되는 방법으로, 경험을 기록하고 자신의 교수방법에 대해 점검하며 문제해결력을 증진시키려는 목적을 갖는다. 말하기 어려운 것을 글로 표현함으로써 비판적으로 사고하게 하여 자기평가의 기회를 제공하는 방법으로 반성적 사고를 촉진 · 격려하는 대표적인 방법이다 (Clark & Peterson, 1986). 저널 쓰기는 자신의 개인적인 생각을 적는다는 점에서 일기와 비슷하지만 일기가 전적으로 개인의 사생활에 관한 것이라면, 저널은 개인적인 차원이 아닌 전문성을 가진 교사로서의 의견을 기록한다는 점에서 차이를 가진다. 즉, 저널 쓰기란 일상 상황에 대하여 자신이 지닌 전문성을 이용하여 그 상황의 원인을 규명하고 비판적으로 검토하며, 문제가 있다면 그 문제의 대응책을 모색하고자 노력하는 전문적 판단의 과정이다.

저널 쓰기는 자유롭게 반성하며 기록해야 하는 사건이나 이슈들을 적는다. 저널을 쓰면서 교사는 자신이 무엇을 알고 있는지, 무엇을 느끼는지, 무엇을 하고 있는지, 왜 하는지를 알게 된다. 또한 교사 간 관계, 아동과의 관계, 부모와의 관계 등을 고찰해 봄으로써 더 나은 인간관계를 형성할 수 있도록 도움을 준다. 이와 같은 활동을 통해 자신의 교수학습활동을 분석하고 미래에 발생되는 문제들에 효과적으로 대처할 수 있도록 돕는 효과적 수단이 될 수 있다. 즉, 저널 쓰기는 교사가 실천한 행위에서 얻어진 지식을 다양한 맥락 속에서 바라보고, 여러 가지 갈등 상황을 인식하여 자율적 의사결정자가 되도록 도와주는 방법으로 반성적 사고능력을 길러 준다.

저널 쓰기는 구조화된 것에서부터 자유로운 형식에 이르기까지 형태와 내용이 다양하다. 구조적인 방법이란 저널 쓰기의 단계를 지정해 주는 것이며, 반구조적 방법은 특별한 주제나 형식 없이 자유롭게 저널을 쓰는 것이다.

(2) 포트폴리오

포트폴리오는 원래 예술이나 건축 방면에서 자신의 재능을 남들에게 보여 줄 때 제시하기 위해 사용되어 온 것인데 최근에는 다양한 영역에서 활용되고 있으며, 교사들에게도 활발하게 적용되고 있다. 포트폴리오는 교사생활을 하면서 성장을 기록한 모음집이라 할 수 있다. 특히 교사들이 활용하는 포트폴리오는 예비교사, 초임교사, 경력교사에 따라 구성체제나 목적에 있어 다른 결과물이 모일 수 있다. 포트폴리오를 작성하는 과정을 통해 교사는 자신의 성장에 대해 확인할 수 있다. 대부분 글로 이루어지는 저널 쓰기와는 달리 포트폴리오는 글, 사진, 그림, 교구 등 모든 것들이 될 수 있기 때문에 좀 더 다차원적인 접근의 반성적 사고가 가능하다. 예를 들어, 자신이 교사라는 직업을 선택하기까지 영향을 받았던 부모, 학창시절의 교사, 친구 등의 경험 등을 서술하고, 자신의 전반적 삶에 대해 돌아보며, 교사가 되고자 하는 동기, 앞으로의 교육관과 철학 등을 제시하는 것이다. 때문에 포트폴리오를 두고 교사발달에 중요한 도구라고 평가한다. 따라서 포트폴리오는 교사가 전문인으로 성장하는 발자취라고 할 수 있다. 하지만 예비교사, 초임교사들에게는 포트폴리오를 작성하는 것이 어려울 수 있다.

포트폴리오는 교사들이 자신의 학습과 수업과정을 평가하면서 스스로 반성적 사고를 증진시켜 교수능력을 개선해 가는 방법이다. 이 방법은 결과보다는 과정을 중요시하며, 교사 자신의 관찰과 동료와의 합의과정을 통해 반성적 사고를 증진시킬 수 있다. 교사는 포트폴리오를 통해 스스로 끊임없이 반성하고 되돌아보며, 자신의 경험과 지식을 좀 더 체계화시킬 수 있다. 또한 나만의 포트폴리오보다 동료교사 혹은 선후배교사들과의 상호작용과 정보공유를 통해 유익하고 새로운 아이디어를 창출할 수 있다. 이를 통해 교사는 끊임없이 발전하고 변화한다. 이와 같은 활동들은 교사로서의 전문성을 강화하는 데 큰 도움이 될 것이다.

출처: http://blog.naver.com/sweety76940/220225307745(2014/12/31).

(3) 다양한 형태의 이야기 쓰기

자서전 쓰기, 교육과정 이야기 쓰기, 사례 개발하기 등이 대표적인 형태이며, 이야기 형태를 통해 교사는 자신과 교직의 개인적 · 역사적 · 문화적 배경에 대해 반성적 사고를 할 수 있는 기회를 가진다. 다양한 형태의 이야기 쓰기는 예비교사나 현직교사가 모두 활용할 수 있는 방법으로, 최근 들어 현직교사들 사이에서 교육과정 이야기나 사례연구가 많이 활용되고 있다.

예를 들어, 자서전이라는 관점에서 생애사는 교사가 소유하고 있는 개인적인 실천적 지식의 본질을 이해하고 개념화하기 위해 교사교육연구에서 연구방법으로서의 의미를 갖지만, 반성적 사고를 기르기 위한 방법으로도 활용될 수 있다(염지숙 외, 2008). 생애사 쓰기는 개인이 경험한 역사인 동시에 개인의 경험 속에 녹아 있는 역사다. 즉, 특유한 행동구조나 문화습관을 발견하게 하여 자신의 경험을 확장시키게 하는 학습효과가 있으며, 경험의 재구성을 통해 자신의 정체성을 재

인식시킴과 동시에 더욱 확고히 할 수 있게 된다. 또한 생애사적 경험의 재인식은 연속된 발달과정에서 지속적인 인생경험의 재구성을 가능하게 한다. 따라서 교사로서의 자질을 향상시킬 뿐만 아니라 보육현장이라는 맥락 안에서 개인적인 경험과 그 의미의 중요성을 깨닫게 되는 계기가 된다.

(4) 학급연구

학급연구는 교사가 자신이 속한 환경인 학급에 대해 연구를 행하는 것으로, 교수기술을 개발하고 교수와 학습에 대한 성향을 평가하고 교수와 학습능력을 발달시키는 체계적인 경험을 제공하는 탐구중심의 자기 모니터링이다. 즉, 교사가 자신의 경험이나 직관에만 의존하지 않게 되기 때문에 문제해결 상황에 대한 깊이 있는 통찰력을 갖게 해 준다. 자신의 학급에 대해 문제가 무엇인지 고려해 보고, 문제를 발견하여 적절한 해결방법을 계획하고 적용해 보며, 결과를 관찰하고 검토해 보는 절차를 거치게 되는데, 실제로 자신의 학급에 대한 연구를 수행한다는 점에서 교사로 하여금 자신의 교수 상황과 학급, 유아에 대한 상당한 통찰력을 갖게 해 준다(박은혜, 2011).

(5) 동료장학

교사들은 교수활동을 할 때 동료들과 고립되어 있어 동료들의 수업을 관찰하거나 자신의 수업에 대해 동료로부터 조언을 얻을 기회가 없다(권정숙, 2002). 이에 동료교사와 협조체제를 구축하여 이야기를 나누고 의논하는 동료장학을 통해 반성적 사고에서 오는 불안감에서 벗어날 수 있도록 도움을 제공하며, 좀 더 자신감 있게 새로운 시도를 할 수 있게 한다. 다른 교사들과 아이디어와 경험을 나누고 서로 공유하게 되면 반성적 사고의 불안감을 완화시키는 것뿐만 아니라 유능하게 성장할 수 있게 된다.

참고문헌

권정숙(2002). 유아교사의 반성적 사고 및 반성적 사고수준과 교수능력. 서울여자대학교 대학원 박사학위논문.

김연하, 김양은(2008). Bandura의 교사 자기 효능감 척도(Teacher Self-efficacy Scale) 요인구조 분석. 한국유아교육학회, 28(2), 169-192.

길경숙, 노수남(2004). 유아 교사의 자아개념과 직무만족이 교사효능감에 미치는 영향. 대한가정학회지, 42(11), 123-136.

박명희, 박은혜(1999). 유아교사의 자아개념에 따른 관심사 연구. 교육과학연구, 29, 177-196.

박은혜(1996). 반성적 사고와 유아 교사교육. 幼兒敎育硏究, 16(1), 175-193.

박은혜(2011). 유아교사론. 서울: 창지사.

배소연(1993). 유아교사교육에 있어 교생실습이 예비교사들에게 미치는 영향. 경원대학교 논문집, 11, 603-631.

백은주(2006). 유치원 초임교사의 어려움과 교사 자아개념 및 조직풍토와의 관계. 한국유아교육학회, 26(2), 27-47.

송인섭(1989). 자아개념 구조에 대한 발달적 경향에 관한 연구. 한국교육학회, 28(1), 85-103.

신은수, 유영의, 박현경(2004). 유아 교사의 놀이에 대한 교수효능감과 놀이 운영 실제 신념에 관한 도구 개발연구. 한국유아교육학회, 24(1), 49-70.

신은수, 유흥옥, 안부금, 안경숙, 김은정, 유영의, 김소향(2013). 유아교사론. 서울: 학지사.

신혜영(2005). 어린이집 교사의 직무 스트레스와 효능감이 교사 행동의 질에 미치는 영향. 한국아동학회, 26(5), 105-121.

염지숙, 이명순, 조형숙, 김현주(2008). 유아교사론. 경기: 정민사.

우재현(2001). (심성개발을 위한) 교류분석(TA) 프로그램. 서울: 정암서원.

이은화, 배소연, 조부경(2005). 유아교사론. 경기: 양서원.

조부경, 서소영(2001). 유치원 교사의 과학교수효능감에 따른 과학 교수 실제 및 유아의 과학 행동. 한국유아교육학회, 21(4), 5-28.

Ashton, P. (1984). Teacher efficacy: A motivational paradigm for effective teacher education. *Journal of Teacher Education, 35*(5), 28-32.

Bandura, A. (1993). Perceived Self-Efficacy in Cognitive Development and Functioning. *Educational Psychologist, 28*(2).

Bandura, A. (2006). Toward a Psychology of Human Agency. *Perspectives on Psychological Science, 1*(2).

Clark, C. M., & Peterson, P. L. (1986). Teachers' thought processes. In M. C. Wittrock (Ed.), *Handbook of Research on Teaching,* 3rd edition (pp. 255-296). A Project of the American Educational Research Association, Macmillan.

Dewey, S. (1933). *How we think.* Boston, DC: Heath and company.

Gibson, S., & Dembo, M. H. (1984). Teacher efficacy: A construct validation. *Journal of Educational Psychology, 76*(4), 569-582. With Permission.

Goodman, J. (1986). Teaching preservice teachers a critical approach to curriculum design: A descriptive account. *Curriculum Inquiry, 16*(2), 81-201.

Korthagen, F. A. (1999). Linking Reflection and Technical competence: The logbook as an instrument in teacher education. *European Journal of Teacher Education, 23*(213), 191-207.

Manen, V. J. (1977). Linking ways of knowing with ways of being practical. *Curriculum Inquiry, 6,* 205-208.

O'Loughlin, M. (1992). Rethinking science education: Beyond Piagetian constructivism toward a sociocultural model of teaching and learning. *Journal of Research in Science Teaching, 29,* 791-820.

Riggs, I. M., & Enochs, L. G. (1990). Further Development of an Elementary Science Teaching Efficacy Belief Instrument: A Preservice Elementary Scale. Kansas: [s.n.].

Schön, D. (1983). *The reflective practitioner: How professionals think in action.* New York, NY: Basic Books.

Schön, D. (1987). *Educating the reflective practitioner.* San Francisco, CA: Jossey-Bass Higher Education Series.

Zeichner, K. (1981). Reflective teaching and field-based experience in teacher education. *Interchange, 12*(4), 1-22.

이고그램 유형(2008). http://blog.naver.com/tthelper/10027163606.

한국교류분석협회(2015). http://www.ta.or.kr.

사진 출처

http://blog.naver.com/sweety76940/220225307745(2014/12/31).

04
보육실습 경험하기

보육실습은 향후 어린이집 교사 자격증을 받고 교사가 되고자 준비하는 학생이 어린이집 현장에서 예비보육교사의 역할을 직접 경험해 보는 과정이다.

이 장에서는 4주 160시간 이상 동안 이루어지는 정규실습을 중심으로 보육실습의 계획, 실행, 평가에 대해 살펴본다. 보육실습을 성공적으로 수행하고, 이후 보육현장에 대한 이해와 실천적 지식을 함양하기 위해서는 보육실습 이전에 주 1회 정도의 사전실습, 보육실습 이후에 주 1회 정도의 사후실습으로 연계하는 것이 바람직하다.

1. 보육실습의 계획

1) 보육실습의 의의

보육실습은 국가가 발급하는 '보육교사 자격증'을 취득하기 위해 필수적일 뿐 아니라 대학에서 배운 이론과 지식을 현장에서 실제 적용해 보는 핵심과정이기도 하다. 보육실습의 의의는 다음과 같다((재)한국보육진흥원, 2013).

- 이론 중심으로 배웠던 지식을 보육현장에 실제 적용해 보면서 실천적 지식을 습득하고, 영유아에 대한 이해를 향상시키는 기회를 갖는다.
- 보육계획이 어떻게 이루어지고, 융통적으로 운영되며, 보육실 내외에서 영유아의 놀이가 어떻게 확장되고, 활동과 자료가 흥미와 발달에 적합하게 운영되는가를 직접 관찰하여 교사의 전문적인 역할과 상호작용법을 배울 수 있는 기회를 갖는다.
- 실습생이 직접 보육활동을 계획하고 실시해 봄으로써 바람직한 일과 운영을 익히고 효과적인 교수학습방법을 이해하는 기회를 갖는다.
- 어린이집 교사의 역할에 대해 현실적으로 이해하고 보육교사로서 자신의 능력과 자질을 평가해 보는 기회를 갖는다.
- 어린이집 원장, 보육교사 및 부모 등의 다양한 관점과 요구 등을 관찰하고, 지역사회에서 어린이집의 역할과 기능에 대해 생각해 보는 기회를 갖는다.
- 영유아에게 영향을 미치는 좀 더 넓은 관점인 사회 현상, 보육정책, 부모교육 등과 영유아에 대한 심도 있는 연구 결과들에 관심을 가질 수 있다.
- 4주간의 보육실습을 성공적으로 끝냈다는 자신감은 향후 새롭게 시도할 다양한 경험에 대한 도전 정신과 긍정적 태도를 줄 수 있다.

2) 보육실습의 준비

질적으로 우수한 보육실습이 이루어지기 위해서는 보육실습기관 선정이 무엇보다 중요한데, 실습기관을 선정할 때는 다음과 같은 점에 유의한다.

- 보육실습기관의 법적 기준인 보육 정원(15인 이상)을 충족하는 어린이집인지,

혹은 교육과정과 방과후 과정을 운영하는 유치원인지 등의 사항을 파악한다.
- 보육실습 지도교사의 보육교사 1급 또는 유치원정교사 1급 자격소지 여부를 파악한다.
- 실습기관의 현황 및 특수보육 현황 등을 파악하여 기관의 성격을 고려한다.
- 실습기관의 평가인증여부 등을 파악한다.
- 실습기관과 보육실습생의 집과의 거리 및 교통편을 고려한다.

보육실습을 수행해야 하는 학생은 보육실습을 시작하기 전에 실습기관을 방문하여 실습에 필요한 사항을 미리 숙지하고 준비하여 보육실습이 원활하게 이루어질 수 있도록 해야 한다. 보육실습 전에 학생이 준비해야 할 일은 실습기관 사전방문 및 보육실습기관에서의 사전교육, 실습에 필요한 각종 서류(보육실습생 신상카드, 보육실습생 자기소개서, 보육실습생 서약서, 보육실습비 영수증 양식, 보육실습확인서 양식, 보육실습평가서 양식) 작성 및 실습기관 전달, 그리고 보건소에서 전염성 질환에 대한 건강진단결과서(구 보건증)를 발급 받아 실습기관에 전달하는 일

표 4-1 **보육실습 관련 서류**

준비 서류	내용
보육실습생 신상카드 보육실습생 서약서 자기소개서(필요시) 보육실습생 서약서	대학에서 받아 학생이 정확히 작성한 후 보육실습기관에 제출함
건강진단결과서(구 보건증)	학생이 보건소에서 건강진단을 받은 후 결과서를 실습기관에 제출함
보육실습비 영수증 보육실습확인서 보육실습평가서	보육실습평가서는 보건복지부 지정 양식이어야 함
보육실습일지	보육실습일지는 보건복지부 지정 양식이어야 함 대학 또는 어린이집 양식을 받아 실습기간 동안 작성함

출처: (재)한국보육진흥원(2013). 양성교육기관에서의 보육실습 지도.

등이다. 학생이 준비해야 하는 기타 준비물은 신분증, 이름표(양성교육기관명, 보육실습생 이름), 실내화 또는 덧신(필요시), 실외놀이용 신발(필요시), 여벌옷(필요시), 보육실습일지 및 필기도구 등이다.

3) 보육실습생의 역할과 자세

보육실습생의 역할과 자세는 다음과 같다((재)한국보육진흥원, 2013).

■ **보육실습생의 역할**
• 실습기관 환경 및 보육환경 구성 관찰
• 보육 일과 및 수업 참여
• 영유아 행동 및 활동 관찰
• 보육실습일지 작성, 지도교사의 조언 듣기 및 매일의 자기평가
• 예비보육교사로서의 역할 수행
• 보육활동계획안 작성
• 영역별 보육활동, 반일(일일)보육활동 등의 보육활동 계획 및 실시
• 보육실습기관의 가정 간 연계 프로그램이나 행사 참여
• 보육실 정리정돈

■ **보육실습생의 근무태도**
• 보육실습 기간 동안 예비교사로서의 품위를 지키고, 매사에 영유아에게 본보기가 되도록 언행에 주의한다.
• 보육실습일지를 작성하며, 보육실습 지도교사의 조언을 받는다.
• 보육활동 전에 보육실습 지도교사에게 보육활동계획안(영역별 보육활동, 반일보육활동 또는 일일보육활동)을 제출하여 지도를 받은 후 보육활동에 임한다.
• 영유아의 일상생활지도에 대한 지침은 해당 보육실습기관의 내용에 따른다.

- 해당 보육실습기관으로부터 영유아의 안전사고 예방에 대한 사전교육의 내용을 숙지하도록 한다.
- 실습기관의 비품 및 기자재를 사용하고자 할 때는 보육실습 지도교사와 담당자의 허락을 받고 사용방법에 유의하여 조심스럽게 사용한 후 반납한다.
- 보육활동에 필요한 교재교구를 제작할 때에는 반드시 보육실습 지도교사와 사전에 협의한 후 제작한다.
- 보육실습 중 응급상황이 발생했을 때는 즉시 보육실습 지도교사에게 알리고 지도를 받는다.
- 매일 작성하는 보육일지를 비롯하여 각종 제출물은 기일을 엄수하여 제출한다.
- 학부모 질문 시 친절한 태도로 보육실습생임을 밝히고 보육실습 지도교사에게 안내해야 하며, 실습생은 학부모 상담을 하지 않도록 한다.
- 보육교직원, 영유아, 부모는 물론이고 어린이집을 방문하는 방문객에게 공손하게 인사하며 항상 밝고 친절한 모습으로 대한다.
- 실습기관에서의 흡연은 절대 금한다.
- 보육실습 중 휴대폰 사용을 금하고 보육실에 휴대폰을 가지고 들어가지 않는다.
- 커피 및 음료는 보육실 이외의 정해진 장소에서 음용한다.
- 동료 보육실습생들 간의 호칭은 '○○○선생님'으로 하고 실습생들 간에도 존대어를 사용하며 불필요한 이야기를 하지 않는다.
- 보육실습 기간 중 불만이나 갈등 상황이 발생했을 경우 실습기관의 규정과 절차에 따라 해결한다.

■ 근무시간
- 실습기관의 출근 · 퇴근 시간 규정을 따른다.
- 실습시간은 평일(월~금요일) 오전 9시부터 오후 7시 사이, 1일 8시간에 대해

서만 실습으로 인정된다.

- 출근시간을 엄수하고 무단결근, 지각, 외출 및 조퇴를 금한다. 부득이한 경우에는 사전에 실습기관에 사유서를 제출하여 허락을 받는다.
- 부득이한 사유로 실습기관에서 결근 허락을 받은 경우, 결근 일수만큼 다른 날짜에 보육실습을 하여 보육실습 총 시간 및 일수를 맞추도록 한다.
- 매일 정해진 시간에 출근하여 출근부에 날인하며, 퇴근 시 보육실습 지도교사와 원장에게 허락을 받고 퇴근한다.

■ **복장 및 용모**
- 복장과 용모는 청결 · 단정하게 한다.
- 이름표는 왼쪽 가슴에 착용한다.
- 지나치게 화려하거나 노출이 심한 복장은 피한다(민소매 옷, 짧은 바지나 치마, 속옷이 보이는 옷, 몸에 꼭 붙는 옷 등).
- 짙은 화장, 진한 향수, 영유아의 안전상 문제가 되는 장신구 등은 피한다. 특히, 영아반 실습생의 경우 긴 줄의 목걸이나 귀걸이는 영아가 잡아당길 염려가 있으므로 착용에 주의한다.
- 손톱은 짧게 깎고, 손은 언제나 청결하게 관리한다.
- 영유아의 안전과 위생을 위해 긴 머리카락의 경우 단정히 뒤로 묶는다.
- 실내에서는 실내화(덧신) 또는 양말을 꼭 신는다.
- 실내외에서 굽이 높은 신발이나 슬리퍼는 신지 않는다.

■ **언어사용**
- 음성의 톤이 너무 높거나 빠르지 않도록 유의하며 부드럽게 이야기한다.
- 발음은 분명하게 하며 되도록 표준어를 사용한다.
- 어린이집 보육교직원, 부모는 물론 영유아에게 예의에 어긋난 언어를 사용하지 않는다("야!" "너!" "혼날래?" 등).

- 영유아를 부를 때는 이름을 부른다.
- 언어뿐 아니라 비언어 행동, 즉 표정, 손짓, 몸짓, 제스처 등도 교사로서의 품위를 지키며 영유아의 의사를 적극 수용하도록 한다.

2. 보육실습의 실행

보육실습 기간 4주 동안 실습생은 영유아를 관찰하고, 보조교사로 참여하기 시작한다. 실습생이 기관 및 해당 반의 하루 일과에 익숙해지면, 보육실의 흥미 영역 중 1개 영역에 해당하는 보육활동을 계획하여 직접 실행해 보고, 점차 몇몇 영역으로 확대해 본다. 마지막으로 반일이나 일과 전체에 대한 보육계획안을 실습생이 직접 작성하고, 교재교구를 준비하여 영유아를 지도하는 과정으로 보육실습을 하게 된다.

영아반은 일상적 양육이 하루 일과에서 중요한 부분을 차지하므로 영아반 보육실습과 유아반 보육실습 내용의 차이를 이해하는 것이 필요하다. 0세 반의 보육실습 내용에는 수유 및 이유, 기저귀 갈이, 잠 재우기, 안아 주기 등의 일상적 양육과 사회·정서적인 친밀한 상호작용, 안전이 중요하며, 개별적인 보살핌과 개별적인 놀이 지도가 중심이 된다. 1, 2세 반의 보육내용에도 영아들의 일상적 양육이 중요하므로 이를 포함하여야 하며, 대집단 형태가 아닌 개별적인 영역별 활동 및 놀이 활동을 중심으로 보육실습이 운영된다. 유아반의 보육실습 내용에는 영아반의 기본 내용 이외에 기본생활습관 및 일상생활지도, 안전 지도에 대한 내용이 포함되고, 개별, 소집단, 대집단 활동을 모두 진행하며, 흥미 영역의 활동도 고루 경험해 볼 수 있다.

표 4-2   보육실습 4주 진행 예

주	월	화	수	목	금
1주	보육실습 일정 협의 관찰(하루 일과, 보육환경, 영유아–교사 상호작용) ─────────→ 보조교사 역할 수행(실내외 놀이 참여, 일상생활지도) ─────────→ 영유아 이름 익히기, 영유아와 친밀감 형성하기 ─────────→				
	2주차 영역별 보육활동 찾기			2주차 영역별 보육활동 선정 및 계획안 제출	
2주		영역별 보육활동 실시		영역별 보육활동 실시	
	2주차 활동 자료 준비 및 제작 3주차 영역별 보육활동 찾아보기			3주차 영역별 보육활동 선정 및 계획안 제출	
3주			영역별 보육활동 실시		연계활동 실시
	3주차 영역별 보육활동, 연계활동 자료 준비 및 제작 4주차 반일(일일)보육활동 선정			4주차 영역별 보육활동 및 반일(일일)보육활동계획안 제출	
4주			반일(일일) 보육활동 실시	최종평가회	실습일지 정리 및 제출
	반일(일일)보육활동 자료 점검				

출처: (재)한국보육진흥원(2013). 양성교육기관에서의 보육실습 지도.

1) 영유아 관찰

보육실습의 첫 시작은 관찰이다. 어린이집에서 영유아 개인의 전인적 성장·발달을 돕기 위한 보육과정을 운영하기 위해서는 보육현장에 대한 과학적이고 객관적인 관찰능력을 가져야 한다. 특히 영유아에 대한 관찰이 필수적이다. 보육교사는 관찰을 통해 영유아의 발달 상태, 놀이의 특성, 집단활동 시간의 행동 특성 등을 파악하고, 이에 기초하여 자신의 보육활동 및 지도방법을 분석하고 보완해 갈수 있다. 구체적으로 보육실습생은 다양한 상황과 장소에서 영유아 관찰을 실시하고, 지속적으로 관찰을 실시하며 관찰내용은 일정한 형식에 따라 일관성 있게 기록한다. 관찰내용을 기록할 때는 관찰자의 주관이나 편견이 개입되지 않도록 실제 일어난 상황을 객관적으로 기록하며, 관찰된 행동에 기초한 해석이나 평가는 관찰내용 기록과 구분하여 기록한다.

표 4-3 **일화기록에 의한 영유아 관찰 예시**

관찰 유아	김○○(3세)	성별	남	관찰일	2013년 ○월 ○일 ○요일
관찰자	○○○	관찰시간		오전 9시 30분~9시 35분(5분)	
관찰 장면	보육실의 쌓기 영역에서 자동찻길 구성				
기록	쌓기 영역에서 우레탄 블록을 수평으로 길게 놓은 후 "선생님! 찻길이에요."라고 말하고 큰 자동차를 굴린다. 그리고 "나는 소방차가 좋아!"라고 하며 벽돌 무늬 종이블록을 가지고 울타리가 있는 공간을 구성한 후 그 안에 소방차를 넣어 둔다. 옆에 놀던 △△가 자동차를 가지고 온다. △△가 가지고 오는 자동차를 보며 "그거 좋다. 그거 이리 줘 봐."라고 말한다. △△가 "싫어, 니꺼 있잖아."라고 말하며 거부하자 강제로 뺏으려 한다. 교사가 다가와 ○○에게 "○○야, △△가 가지고 있는 자동차가 필요하구나. 그런데 △△이가 필요해서 먼저 가지고 놀고 있었고, ○○이가 필요하면 친구에게 빌려 달라고 말해 보자. 그리고 ○○가 필요 없는 자동차는 다른 친구들도 가지고 놀 수 있도록 양보하면 어떨까?"라고 말한다. ○○는 교사를 바라보지 않고 "아니요, 난 이게 다 필요해요."라고 말하며 계속 자동차를 길 위에 굴린다. ○○는 △△의 놀이를 바라보다가 가지고 놀던 자동차를 바닥에 두고 미술 영역으로 이동한다.				
해석 및 평가	블록을 이용하여 자신이 생각하는 구조물을 구성할 수 있다. 놀이 중 필요한 놀잇감을 또래와 나누고 공유하는 데 어려워한다. 또래와의 갈등 상황에서 자신의 생각을 긍정적으로 표현하는 것이 어렵다. 친구와의 여러 놀이 상황에서 놀잇감을 공유하는 것에 대해 꾸준한 지도가 필요하다.				

출처: (재)한국보육진흥원(2013). 양성교육기관에서의 보육실습 지도.

2) 보육실습일지 작성

일반적으로 보육실습일지는 실습생의 출근부, 보육실습기관 현황, 보육실습 일정, 연간 및 월간 보육계획안, 매일의 보육일과를 실습한 내용, 보육활동(영역별, 반일 또는 일일 보육활동) 계획안, 가정연계 및 행사, 보육실습 평가 등으로 구성된다. 보육실습일지는 보육실습생이 보육실습 기간 동안 자신의 보육실습 내용을 기록하고, 반복적으로 읽어 보며 정리하고, 자기평가 및 반성적 사고를 하는 공간이다. 또한 실습생과 실습 지도교사, 실습기관과의 의사소통의 장이다. 따라서 실습생은 보육실습 지도교사에게 사전에 보육실습일지 작성 방법에 대해 안내를 받도록 한다. 보육실습일지의 내용 중 특히 보육실습생은 일과 운영에 따른 매일의 보육내용과 평가 작성에 유의해야 한다. 일과 운영에 따른 매일의 보육내용 작성시 지나치게 상세한 기록 또는 과도한 생략 및 구체성이 부족한 기록 등은 실습생의 반성적 사고과정과 실천적 지식의 형성을 어렵게 할 수 있으므로 주의한다. 보육실습생 평가를 작성할 때는 하루 동안 반에서 보육실습생으로서 관찰, 실내외활동 및 놀이 참여, 영유아 일상지도 등을 경험하면서 느낀 소감이나 의문사항을 기록하되 반성적으로 사고할 수 있도록 다음과 같은 내용 중심으로 작성한다.

■ **일과 운영에 따른 매일의 보육내용 작성 방법**
- 일과 운영 시간 흐름에 따른 보육내용을 기록한다.
- 활동명, 자료, 활동방법을 기록하되 보육실습생에게 의미 있었던 바를 구체적으로 기록한다.
- 흥미 영역별로 영유아의 놀이 흐름과 실습 지도교사 또는 실습생과 영유아와의 상호작용, 활동 참여 정도를 기록한다.
- 실습 지도교사나 실습생이 영유아 간 갈등해결 등의 행동지도 내용을 기록한다.
- 급식 · 간식 · 낮잠 · 배변 등의 일상생활지도와 안전이나 위생, 등하원 관련 내용을 기록한다.

■ **보육실습생 평가 내용에 중점적으로 포함할 내용**

• 보육 일과 중에 새롭게 배웠던 보육실습 지도교사-영유아 상호작용에 대한 내용

• 하루 일과 중 새롭게 발견한 영유아의 발달 특성 및 흥미에 대한 내용

• 반에서 보육실습생으로서의 역할과 자세에 대한 자기평가

• 보육활동실습 시 계획한 대로 실행되지 않았던 원인 분석 내용

• 보육실습 지도교사가 지시한 업무 수행 시 배운 점

• 기타 일과 운영 및 상호작용에 대해 궁금한 사항

표 4-4 보육실습일지 작성 예시(유아반)

보육실습일지		결재	실습생	지도교사	원장
			㉖	㉖	㉖
반명	5세 ○○반	일시	2013년 ○월 ○일 ○요일		
날씨	흐린 후 맑음	결석 영유아	서○○(감기), 정○○(감기)		
주제	나와 가족	소주제	나의 몸		

시간 및 일과	활동계획 및 실행	평가 및 유의점
7:30~8:50 등원 및 맞이하기	*등원 및 맞이하기: 반갑게 맞이하며 유아의 건강 점검하기 가방 및 소지품을 스스로 정리할 수 있도록 하며, 조용한 놀이를 할 수 있도록 함.	자신의 소지품을 스스로 정리하도록 교사가 개별적으로 부드럽게 말함.
8:50~9:10 놀이계획하기	*언어 영역: 놀이계획하기 개별적으로 유아가 오늘의 놀이를 계획함. 놀이하고 싶은 영역에 동그라미를 치거나, 숫자로 순서를 정하고 놀이 후 평가할 수 있도록 안내함.	놀이를 계획성 있게 실천할 수 있도록 교사가 개별적으로 상호작용하며 지도함.
9:10~9:30 오전간식	*오전간식: 놀잇감 정리 후, 손을 씻고 간식을 들고 자리로 이동함. 바르게 앉아 간식을 먹고 다 먹은 뒤, 그릇을 정리함.	
9:30~11:00 오전 실내자유 선택활동	*쌓기 영역: 단위블록으로 몸 구성하기 전지에 누워 그림을 그린 뒤, 그 그림에 뼈대를 그려 봄. 뼈대, 겉모습을 카프라와 끼우기 블록을 놓아 몸을 구성함.	전지에 누워 그린 겉모습에 뼈대를 그리는 작업 전, 벽면에 게시된 인체 골격을 살펴볼 수 있도록 유도하였으나, 교사의 도움이 많은 부분 필요하였음.
	*미술 영역: 〈꾸미기〉 손, 발 페인팅 손과 발바닥 찍기 활동을 진행함. 또한 손등과 발등에 작은 붓을 이용하여 꾸미기를 하여 봄.	페이스페인팅 물감보다 수채 물감을 이용하자 물에 손쉽게 씻어졌음. 여아들의 참여도가 높았음.

9:30~11:00 오전 실내자유 선택활동	* 언어 영역: 〈읽기/쓰기〉 동시 '내 동생' 교사가 들려주는 동시 '내동생'을 듣고 스스로 읽으며 동시를 순서에 맞도록 구성함. 또한 "싫어, 싫어" 반복어구를 대신하는 용어를 쓰며 동시를 재구성하여 봄.	반복어구가 있는 간단한 동시여서 유아들이 쉽게 읽고 교사와 나누어 읽기가 가능하였음. 또한 동시의 반복어구를 대신하는 다른 용어를 사용하여 동시를 재구성하여 봄.
	*수·과학 영역: 〈분류〉 우리 몸에 필요한 영양소 영양탑과 음식카드를 이용하여 영양분에 따라 음식카드를 분류하여 봄.	뒤의 배지의 색을 영양소와 음식카드에 따라 다르게 하여 유아들이 영양소를 모르더라도 찾아볼 수 있도록 하였음.
	* 수·과학 영역: 컴퓨터로 내 이름 큰 글자로 출력하기 컴퓨터를 이용하여 자신의 이름을 적고 프린터로 출력하여 봄.	잘 쓰지 못하는 유아의 경우 자모음 순서를 교사가 손가락으로 짚으며 알려 주고 이를 먼저 컴퓨터 자판에서 찾아서 치도록 도움을 줌.
11:00~11:30 대·소집단 활동	* 대집단활동: 주말 지낸 이야기/〈동시〉 '내 동생' 동시 자료를 이용하여 동시를 음률을 살려 들려줌. 동시를 듣고 한 소절씩 유아들이 읽도록 참여하고 동시 말을 바꿔 보는 활동을 함.	주말 지낸 이야기를 할 때 긴장하여 평소보다 목소리가 작거나 올바른 자세를 취하지 못하는 유아들이 있었음. 대부분의 유아들이 친구의 이야기를 경청하는 모습을 보였음. 주말에 가족과 함께 있던 경험과 연계된 동시 내용에 흥미를 보이며 적극적으로 참여함.
11:30~12:30 실외자유선택 활동	* 실외자유선택활동: 몸으로 재 보기 실외놀이터에서 접하는 물체(나무, 물놀이대, 미끄럼틀 등)를 손뼘, 양팔 등 신체 부위를 이용하여 측정하여 봄.	유아들은 교사와 함께 나무를 안아 둘레를 재어 보며 적극적으로 활동에 참여함. 한 아름이 넘는 나무가 없어 나무의 둘레를 넓게 재어 보기에는 아쉬웠음.
12:30~13:30 점심 및 양치	* 점심 및 양치 식사도우미의 배식에 자신의 음식량을 조절하여 식사를 받아 자리에 바르게 앉아 반찬과 밥을 골고루 먹음. 식사 후 교실로 이동하여 이를 닦고 조용한 놀이를 함.	유아들이 식사도우미의 역할에 적극적으로 참여하며, 기다렸고 자신의 순서를 잘 지킴. 음식의 종류를 살피고 양 조절을 어려워하여 교사의 도움이 필요하였음.
13:30~15:00 조용한 놀이 및 휴식	* 그림책 보면서 휴식하기 '그만 내 몸은 소중해/이슬이의 첫 심부름' 등 준비된 도서를 읽으며 조용히 휴식을 준비. 또한 자리에 누워 잠을 자거나 휴식을 취함.	휴식을 원하지 않는 유아는 조용한 놀이에서 활동할 수 있도록 함.
15:00~15:30 오후간식	* 오후간식 놀잇감 정리 후, 손을 씻고 간식을 들고 자리로 이동함. 바르게 앉아 간식을 먹고 다 먹은 뒤, 그릇을 정리함.	
15:30~17:30 오후자유선택 활동 또는 실외활동	* 오전자유선택활동이 계속 진행됨. * 블록으로 구성한 몸 사진 찍어 전시하기 전지에 누워 그림을 그린 뒤, 그 그림에 뼈대를 그려 봄. 뼈대, 겉모습을 카프라와 끼우기 블록을 놓아 몸을 구성함. 구성된 몸을 사진으로 찍어 전시함.	교사가 블록으로 구성한 몸 사진을 찍어 전시하자 활동에 관심을 나타내는 유아들이 많았고, 참여가 늘어나는 것을 볼 수 있었음.

17:30~18:00 세안 및 몸단장, 옷 단정히 입기	* 세안 및 옷 단정히 입기/귀가 자신의 몸을 스스로 단장할 수 있도록 격려 후 자신의 물건을 혼자 챙길 수 있도록 하면 서 서랍 정리도 함께 이루어질 수 있도록 함.	
18:00~19:30 통합보육 및 개별귀가지도	* 통합보육 및 개별 귀가지도 통합보육실에 가서 놀이를 하다 부모님이 오 시면 통합보육 선생님께 인사를 하고 하원함.	
실습생 평가	– 매일 이루어지는 자유선택활동이지만 막상 놀이계획을 진행하려고 보니 어색해하는 유아 가 많아 교사가 개별적으로 상호작용하여 유아의 능동적인 활동을 유도하는 것을 볼 수 있 었다. – 언어활동이 각 영역에서 통합적으로 이루어지면서 자신의 이름을 이용하여 쓰기에 관심 을 갖도록 하였다. 자신의 이름으로 쓰기에 참여하면서 이름이 완성되고, 동시 '내 동생'과 연계하여 가족의 이름을 묻고 쓰면서 언어활동이 활발히 이루어졌다. 통합적인 언어활동 의 실제를 선택활동에서 경험하는 좋은 시간이 되었다.	
지도교사 조언 및 평가	– 5세 반이 되어 언어활동에 많은 관심을 보이면 교사도 유아의 관심과 흥미에 민감하게 반 응해 주어야 합니다. 그렇다고 전통적인 학습방법으로 교사 주도로 이끌며 진행하기보다 는 선택활동으로 유아의 개별적 특성을 고려하여 접근하는 것이 유아의 동기를 보다 더 유 지시키면서 지속적으로 참여하도록 하는 방법이 됩니다. 왜냐하면 유아마다 언어적 흥미 나 내용에 대한 사전 경험이 다를 수 있고, 듣기, 말하기, 읽기, 쓰기 등의 영역에 대한 발 달수준도 모두 다를 수 있기 때문이지요. – 5세 반 유아는 하루 일과를 진행할 때 스스로 놀이나 활동을 선택하고 스스로 계획하여 실 행하는 과정을 통해 자아존중감이 형성되고 독립심이 길러지므로 선택활동들이 체계적으 로 계획되어질 필요가 있습니다. 이렇게 스스로 선택한 활동이나 놀이에 대해서는 유아가 더 주의집중을 하여 지속하려고 하고, 문제가 생겼을 때 스스로 해결하고자 하는 노력도 더 보이게 됩니다. 유아가 스스로 놀이나 활동을 선택하였을 때와 교사 주도의 활동에 참여할 때 중 어느 활동에 유아가 더 주의집중하며 의미있게 학습을 하는지 잘 관찰해 보세요.	

출처: (재)한국보육진흥원(2013). 양성교육기관에서의 보육실습 지도.

3) 보육활동 실습

보육실습생의 보육활동 실습은 보육실습 지도교사의 지도하에 보육활동을 직접 계획하여 보고, 이를 실행한 후 평가하는 과정을 말한다. 보육활동 실습경험은 보육실습생이 예비교사로서의 전문성을 향상시키는 데 큰 역할을 한다. 보육실습생이 실시할 보육활동에 대해 실습 지도교사와 실습생이 충분히 협의하는 것은 보육활동 실습의 성공 여부에 중요한 열쇠가 된다. 구체적으로 보육실습생은 실습 지도교사와 보육활동 실습 일시, 보육활동 유형 및 흥미 영역, 집단의 크기 및 집단 구성방법, 보육활동 장소, 보육활동 전개 방안, 보육활동 자료 선정, 바람직한 교수전략 및 상호작용, 보육활동계획안 작성 및 보육실습 지도교사의 지도 일정 등에 대해 협의하는 것이 좋다. 보육실습생은 이론적으로 알고 있으나 직접 영유아를 지도해 본 경험이 없어 다양하게 교수법을 수행할 수 없다. 따라서 초반 활동은 난이도가 낮은 미술활동이나 언어활동부터 시작하여 점차 난이도가 높은 게임이나 동극을 진행하도록 일정을 계획하는 것이 성공적인 실습에 도움이 될 수 있다.

보육실습은 하루 일과의 총체적인 운영 과정 속에 영역별 보육활동과 영유아의 일상생활을 지도하는 것이다. 보육실습 지도교사는 보육실습생에게 하루 일과 운영 중 일상적으로 반복되는 부분과 각 영역별로 고려해야 할 보육활동 지도법을 마련하여 체계적인 실습지도가 이루어지도록 한다. 흥미 영역별 보육활동 지도의 예시를 살펴보면 다음과 같다.

표 4-5 **흥미 영역별 보육활동 지도의 예시(영아반)**

영역	보육활동 지도
쌓기	• 다양한 블록으로 여러 가지 구성물을 만들 수 있도록 격려한다. • 블록 중 날카로운 부분이 있는지 살펴보고, 소품이 작게 분해되는지 확인하고 작은 소품은 모두 안전하게 제거한다. • 블록을 높게 쌓거나 길게 놓아 다른 영역으로 확장되어 갈등 상황이 발생되지 않도록 적절한 상호작용과 환경을 제공한다.
역할	• 놀이하면서 조금씩 정리할 수 있도록 한다. • 영아와 함께 가작화놀이에 참여한다(엄마, 아빠놀이, 아기 업기, 아기 우유 주기 등). • 영아와 놀이하면서 스스로 할 수 있는 것들을 연습할 수 있도록 돕는다(예: 물 따르기, 신발 신기 등)
언어	• 교사의 무릎에 앉혀 개별적으로 책을 읽어 주고, 함께 원하는 책일 경우 2~3명의 소그룹으로 책을 읽어 주되, 내용을 그대로 읽기보다 대화하듯이 읽어 준다. • 책을 읽어 줄 때 조용하면서 다양한 목소리를 사용하고, 영아의 흥미와 반응을 살핀다. 영아의 반응을 많이 이끌어 내도록 한다. • 책의 내용을 끝까지 읽는 것에 중점을 두기보다 질문과 반응을 더 격려한다.
미술	• 다양한 미술 재료를 탐색할 수 있도록 기회를 제공한다. • 영아의 끼적거리기를 격려하고, 구체적인 부분과 행동을 격려한다. • 영아의 작품에 이름을 써 주며 자기 작품임을 알도록 하고, 벽에 붙여 준다.

감각·탐색	• 정적이고 개인적인 활동이 많으므로 영아들이 좋아하는 놀잇감의 경우 영아 수만큼 충분한 개수를 제공한다. • 영아 스스로 탐색하고 조작할 수 있도록 곁에서 격려하고 적절한 도움을 준다. • 영아의 탐색 조작활동에 대해 언어적으로 행동을 기술해 준다.
신체	• 다양한 신체활동에 함께 참여한다. • 영아의 다양한 신체 움직임을 언어적으로 표현해 주며 격려한다. • 신체활동을 하는 공간과 놀잇감의 안전을 점검한다.
음률	• 노래 부르기 및 몸 움직이기 활동에 함께 참여한다. • 함께 노래 부르기를 장려하나 강요하지 않도록 주의한다. 영아는 가만히 앉아 노래 소리를 집중하여 듣기도 한다. • 노랫말에 영아의 이름을 넣어 부르거나 매일 접하는 일상생활과 관련한 노랫말로 바꾸어 부르면 좋아한다.

출처: (재)한국보육진흥원(2013). 양성교육기관에서의 보육실습 지도.

표 4-6 흥미 영역별 보육활동 지도의 예시(유아반)

영역	보육활동 지도
쌓기	• 유아들 간의 의견 차이와 신체적 접촉이 많이 발생하므로 전체를 바라볼 수 있는 위치에서 주의 깊게 관찰한다. • 유아들이 선호하는 놀이를 잘 알고 있어야 하며, 놀이를 조용히 관찰하거나 유아들과 함께 놀이 친구로서 참여할 수 있다. • 블록을 서로 나누고 공유할 수 있도록 놀이규칙에 대해 숙지한다. • 다양한 블록을 선택하여 놀이할 수 있도록 한다.
역할	• 유아-유아, 유아-교사 간 상호작용의 기회를 다양하게 제공한다. • 성 역할을 고정시키는 일이 없도록 한다. • 일상의 경험을 재현하거나 극화놀이가 다양하게 나타날 수 있도록 놀이친구로서 참여한다. • 필요한 역할 소품은 다른 영역과 연계하여 만들어 사용할 수 있도록 한다.
언어	• 카세트 및 CD플레이어의 사용법을 알고 스스로 조작할 수 있도록 한다. • 언어자료를 함께 보며 다양하고 정확한 어휘로 말하도록 한다. • 다양한 내용의 인쇄물이나 그림책은 제목이 보이도록 제시한다. • 여러 가지 쓰기 재료와 도구를 제시하고, 쓰기에 자유롭게 참여하도록 하며, 철자법, 띄어쓰기 등을 강요하지 않도록 한다.

미술	• 자유롭게 자신의 생각과 느낌을 표현할 수 있도록 한다. • 다른 친구의 작품과 비교하지 않도록 한다. • 도움을 요청할 경우 유아 스스로 하도록 유도하면서 유아가 할 수 있는 부분을 찾아서 다시 시도할 기회를 제공한다. • 활동이 끝난 후에는 자신의 작품에 이름을 써서 보관하고, 스스로 주변을 정리할 수 있도록 한다.
수 과학 조작	• 유아의 발달수준에 맞는 상호작용 방법이 중요하므로 이를 반드시 고려한다. • 교구 제작 시 시각적으로 매력 있게 제작하여 유아의 참여를 높인다. • 지식 전달 위주의 활동이 아니라 관찰, 실험, 문제해결, 비교하기, 의사소통 등의 과정에 초점을 두고 지도한다. • 조작하는 놀잇감과 실험도구의 안전성을 점검하도록 한다.
음률	• 유아의 즐겁고 자유로우며 독창적인 표현을 장려한다. • 기술적인 측면에 관심을 갖기보다는 다양한 음악적 경험과 표현을 즐길 수 있도록 한다. • 다양한 리듬감, 음색, 질 등을 제공한다(재즈, 클래식, 국악 등). • 다양한 움직임을 유도할 수 있는 도구나 동영상을 준비한다.

출처: (재)한국보육진흥원(2013). 양성교육기관에서의 보육실습 지도.

3. 보육실습의 평가

1) 보육실습생의 자기평가

보육실습생은 4주 동안 보육실습기관의 원장이나 지도교사에게 지속적으로 평가를 받는다. 실습생이 스스로 하는 자기평가는 보육실습의 과정과 결과에 기초하여 자신을 객관적으로 평가하는 것이며, 보육교사로서 특별히 요구되는 태도, 자질, 역할, 능력 면에서 자신을 파악할 수 있다. 보육실습의 주체는 실습생 자신이므로 이러한 실습의 기회가 자신의 역량을 발견하는 데 도움을 주는 중요한 계기로 삼아야 한다. 그러므로 항상 연구하는 자세로 보육실습에 임해야 하고 실습을 완료하는 단계에 이르면 자신을 스스로 평가하고 진단하는 시간이 반드시 필요하다. 자기평가의 결과에 기초하여 추후 자신에게 부족한 점을 이론과 실제 교과목 수강을 통해 향상시킬 수 있고, 가능하다면 다양한 현장에서 여러 경험을 추가하여 성공적인 보육교사로서의 진로에 한걸음 더 나아갈 수 있다.

표 4-7 **보육실습생의 자기평가표 양식**

보육실습생의 자기평가표

보육실습생 성명 :

번호	평가항목	못함		잘함		
		1	2	3	4	5
1	보육목표를 달성할 수 있는 보육내용을 영유아의 흥미, 수준에 근거하여 적합하게 선정하였는가?					
2	영유아의 흥미와 능력, 사전경험을 잘 관찰하여 영유아 지도계획에 활용하였는가?					
3	보육활동계획안이 적절하게 계획되고 성실하게 준비되어 실행에 무리가 없었는가?					
4	보육활동계획에 따라 자료를 충실히 준비하였는가?					
5	영유아의 행동을 민감하게 파악하며 상호작용에 최선을 다했는가?					
6	다양한 흥미 영역에 고루 참여하여 영유아의 놀이가 지속되고 확장되도록 놀이를 촉진하였는가?					
7	영유아의 기본생활습관이 형성되도록 동기를 잘 유발하였는가?					
8	대 · 소집단 활동 시 보육교사로서 다양한 교수법을 활용하여 효과적으로 활동을 이끌었는가?					
9	영유아의 부정적 정서나 갈등 상황을 잘 파악하여 긍정적으로 수용하고 적절하게 해결되도록 지도하였는가?					
10	영유아의 개별적 특성, 개인차를 고려하여 지도하였는가?					
11	영유아를 존중하는 언어를 사용하고, 영유아가 잘 알아들을 수 있도록 어휘, 발음, 음성의 고저, 빠르기 등에 노력을 기울였는가?					
12	보육실습일지의 내용과 평가 등을 성실히 기록하였는가?					
13	영유아의 안전, 위생, 건강에 각별히 신경을 썼는가?					
14	영유아의 낮잠, 간식, 점심, 배변활동, 이닦기, 손닦기, 옷입기 등 일상생활을 영유아 스스로 즐겁게 할 수 있도록 지도하였는가?					
15	보육실의 통풍, 채광, 정리정돈 등 청결한 환경을 위해 노력하였는가?					
16	보육실습기관의 지도 방침에 적극 협력하였는가?					
17	보육실습 지도교사와의 관계를 원만히 유지하며 성실히 임했는가?					
18	보육실습 동료들과 잘 협력하였는가?					
19	영유아의 수준과 흥미에 적합한 활동을 계획하고 다양한 행동을 적절히 지도하고자 관련 문헌이나 전문 서적을 찾아보고자 노력하였는가?					
20	실습기간을 통해 보육교사로서의 전문성이 스스로 향상되었다고 여겨지는가?					
합 계						

출처: (재)한국보육진흥원(2013). 양성교육기관에서의 보육실습 지도.

2) 보육실습기관의 보육실습생 평가

보육실습기관에서 보육실습생을 평가할 때는 양식과 같이 다음의 다섯 영역에 대해 평가를 하며 각 영역별 평가 내용과 배점기준은 다음과 같다.

표 4-8 보육실습평가서 양식

<table>
<tr><td colspan="5" align="center">보육실습평가서</td></tr>
<tr><td colspan="5">성명:
주민등록번호:
보육실습기관명:</td></tr>
<tr><td colspan="5" align="center">보육실습기간: 20 년 월 일~20 년 월 일</td></tr>
<tr><td colspan="2">평가 영역(배점)</td><td>평가항목</td><td>배점</td><td>점수</td></tr>
<tr><td rowspan="4">근무태도와 자질
(20점)</td><td>근무사항</td><td>출석, 결석, 지각, 조퇴 등</td><td>5</td><td></td></tr>
<tr><td>태도</td><td>성실성, 근면성, 친절, 적극성,
복장 및 용모, 예절</td><td>5</td><td></td></tr>
<tr><td>자질</td><td>영유아 존중, 책임감, 인성, 열의</td><td>5</td><td></td></tr>
<tr><td>관계 형성</td><td>실습지도교사와의 관계
동료실습생과의 관계</td><td>5</td><td></td></tr>
<tr><td rowspan="2">보육활동
계획과 실행
(30점)</td><td>보육활동
계획</td><td>영역별, 반일(일일)보육활동
계획의 적합성과 충실한 준비</td><td>15</td><td></td></tr>
<tr><td>보육활동
실행</td><td>영역별, 반일(일일)보육활동의
효과적이고 적절한 실행 정도</td><td>15</td><td></td></tr>
<tr><td rowspan="3">예비보육교사로서
역할수행(30점)</td><td colspan="2">영유아 행동 및 놀이 관찰, 보육환경 관찰</td><td>5</td><td></td></tr>
<tr><td colspan="2">보육 일과 진행 보조와 일상생활지도</td><td>10</td><td></td></tr>
<tr><td colspan="2">영유아 상호작용과 놀이 참여</td><td>15</td><td></td></tr>
<tr><td>보육실습일지
작성(10점)</td><td colspan="2">구체적이고 충실한 보육실습일지 작성과
일일 자기평가 및 지도교사 평가 반영</td><td>10</td><td></td></tr>
<tr><td>총평(10점)</td><td colspan="2">실습기간 동안 예비보육교사로서 향상 정도</td><td>10</td><td></td></tr>
<tr><td colspan="3" align="center">총 점</td><td>100</td><td></td></tr>
<tr><td colspan="5">　</td></tr>
</table>

20 년 월 일

보육실습 지도교사:　　　　(인)
어린이집 원 장:　　　　(인)

출처: 보건복지부(2014). 2014년도 보육사업안내.

3) 보육실습생 등록 및 보육실습확인서

2013년 3월 1일부터는 '어린이집지원시스템'에서 보육실습생 및 실습지도에 대한 정보를 등록하여 어린이집 원장이 관리한다. 이렇게 등록된 사항은 자격취득을 위한 정보로 '자격관리시스템'에 전송된다. 보육실습생 등록 및 수정은 실습종료일 이후 두 달 이내까지만 가능하다. 보육실습확인서는 '어린이집지원시스템'에서 실습기관 및 실습지도교사, 실습기간 등의 내용을 입력 · 저장한 후 출력한다. 이를 원장 직인 날인 후 대학으로 발송하여 학과장 직인을 받아 보육교사 2급 자격증 신청 시에 제출하면 된다.

그림 4-1 어린이집지원시스템(http://cpms.childcare.go.kr)

표 4-9　보육실습확인서 양식

보육실습확인서

1. 실습 이수자 기본사항

이름	주민등록번호	양성교육기관명

2. 실습기관

실습기관명		실습기관 보육정원	
기관종류		최초인가일	
주소			
연락처			

3. 실습 지도교사

이름	자격 종류	자격번호

4. 실습 기간

실습기간	년　　월　　일~　　년　　월　　일(　　주간)
실습시간	총　　시간(매주　　요일~　　요일까지, 오전　　시~　　오후　　시)

위 사람은 영유아보육법시행규칙 제12조 제1항에 의한 보육실습을 충실히 이수하였음을
확인합니다.

　　　　　　　　　　　　　　　　　　　　　　　　　　　　년　　　　월　　　　일

어린이집 원장　　　　　　　(서명 또는 인)

학과장　　　　　　　(서명 또는 인)

출처: 보건복지부(2014). 2014년도 보육사업안내.

더 알아보기 보육실습이 궁금해요

Q.보육실습 기간 중에 공휴일(명절 등)이 있는 경우에는 어떻게 해야 하나요?

A.보육실습은 연속하여 4주, 160시간 이상 이수하여야 하므로, 공휴일이 있는 경우 공백이 발생한 기간만큼 이어서 보육실습을 연속하여 이수해야 합니다.

실습기관의 방학 등의 경우에도 동일한 방법으로 이수하면 되는데, 자격증 신청 시 해당내용을 증명할 수 있는 서류(방학기간 안내문, 어린이집 보육계획안 등)를 학과장으로부터 확인(직인 날인)받아 제출해야 합니다.

Q.원격으로 이루어지는 학점은행제의 경우에도 보육실습을 2회에 나누어 할 수 있나요?

A.보육실습을 2회에 나누어 할 수 있는 기관은 야간대학, 한국방송통신대학, 원격대학에 한합니다. 하지만 학점은행제 원격교육원은 원격대학에 해당되지 않습니다. 그렇다면 왜 4주 연속하여 보육실습을 하도록 할까요? 많은 보육전문가들은 적어도 연속하여 한 달 이상을 어린이집을 경험해 보아야 보육현장을 조금이라도 이해할 수 있다고 보고 있습니다. 이와 같은 전문가들의 견해가 법적 기준에 반영된 것이랍니다.

Q.보육실습 지도교사가 보육실습 중간에 보육교사 1급 자격요건이 충족된다고 하는데, 괜찮은가요?

A.보육실습 지도교사는 보육교사 1급 자격증 소지자 또는 유치원 정교사 1급 자격증 소지자 이어야 하므로 보육실습 시작 이후 1급의 자격요건이 충족되는 경우 보육실습 내용이 인정되지 않습니다. 따라서 보육실습생은 보육실습 시작 전에 지도교사가 보육교사 1급 소지자인지 꼭 확인해야 합니다.

Q.보육실습 지도교사 1명이 1년에 보육실습생을 3명까지만 지도할 수 있는 건가요?

A.그렇지 않습니다. 보육실습 지도교사 1명당 보육실습생 3명 이내 지도에 대한 세부기준은 1년을 기준으로 하는 것이 아니라 동일한 기간 내에 지도할 수 있는 지도교사 대 실습생 기준입니다. 따라서 동일 실습기간 내에 지도교사 1명이 보육실습생을 3명 이내로 지도해야 합니다.

참 고 문 헌 ●

김선형, 서원경(2010). 보육실습. 경기: 교문사.

나귀옥, 김경희, 곽정인(2011). 보육실습. 서울: 학지사.

문혁준, 백혜리, 김정희, 김혜연, 김민희(2012). 보육실습(개정판). 서울: 창지사.

보건복지부(2014). 2014년도 보육사업안내.

(재)한국보육진흥원(2013). 양성교육기관에서의 보육실습 지도.

05
보육교직원 자격기준

어린이집 원장과 보육교사의 자격기준은 「영유아보육법」에 근거를 두고 있다.
이 장에서는 어린이집 원장과 보육교사 국가자격증 도입의 의의에 대해 알아
보고, 개정 「영유아보육법」(2014.3.1. 시행)에 따른 어린이집 원장과 보육교사의
자격기준에 대해 구체적으로 살펴본다. 또한 기타 자격으로 누리과정 담당교사
와 장애영유아를 위한 보육교사 자격기준에 대해 알아보며, 국가자격증 신청방
법에 대해 살펴본다.

1. 보육교직원 국가자격증 도입의 의의

어린이집 원장은 어린이집을 총괄하고 보육교직원을 지도 · 감독할 뿐만 아니
라 보육아동의 심신 보호와 건전한 교육을 통하여 영유아를 건강한 사회성원으로
육성하고 영유아의 건강관리 및 보호자와의 상담 그 밖에 어린이집의 관리 · 운영
등의 업무를 책임져야 할 막중한 의무가 있어 보육서비스에서 가장 중요한 역할

을 수행한다. 보육교사는 전문적 지식과 자질을 갖추고 보육아동에게 보호, 교육 및 가족 서비스 등 포괄적인 서비스를 제공하는 전문적 인력으로 보육서비스의 질적 수준을 좌우하는 매우 중요한 요인이다. 그러나 2005년 국가자격증제도가 도입되기 전까지 어린이집 원장과 보육교사는 전문적 지식이 요구되고 사회적으로 다양한 역할을 수행해야 하는 직분임에도 불구하고 「영유아보육법」에 의하여 자격인정 기준만 갖추면 자격을 인정해 주는 자격인정 제도로 운영되어 왔다. 이러한 자격인정 제도로는 다양한 형태로 양성되어 온 보육교직원의 자격에 대한 검증 및 관리가 체계적으로 이루어질 수 없어 보육의 전문성 및 질적 수준을 보장할 수 없고, 고도의 전문성이 요구되는 직업임에도 불구하고 사회적 인식을 낮게 하는 원인을 제공하였다. 또한 보육현장에서 근무하고 있는 보육교직원들의 직무만족도와 자긍심에 부정적인 영향을 미치는 등 많은 문제점을 제기하는 원인이 되어 국가자격증 제도 도입의 필요성이 제기되었다((재)한국보육진흥원, 2012).

이러한 사회적 요구에 따라 2004년 1월 29일 「영유아보육법」 전면 개정 시 어린이집 원장 및 보육교사의 자격에 대한 법적 근거가 마련되었고(시행일은 공포 후 1년이 경과한 날부터), 2005년 1월 30일부터 보육교사 자격증, 2006년 12월 30일부터는 어린이집 원장 자격증을 교부하기 시작하였다. 이를 계기로 어린이집 원장과 보육교사의 자격 검정 및 교부절차를 강화하여 국가수준에서 체계적이고 효율적인 자격관리를 도모하였고, 나아가 보육교직원의 직무만족도를 향상시키고 전문인으로서의 자긍심을 높여 궁극적으로 보육인력의 자질과 보육서비스의 질적 수준을 향상시키는 데 많은 기여를 하게 되었다.

2. 개정 영유아보육법에 의한 보육교직원 자격기준

어린이집 원장 및 보육교사의 전문성을 향상시켜 우수한 인력을 확보하고, 이를 통하여 양질의 보육서비스를 제공함으로써 부모가 영유아를 믿고 맡길 수 있는 보육환경을 조성하고 현행 자격제도 운영상의 일부 미비점을 개선, 보완하고자 「영유아보육법」의 시행령과 시행규칙을 개정하였다.

1) 어린이집 원장

어린이집 원장의 자격 종류는 장애아전문, 일반, 40인 미만, 가정, 영아전담의 6개 유형으로 구분되며, 자격 종류별 정의와 운영 가능한 어린이집의 종류는 다음과 같다.

표 5-1 어린이집 원장 자격 종류와 운영 가능 어린이집

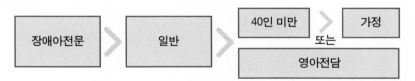

자격 종류	정의	근무가능 어린이집
장애아전문	「장애인복지법」 제29조의 규정에 의하여 장애인으로 등록된 영유아만을 20인 이상 보육하는 어린이집의 장	모든 어린이집의 원장으로 근무 가능: 장애아전문, 일반, 40인 미만, 가정, 영아전담
일반	보육정원이 300인 이하인 어린이집의 장	장애아전문 어린이집을 제외한 모든 어린이집의 장으로 근무 가능: 일반, 40인 미만, 가정, 영아전담

40인 미만	보육정원이 40인 미만인 어린이집의 장 ※ 종전 법에 의한 보육교사 자격을 갖춘 자에 한함.	40인 미만, 가정
가정	개인이 가정 또는 그에 준하는 설치 운영하는 어린이집으로, 상시 5인 이상 20인 이하를 보육하는 어린이집의 장	가정
영아전담	만 3세 미만의 영아만을 20인 이상 보육하는 어린이집의 장	영아전담

출처: (재)한국보육진흥원 보육인력 국가자격증(2015), http://chrd.childcare.go.kr.

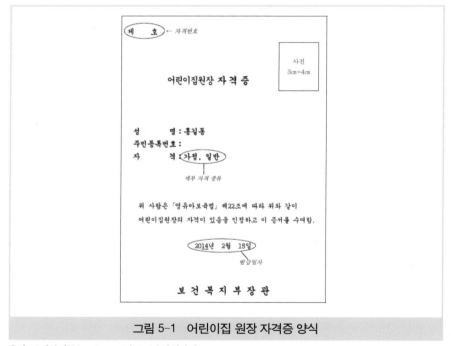

그림 5-1   어린이집 원장 자격증 양식

출처: 보건복지부(2014), 2014년도 보육사업안내.

어린이집 원장 자격은 크게 두 가지 측면에 초점을 두어 개정되었는데, 우선 어린이집 원장 자격 취득을 위한 자격 및 경력 요건을 강화하였다. 구체적으로 일반 어린이집 원장의 자격기준 중 유치원 정교사 2급을 1급으로 상향 조정하였고,

가정 어린이집 원장 자격기준을 보육교사 2급에서 1급으로 상향 조정하였다. 어린이집 원장 자격을 취득하기 위한 '보육 등 아동복지업무 경력'에 포함되는 직종을 제한하여 어린이집 및 아동복지시설 등에서 취사부, 운전원, 사무원 등으로 근무한 경력은 경력 산정에서 제외하였다. 그리고 사전교육 부재 등으로 전문성 확보가 취약하다는 지적에 따라 사전직무교육 이수자에 한하여 어린이집 원장의 자격을 부여하도록 하였다.

표 5-2 어린이집 원장 자격기준

구분	어린이집 원장의 자격기준
가. 일반기준	1) 보육교사 1급 자격을 취득한 후 3년 이상의 보육 등 아동복지업무 경력이 있는 사람 2) 「유아교육법」에 따른 유치원 정교사 1급 자격을 취득한 후 3년 이상의 보육 등 아동복지업무 경력이 있는 사람 3) 유치원 원장의 자격을 가진 사람 4) 「초·중등교육법」에 따른 초등학교 정교사 자격을 취득한 후 5년 이상의 보육 등 아동복지업무 경력이 있는 사람 5) 「사회복지사업법」에 따른 사회복지사 1급 자격을 취득한 후 5년 이상의 보육 등 아동복지업무 경력이 있는 사람 6) 「의료법」에 따른 간호사 면허를 취득한 후 7년 이상의 보육 등 아동복지업무 경력이 있는 사람 7) 국가 또는 지방자치단체에서 7급 이상의 공무원으로 보육 등 아동복지업무에 5년 이상 근무한 경력이 있는 사람
나. 가정어린이집	1) 일반기준에서 정한 자격을 갖춘 사람 2) 보육교사 1급 이상의 자격을 취득한 후 1년 이상의 보육업무 경력이 있는 사람
다. 영아전담 어린이집	1) 일반기준에서 정한 자격을 갖춘 사람 2) 간호사 면허를 취득한 후 5년 이상의 아동간호업무 경력이 있는 사람
라. 장애아전문 어린이집	일반기준에서 정한 자격을 갖춘 자로서 다음 각 호의 어느 하나에 해당하는 사람 1) 대학(전문대학을 포함한다)에서 장애인복지 및 재활관련학과를 전공한 사람 2) 장애영유아어린이집에서 2년 이상의 보육업무 경력이 있는 사람

마. 대학 또는 교육훈련시설이 운영하는 어린이집	「고등교육법」에 따른 대학(전문대학을 포함한다) 또는 법 제21조 제2항 제2호에 따른 교육훈련시설이 운영(위탁 또는 부설 운영을 말한다)하는 어린이집 1) 가목에 따른 일반기준에서 정한 자격을 갖춘 사람 2) 어린이집을 운영하는 대학의 전임강사 또는 교육훈련시설의 전임교수 이상으로서 보육 관련 교과목에 대하여 3년 이상의 교육 경력이 있는 사람

바. 가목부터 라목까지의 어느 하나에 해당하는 사람은 보건복지부령으로 정하는 사전직무교육을 받아야 한다.

출처: 법제처 국가법령정보센터(2015). http://www.law.go.kr.

표 5-3 어린이집 원장 자격취득을 위한 경력인정 기준

구분	경력인정 기준
보육 등 아동복지 업무 경력	• 어린이집에서 어린이집의 원장, 보육교사, 특수교사「초·중등교육법」 제21조 제2항에 따라 특수학교의 정교사, 준교사 또는 실기교사(담당과목이 재활복지 과목인 경우만 해당한다)의 자격증을 가진 사람과 이에 준하는 사람으로 보건복지부장관이 인정하는 사람을 말한다. 이하 같다) 또는 치료사로 근무한 경력 • 육아종합지원센터에서 육아종합지원센터의 장, 보육전문요원, 특수교사, 대체교사 또는 일시보육 담당 보육교사로 근무한 경력 • 법 제26조의2 제2항에 따른 일시보육서비스 지정기관에서 기관의 장 또는 일시보육 담당 보육교사로 근무한 경력 • 「유아교육법」에 따른 유치원에서 원장, 원감, 수석교사 또는 교사로 근무한 경력 • 「아동복지법」에 따른 아동복지시설에서 시설장, 총무, 보육사, 생활복지사, 상담지도원 또는 자립지원전담요원으로 근무한 경력 • 「장애인복지법」에 따른 장애 영유아 생활시설에서 장애아동과 관련된 업무에 종사한 경력 • 「유아교육법」 및 「초·중등교육법」에 따른 특수학교(유치원 과정)에서 특수학교 교원으로 근무한 경력 • 법률 제7120호 「유아교육법」 제정으로 폐지되기 전 「유아교육진흥법」에 따른 새마을유아원에서 근무한 경력 • 가목부터 바목까지의 아동복지업무를 수행하는 시설 등에서 간호사로 근무한 경력 • 국가 또는 지방자치단체에서 7급 이상의 공무원으로 보육 등 아동복지에 관한 행정업무에 종사한 경력

보육업무 경력	• 어린이집에서 어린이집의 원장, 보육교사, 특수교사 또는 치료사로 근무한 경력 • 육아종합지원센터에서 육아종합지원센터의 장, 보육전문요원, 특수교사, 대체교사 또는 일시보육 담당 보육교사로 근무한 경력 • 법 제26조의2 제2항에 따른 일시보육서비스 지정기관에서 기관의 장 또는 일시보육 담당 보육교사로 근무한 경력 • 「유아교육법」에 따른 교육과정과 방과후 과정을 운영하는 유치원에서 원장, 원감, 수석교사 또는 교사로 근무한 경력
아동간호 업무 경력	병원 소아과나 신생아실, 보건소 모자보건센터, 초등학교 보건실 등에서 근무한 경력

출처: 법제처 국가법령정보센터(2015). http://www.law.go.kr.

2) 보육교사

보육교사 자격은 1급, 2급, 3급으로 구분되는데, 보육교사 3급 자격증은 교육훈련시설(보육교사교육원)을 수료한 경우에 받을 수 있고, 보육교사 2급 자격증은 대학(교) 및 학점은행제에서 보육관련 교과목을 이수하고 학위를 취득한 경우에 받을 수 있다. 현행 「영유아보육법」에 의해서는 보육교사 1급은 보육교사 2급 자격취득 후 경력요건과 승급교육을 충족해야만 받을 수 있다.

보육교사 자격은 크게 두 가지 측면에 초점을 두어 개정되었는데, 우선 보육교사 2급 자격을 취득하기 위하여 대학 등에서 이수하여야 할 교과목 및 학점을 종전 12과목 35학점 이상에서 17과목 51학점 이상으로 상향 조정하였다. 다음으로 상위 자격 취득(승급)에 필요한 짧은 경력 요건 및 다양한 직종에 대한 경력 인정은 보육교사의 전문성에 부정적인 영향을 미치므로 보육교사 승급에 필요한 보육업무 경력 기간을 늘리고, 보육업무 경력에 포함되는 직종을 제한하였다. 구체적으로 보육교사 3급에서 2급으로 승급에 필요한 보육업무 경력을 1년에서 2년으로 확대하였고 보육교사 승급에 필요한 '보육업무 경력'을 원장, 보육교사, 특수교사, 치료사, 보육정보센터장, 보육전문요원 등으로 직종을 제한하였다.

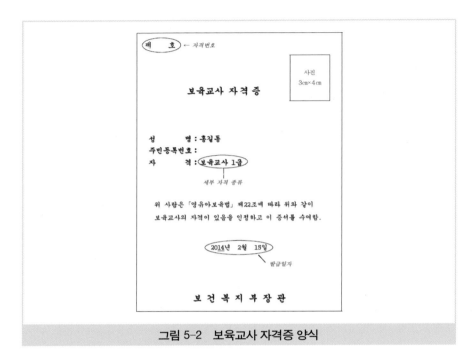

그림 5-2 보육교사 자격증 양식

출처: 보건복지부(2014). 2014년도 보육사업안내.

표 5-4 보육교사 자격기준

등급	자격기준
보육교사 1급	• 보육교사 2급 자격을 취득한 후 3년 이상의 보육업무 경력이 있는 사람으로서 보건복지부장관이 정하는 승급교육을 받은 사람
	• 보육교사 2급 자격을 취득한 후 보육관련 대학원에서 석사학위 이상을 취득하고 1년 이상의 보육업무 경력이 있는 사람으로서 보건복지부장관이 정하는 승급교육을 받은 사람
보육교사 2급	• 전문대학 또는 이와 같은 수준 이상의 학교에서 보건복지부령으로 정하는 보육 관련 교과목 및 학점을 이수하고 졸업한 사람
	• 보육교사 3급 자격을 취득한 후 2년 이상의 보육업무 경력이 있는 사람으로서 보건복지부장관이 정하는 승급교육을 받은 사람
보육교사 3급	• 고등학교 또는 이와 같은 수준 이상의 학교를 졸업한 사람으로서 보건복지부령으로 정하는 교육훈련시설에서 정해진 교육과정을 수료한 사람

출처: 법제처 국가법령센터(2015). http://www.law.go.kr.

표 5-5 보육교사 2급 자격취득을 위한 보육관련 교과목

영역	교과목	이수과목(학점)
보육필수	아동복지(론), 보육학개론, 영아발달, 유아발달, 보육과정, 보육교사론	6과목(18학점) 필수
발달 및 지도	인간행동과 사회환경, 아동관찰 및 행동연구, 아동생활지도, 아동상담(론), 특수아동이해, 장애아지도	1과목(3학점) 이상 선택
영유아교육	놀이지도, 언어지도, 아동문학, 아동음악, 아동동작, 아동미술, 아동수학지도, 아동과학지도, 영유아프로그램 개발과 평가, 영유아교수방법(론)	6과목(18학점) 이상 선택
건강·영양 및 안전	아동건강교육, 아동간호학, 아동안전관리, 아동영양학, 정신건강(론)	2과목(6학점) 이상 선택
가족 및 지역 사회 협력 등	부모교육(론), 가족복지(론), 가족관계(론), 지역사회복지(론), 보육정책(론), 어린이집운영과 관리	1과목(3학점) 이상 선택
보육실습	보육실습	1과목(3학점) 필수
전체	17과목(51학점) 이상	
비고	1) 교과목명이 서로 다르더라도 교과목의 내용이 유사하면 동일한 교과목으로 인정하고, 보육실습의 경우 명칭과 관계없이 실습기관과 실습기간의 조건을 만족하는 경우에는 보육실습으로 인정한다. 2) 각 과목은 3학점을 기준으로 하며 최소 2학점 이상이어야 한다.	

출처: 법제처 국가법령정보센터(2015). http://www.law.go.kr.

보육교사의 전문성을 높이기 위하여 보육교사 자격을 취득하는 데 이수하여야 하는 보육관련 교과목의 내실화 필요에 따라 보육실습 기준을 변경하였다. 보육실습이 인정되는 기관으로는 정원 15명 이상의 어린이집 또는 교육과정과 방과후 과정을 운영하는 유치원 「유아교육법」에 따른 교육과정과 방과후 과정을 운영하는 유치원으로 하였고, 실습 지도교사 1명당 지도 가능한 보육실습생은 3명 이내로 제한하였다. 또한 실습은 평일 오전 9시부터 오후 7시 사이에 한 경우에만 인정하며 그 외의 시간에 한 실습은 인정되지 않는다.

표 5-6 보육실습 기준

구분	내용
실습기관	법적으로 인가받은 정원 15명 이상의 어린이집 또는 교육과정과 방과후 과정을 운영하는 유치원
실습 지도교사	보육교사 1급 또는 유치원 정교사 1급 자격을 가진 사람 실습 지도교사 1명당 보육실습생 3명 이내 지도
실습기간	4주, 160시간을 원칙으로 하되, 야간대학 등의 경우에는 실습을 2회에 나누어 실시 가능
실습 인정시간	평일 오전 9시부터 오후 7시 사이에 한 경우에만 인정하며 그 외의 시간에 한 실습은 인정하지 아니함
실습의 평가	보건복지부장관이 정하는 보육실습일지와 실습평가서에 근거하여 하되, 평가 점수가 80점 이상인 경우에만 실습을 이수한 것으로 인정

출처: 법제처 국가법령정보센터(2015). http://www.law.go.kr.

3. 그 외 보육교직원 자격기준

1) 누리과정 담당교사

3~5세 누리과정을 담당하는 보육교사는 1·2급 보육교사, 특수교사를 원칙으로 하며 집합교육(8시간)과 원격교육(15차시) 형태로 이루어지는 3~5세 누리과정 담당교사 연수를 받아야 하는데, 반드시 두 가지 연수를 순서에 상관없이 모두 이수해야만 누리과정 담당교사 연수 최종 이수자로 확정된다. 누리과정 담당교사 연수는 중앙육아종합지원센터에서 담당한다.

| 표 5-7 | 누리과정 담당교사 연수 내용 |

구분	내용	시간	연수신청
집합 연수	- 총론 - 5개 영역 이해와 실제 - 혼합연령 학급운영 - 3~5세 연령별 누리과정 지도서	8시간	어린이집지원 시스템에서 신청
원격 연수	- 5개 영역의 지도 지침 및 유의점 - 실내 · 외 환경구성 - 3~5세 연령별 학급 누리과정 운영의 실제 - 혼합연령 학급 누리과정 운영의 실제 - 평가하기	15차시 +평가 (60점 이상)	중앙육아종합지원센터 e-러닝 홈페이지에서 신청

출처: (재)한국보육진흥원(2014). http://www.kcpi.or.kr.
　　　중앙육아종합지원센터(2015). http://central.childcare.go.kr.

2) 장애영유아를 위한 보육교사

　어린이집에서 장애아를 보육할 경우 장애아 9인당 1인의 특수교사를 배치하여
야 하고 추가로 치료사를 배치할 수 있다. 특수교사 또는 치료사의 자격은 어린이
집 원장, 보육교사 자격과 달리 보건복지부장관이 국가자격증을 발급하지 않으
므로 시 · 군 · 구청에서 자격의 적격성 여부를 확인하여 왔다. 최근 장애아동의
특별한 복지적 욕구에 적합한 지원을 통합적으로 제공함으로써 장애아동이 안정
된 가정생활 속에서 건강하게 성장하고 사회에 활발하게 참여할 수 있도록 하며,
장애아동 가족의 부담을 줄이는 데 이바지함을 목적으로 「장애아동복지지원법」
이 제정(2012. 8. 4) · 시행(2012. 8. 5)되면서 특수교사와 장애영유아를 위한 보육
교사의 자격을 이 법에서 규정하고 있다.

　「장애아동복지지원법」에서 정의한 '특수교사'의 자격기준은 「초 · 중등교육
법」 제21조 제2항에 따른 특수학교 정교사 2급 이상의 자격증(유치원 과정만 해당
한다)을 소지한 사람이며, '장애영유아를 위한 보육교사'는 「영유아보육법」에 따
른 보육교사 2급 이상의 자격증을 소지한 사람으로서 「고등교육법」 제2조에 따

른 학교에서 보건복지부령으로 정하는 특수교육 또는 재활관련 교과목 및 학점을 이수한 사람이다. 특수교육 또는 재활관련 교과목 및 학점은 「장애아동복지지원법」 시행규칙에서 규정하고 있다. 교과목의 명칭이 동일하지 아니한 교과목이더라도 보건복지부장관이 인정하는 법인 또는 단체가 교과목 내용이 동일한지를 심사하여 제1호 및 제2호에 따른 교과목과 동일하다고 인정받을 수 있다. 2012년 8월 5일 이후에 편입하거나 입학한 사람의 특수교육 또는 재활관련 교과목 및 학점 기준은 8과목(24학점) 이상으로 교과목은 〈표 5-8〉과 같다.

표 5-8 특수교육 또는 재활관련 교과목 및 학점

기본 교과목 및 학점
특수교육학개론, (특수아)통합교육, 개별화 교육계획, 언어치료학개론, 장애영유아교수방법론, 특수아(장애아)부모교육론, 특수아 행동지도, 정신지체아교육, 청각장애아교육, 정서장애아교육, 학습장애아교육, 지체부자유아교육, 언어발달장애, 자폐장애교육, 특수아 상담 및 가족지원, 특수교육 측정 및 평가, 시각장애아교육, 장애아동보육론, 감각장애아교육, 특수교구교재제작, 장애아보육실습, 장애아보육교사론, 발달지체영유아 조기 개입
8과목(24학점) 이상

출처: 법제처 국가법령정보센터(2015). http://www.law.go.kr.

4. 보육교직원 자격증 신청 및 교부

어린이집 원장 및 보육교사의 국가자격증 발급은 무시험검정으로 하되 영유아보육법령에 의한 자격기준으로 제출서류에 대한 검정이 이루어진다. 어린이집 원장 및 보육교사 자격증 발급은 보건복지부의 위탁을 받아 (재)한국보육진흥원에서 담당한다. (재)한국보육진흥원에서는 위원장을 포함하여 9인 이상 13인 이내의 위원으로 구성된 보육시설종사자 자격검정위원회를 통해 개별·특수 사례의 자격인정 여부, 유사교과목의 인정 여부, 보육실습 조건의 충족 여부, 기타 어린이집 원장·보육교사 등의 자격검정을 위하여 위원회의 심의가 필요하다고 보건복지부장관이 인정하는 사항을 심의 · 의결한다.

그림 5-3   (재)한국보육진흥원 보육인력 국가자격증 홈페이지

1) 자격증 신청방법

(재)한국보육진흥원 보육인력개발국 홈페이지 회원가입 후 '자격증 신청' 페이지에서 신청(신규, 승급, 재교부)을 한 후 발급 수수료(10,000원)를 납부하고 발급 신청서와 구비서류는 (재)한국보육진흥원 보육인력개발국에 등기우편으로 발송한다. 자격증 신청 후 '나의 자격증 신청진행현황'을 통해 진행 상황을 확인할 수 있다.

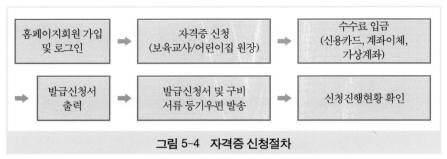

그림 5-4 자격증 신청절차

출처: (재)한국보육진흥원(2015). http://www.kcpi.or.kr.

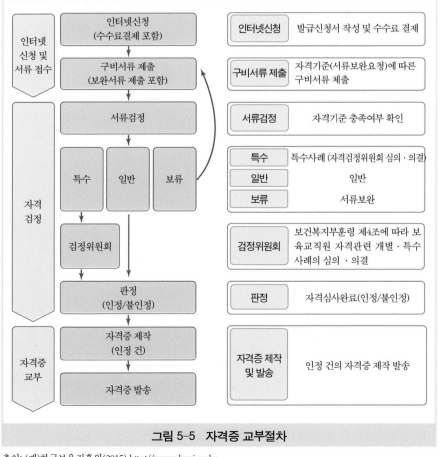

그림 5-5 자격증 교부절차

출처: (재)한국보육진흥원(2015). http://www.kcpi.or.kr.

2) 자격증 신청을 위한 구비서류

　대학(교) 등에서 학위를 취득하여 보육교사 2급 자격증을 신청하려고 하는 사람은 다음의 구비서류를 제출해야 한다. 이때 학점은행제로 보육관련 교과목 및 학점을 이수하여 학위를 취득하는 경우에는 반드시 학위취득 이후에 보육교사 자격증을 신청해야 한다. 보육실습확인서의 경우 2013년 3월 1일부터는 '어린이집지원시스템'에서 출력한 '보육실습확인서'로 제출하며 보육실습기관 인가증 사본, 보육실습 지도교사 1급 자격증 사본 등은 제출하지 않아도 된다.

표 5-9　보육교사 2급 자격증 신청 구비서류

보육교사 2급	구비서류
전문대학 또는 이와 같은 수준 이상의 학교에서 보건복지부령이 정하는 보육관련 교과목 및 학점을 이수하고 졸업한 사람	• 최종학교 졸업증명서 • 최종학교 성적증명서 • 보육실습확인서 원본 • 보육실습기관 인가증 사본 • 보육실습 지도교사 1급 자격증 사본 • 사진(파일등록) 및 자격증발급신청서(인터넷 신청 후 출력)

출처: (재)한국보육진흥원(2015), http://www.kcpi.or.kr.

표 5-10 보육교사 자격증 발급신청서 양식

사진 ① (3cm×4cm 반명함판)	보육교사 자격증 발급신청서			처리기간	
				14일	
① 신 청 등 급			급		
신청인	② 성명		③ 주민등록 번호		
	④ 주소 (자격증 수령지)		⑤ 연락처	전화: 휴대폰: e-mail:	
⑥ 학력	입학(년월일)	졸업(년월일)	학교명	전공 또는 부전공학과목	학위등록번호
⑦ 교육훈 련 시설	부터(년월일)	까지(년월일)	교육훈련 시설명		수료증번호
⑧ 근무 경력	현근무시설명		어린이집(해당 시·군·구:　　　)		
	부터(년월일)	까지(년월일)	근무 시설명		자격구분(등급)
⑨ 보수 교육	부터(년월일)	까지(년월일)	교육훈련기관	교육훈련내용(직무, 승급교육)	

「영유아보육법」 제22조 및 「영유아보육법」 시행규칙 제18조 제1항의 규정에 의하여 위와 같이 보육교사 자격증 발급을 신청합니다.

년　　월　　일

신청인　　　　　(서명 또는 인)

사진②
자격증부착용사진을
여기에 부착해 주시기
바랍니다.
(3cm×4cm 반명함판)

수 수 료
10,000원

※ 작성 시 유의사항
1. 공통서류: 자격증 발급신청서, 사진(3cm×4cm 반명함판) 2매
2. 기준별 구비서류는 홈페이지 자격검정기준 참조(www.ctcm.or.kr)
3. 현 근무 시설명에는 해당시설의 지역을 표기(시·군·구 표기)
4. ⑥의 학력사항은 자격취득에 관련된 학교를 기재(고등학교 학력 이상)
5. ⑦의 교육훈련시설은 보육교사 교육원의 보육교사 양성과정을 기재
6. ⑥, ⑦, ⑧, ⑨의 내용은 제출 서류를 중심으로 기재
7. 접수된 서류는 일체 반환하지 않습니다.
8. 처리기간은 접수서류에 따라 발급기간이 지연될 수 있습니다.

출처: (재)한국보육진흥원(2015). http://www.kcpi.or.kr.

| 더 알아보기 | 연도별 국가자격증 교부현황 |

• 어린이집 원장 국가자격증 교부현황

구분	일반	40인 미만	가정	영아 전담	장애아 전담	계
2007년	32,916	15,350	0	17	1,353	49,636
2008년	21,784	14,058	4	8	819	36,673
2009년	18,500	10,280	984	41	699	30,504
2010년	17,594	8,293	2,888	50	695	29,520
2011년	14,316	6,293	4,958	35	649	26,251
2012년	17,693	6,689	7,826	64	684	32,956
2013년	49,357	7,713	14,734	117	1,146	73,067
2014년 9월	39,606	7,060	8,563	139	1,197	56,565
총 계	211,766	75,736	39,957	471	7,242	335,172

• 보육교사 국가자격증 교부현황

구분	1급	2급	3급	계
2005년	44,302	15,742	309	60,353
2006년	76,809	11,562	10,910	99,281
2007년	64,607	35,222	10,755	110,584
2008년	51,359	47,087	11,558	110,004
2009년	30,527	59,076	12,029	101,632
2010년	24,048	62,291	10,784	97,123
2011년	24,171	65,627	9,664	99,462
2012년	28,455	73,074	9,599	111,128
2013년	37,753	76,523	9,566	123,842
2014년 9월	35,352	74,563	7,884	117,799
전체	417,383	520,767	93,058	1,031,208

출처: (재)한국보육진흥원 보육인력 국가자격증(2015). http://chrd.childcare.go.kr.

더 알아보기 어린이집 원장 자격기준 변천 개요

구분	시설장 1991.8.8. 이전	보육시설장 1991.8.8. ~ 2005.1.29.	어린이집 원장 2005.1.30. ~ 2014.2.28.	어린이집 원장 2014.3.1. 이후
일반	• 4년제 관련학과 졸업 + 3년 경력 • 의사 + 3년 이상 진료경력 • 전문대졸 관련학과 졸업/4년제 관련학과 이외의 학과졸업 + 양성교육과정 이수 또는 자격검정시험 합격 + 5년 경력 • 대졸 또는 전문대졸의 전임강사 이상 + 3년 이상 연구경력 • 보육사 1급, 직업훈련교사, 간호사 및 영양사 + 7년 경력 • 유치원·초등 정교사, 간호사 + 5년 경력 • 7급 이상의 공무원 + 5년 경력 • 유치원 원장(탁아시설에 한한다)	• 4년제 관련학과 졸업 + 3년 경력 • 관련학과 석사 이상 학위+등복자 • 사회복지사 2급 + 3년 경력 • 의사 + 1년 이상 진료경력 • 보육교사 1급, 간호사, 영양사 + 5년 경력 • 유치원·초등 정교사, 중·고등학교 교사 또는 교육업무 10년 경력 • 유치원 원장 • 7급 이상 공무원 + 3년 경력 • 시설장 양성교육과정 수료자	• 보육교사 1급 + 2년 경력 • 유치원 정교사 2급 + 5년 경력 • 유치원 원장 • 초등 정교사 + 5년 경력 • 사회복지사 1급 + 5년 경력 • 간호사 + 7년 경력 • 7급 이상 공무원 + 5년 경력	• 보육교사 1급 + 3년 경력 • 유치원 정교사 1급 + 3년 경력 • 유치원 원장 • 초등 정교사 + 5년 경력 • 사회복지사 1급 + 5년 경력 • 간호사 + 7년 경력 • 7급 이상 공무원 + 5년 경력
40인 미만				
가정			• 2급 + 2년 경력	• 1급 + 1년 경력
영아전담			• 간호사 + 5년 아동간호 경력	• 간호사 + 5년 아동간호 경력
장애아전문			• 일반자격 + 장애인 복지 및 재활 관련학과 전공 • 일반자격 + 장애아어린이집 2년 이상 경력 • 일반자격 + 장애아보육 직무교육 이수	• 일반자격 + 장애인 복지 및 재활 관련학과 전공 • 일반자격 + 장애아동과 전공 • 일반자격 + 장애아어린이집 2년 이상 경력
비고	관련학과: 사회복지학과, 사회사업학과, 아동복지학과, 아동학과, 아동보육학과, 유아교육학과, 사회개발학과, 사회학과, 특수교육학과, 심리학과, 가정관리학과, 간호학과, 의학과, 가정교육학과	관련학과: 보육학과, 유아교육(학)과, 아동복지학과, 가정복지학과, 초등교육학과, 간호학과, 심리학과, 특수교육학과, 아동학과, 사회복지학과, 가정(학)과, 사회사업학과, 가정교육학과, 가정관리학과		일반, 가정, 영아전담, 장애아전문어린이집 원장의 자격기준 중 하나에 해당하는 사람은 사전직무교육(80시간)을 받아야 함
관련법령	「아동복지법」	「영유아보육법」		

출처: (재)한국보육진흥원(2012). 보육교직원 자격제도-자격제도-관계법령이 변천을 중심으로.

더 알아보기   보육교사 자격기준 변천 개요

구분	보육사 1991.8.8. 이전	보육교사 1991.8.8. ~ 2005.1.29.	보육교사 2005.1.30. ~ 2014.2.28.	보육교사 2014.3.1. 이후
1급	관련학과 졸업자 2급 취득 후 3년 경력 + 보수교육 유치원 또는 초등 정교사 + 보수교육	대졸 이상 + 양성교육과정 이수 혹은 자격검정 시험 합격자 (98년 3월 이후 졸업자 보육 실습 필수) 2급 취득 후 3년 경력 + 승급교육 80시간	2급 취득 후 3년 경력 + 승급교육 80시간	2급 취득 후 3년 경력 + 승급교육 80시간
2급	고졸 이상 + 양성교육과정 3급 취득 후 3년 경력 + 보수교육 유치원 또는 초등 준교사 + 보수교육	고졸 이상 + 보육교사교육원 (1,000시간 이상)	12과목 35학점 3급 취득 후 1년 경력 + 승급교육 80시간 고졸이상 + 보육교사교육원 (25과목 65학점)	17과목 51학점 이수 3급 취득 후 2년 경력 + 승급교육 80시간 고졸이상 + 보육교사교육원 (25과목 65학점)
3급	고졸 이상 자격검정시험 합격자			
비고	관련학과: 사회복지학과, 사회사업학과, 사회복지행정학과, 아동학과, 아동복지학과, 유아교육학과, 사회개발학과, 사회학과, 특수교육학과, 심리학과, 가정관리학과, 간호학과, 의학과, 가정교육학과			
관련 법령	「아동복지법」	「영유아보육법」		

출처: (재)한국보육진흥원(2012). 보육교직원 자격제도-관계법령의 변천을 중심으로.

참고문헌

보건복지부(2014). 2014년도 보육사업안내.

(재)한국보육진흥원(2012). 보육교직원 자격제도-관계법령의 변천을 중심으로.

법제처 국가법령정보센터(2015). http://www.law.go.kr.

중앙육아종합지원센터(2015). http://central.childcare.go.kr.

(재)한국보육진흥원(2014). http://www.kcpi.or.kr.

(재)한국보육진흥원(2015). http://www.kcpi.or.kr.

(재)한국보육진흥원 보육인력 국가자격증(2015). http://chrd.childcare.go.kr.

06
보육교사의 임면과 복무

보육교사가 되기 위해 꼭 거쳐야 하는 관문이 보육교사로서 채용이 되어 임명되는 일이다. 이 장에서는 보육교사 자격을 갖춘 이후 채용이 되는 과정에 대해 알아보고, 채용 후 복무조건에 대해 익힘으로써 이후 보육교사로서의 적응을 돕고자 한다.

1. 보육교사 임면

1) 보육교사 임용

보육교사의 임용은 「영유아보육법」 시행령 제21조에 규정된 자격기준에 따라 국가자격증을 소지한 사람 중에서 보육교사 인력을 선발하고 직무를 맡기는 것을 의미한다. 보육교사의 임용절차는 다음과 같은 과정을 거친다.

그림 6-1 보육교사 채용절차

(1) 보육교사 채용과정

보육교사는 어린이집 원장의 제청으로 법인·단체의 대표자 또는 어린이집 설치자(보육교사 임면권을 위임받은 수탁자 포함)가 임면한다. 임면권자는 보육교사의 결원이 발생했을 시 이로 인한 보육 공백을 최소화해야 하며 1개월 이내에 신규 보육교사를 채용해야 한다.

■ 보육교사 채용과정 지원 요건

보육교사 채용과정에 지원하기 위해서는 국가자격인 보육교사 자격을 소지하거나 기간 내에 자격 획득이 예정되어 있어야 한다.

보육교사 자격은 「영유아보육법」(제9조)과 동법 시행규칙(제8조 제1항)에 명시된 바를 따른다. 국가자격증 발급 여부는 보육통합정보시스템에 보육교직원 등록 시 조회가 가능하며 자격증 발급을 신청하고 자격검정이 완료되어 자격증 발급이 예정된 자(자격번호가 부여된 자)는 자격을 발급받은 것으로 간주한다. 보육교사의 출산휴가, 육아, 휴직, 병가 등의 사유로 인해 채용하는 대체교사(임시교사)도 국가자격증 소지자이어야 한다.

■ 채용공고

국가 또는 지방자치단체로부터 보육교직원의 인건비를 보조받는 어린이집의 보육교사 채용은 공개경쟁을 원칙으로 한다. 단, 국공립어린이집의 경우 국가 또는 지방자치단체의 장이 선발고사 등을 통해 별도로 보육교사를 채용할 수 있다. 공개채용을 위해 임면권자는 채용과 관련된 구체적 내용을 사전에 공고한다. 공

| 더 알아보기 | 보육교사 채용공고 실례 |

모집 부분: 보육교사

모집 인원: ○○○ 명

급여 및 처우: 2015년 보건복지부 보육교직원 인건비 지급기준 이상

체용 예정 지역

※ 채용 예정 지역은 교사 변동여부, 원아모집 결과에 따를 달라질 수 있음.

강원	동해시, 양구군, 원주시
경기	고양시, 과천시, 광명시, 부천시, 성남시, 수원시, 안양시, 용인시
경남	고성군, 진주시, 창원시, 통영시
경북	경주시(사택제공), 구미시, 김천시, 칠곡군, 포항시
광주	서구
대구	수성구, 동구
대전	대덕구, 유성구
부산	동구, 부산진구, 해운대구
서울	강남구, 구로구, 노원구, 동작구, 마포구, 서대문고, 서초구, 성동구, 성북구, 송파구, 양천구, 영등포구, 용산구, 종로구, 중구
세종	세종시(기숙사 제공)
울산	남구, 동구, 중구
인천	남구, 부평구, 서구, 연수구, 중구
전북	군산시, 완주군
전남	관양시, 나주시, 순천시, 여수시
충남	당진군, 천안시, 태안군(기숙사 제공)
충북	청원군, 청주시

지원자격: 보육교사 자격증 소지자(2015년 2월 졸업예정으로 자격증 취득 예정자 가능)

전형 방법 및 일정(※ 재단 내부 채용절차 따름)

① 1차: 서류전형

  - 서류 전형 합격자 발표 및 면접일정 통보(E-mail 및 SMS 개별 통보)

  - 제출서류: 온라인 지원서 접수 시 업로드하여 제출(JPG파일만 가능)

    ○졸업자: 졸업증명서, 성적증명서, 보육교사자격증, 경력증명서(해당자)

    ○졸업예정자: 졸업예정증명서, 성적증명서, 보육실습확인서

② 2차: 면접전형 및 필기시험(서류전형 합격자에 한함)

  - 면접 예정일: 11월 4주~12월 1주(예정) 인성검사 및 건강검진은 별도 실시합니다.

지원서 접수기간: 10월 27일(월)~11월 9일(일)

접수방법: 푸르니보육지원재단 홈페이지(www.puruni.com) 메인화면 우측 하단의 '교직
    원 채용' 메뉴를 통한 온라인 접수만 가능합니다.

※ 기타 채용 관련 문의 사항은 E-mail로 문의해 주시기 바랍니다.

    (E-mail: purunit@purini.com)

출처: 푸르니보육지원재단(2014).http://www.puruni.com.

고는 주로 보육교사를 양성하는 기관으로서 관련학과가 있는 대학, 보육교사 양성시설 및 보육정보센터 등에 하게 된다. 채용공고를 본 지원자는 필요한 서류를 제출하고 서류심사 및 면접심사를 거쳐 선발된다.

■ 서류심사

서류심사를 위해 요구하는 서류는 기관별로 서류의 종류나 형식은 다를 수 있지만 주로 보육교사 자격증과 이력서, 졸업/성적증명서, 자기소개서, 소지하고 있는 각종 관련 자격증 등이 여기에 포함된다.

■ 면접심사

면접심사는 채용지원자와 임면권자가 직접 만나 면접을 하는 형식으로 이루어진다. 면접은 실제 대화를 나누어 보면서 지원자가 서류에 제시되어 있는 대로 보육교사로서의 윤리의식과 직무수행능력을 갖추고 있는지를 보다 면밀히 점검하고, 서류심사에서의 의문점에 대한 질문을 통해 지원자를 보다 잘 이해하며 지원자의 성품이 보육교사로서 적합한지를 점검하기 위한 과정이다.

■ 채용신체검사

서류심사와 면접을 통해 보육교사 채용이 결정되면 근로계약을 체결하기에 앞서 채용신체검사를 받아야 한다. 보육교사는 영유아와 직접적으로 상호작용하는 업무를 담당하기 때문에 폐렴, 간염 등 전염성 질병을 앓고 있지 않다는 것이 증명되어야 채용될 수 있다.

■ 근로계약체결

임면권자와 채용 예정자는 근로계약을 체결한다. 근로계약에는 임금, 근로시간 및 그 밖의 근로조건 등이 명시되어야 하며, 부당한 내용(결혼, 출산, 육아휴직 등으로 인한 퇴직 요구 등)이 포함되지 않아야 하고, 가능한 계약기간을 명시하여 계약을 체결하는 것이 원칙이다.

임면권자는 근로계약서와 함께 채용과정에서 제출된 보육교사자격증 사본, 채용신체검사서, 주민등록등본, 인사기록카드 등을 보관해야 한다.

■ 신원조회

임면권자는 채용하고자 하는 보육교사의 성범죄 기록 경력 조회를 관할 경찰서에 요청하여 확인해야 한다. 성범죄 경력 조회 결과, 어린이집에 취업이 제한되는 자는 채용에서 배제된다.

■ 보육통합정보시스템 등록

모든 신원조회 및 근로계약이 체결되면, 채용할 보육교사의 임용사항을 보육통합정보시스템에 즉시 등록하고 14일 이내에 관할 시·군·구청장에 보고한다.

■ 채용보고

임면권자는 채용이 결정된 후 14일 이내에 구비서류를 준비하여 관할 시장·군수·구청장에게 보고한다. 임면보고는 서면으로 이루어지는데 인사기록카드 사본, 채용신체검사서 사본, 국가자격증 사본, 성범죄경력조회결과서를 제출하여야 한다. 시간제 보육교사, 누리과정 보조교사 등은 근무일수(주 또는 월), 1일 근무시간이 명시된 근로계약서를 첨부하여 보고한다.

(2) 보육교사 자격 적격성 확인 및 신원조회

■ 자격 적격성 확인

임면보고를 받은 시장·군수·구청장은 자격증명 서류 및 보육통합정보시스템을 통해 채용된 보육교사의 자격 적격성을 확인하여야 한다. 보육교사 결격사유는 「영유아보육법」 제20조에 규정되어 있다. 이에 따르면, 동법 47조, 48조 규정에 따라 자격정지 기간 또는 자격취소 후 1년이 경과되지 않은 경우에 해당되는 보육교사는 어린이집에서 근무할 수 없다. 보육교사의 자격정지 및 취소 여부는 보육통합정보시스템, 한국보육진흥원, 시·군·구를 통해 확인할 수 있다.

■ 신원조회

임면보고를 받은 시장·군수·구청장은 가족관계등록부를 관리하는 등록기준지 시장·구청장·읍·면장에게 신원기록 내용의 확인을 신청하여 보육교사 결격 사유에 해당되는지 여부에 한해 신원조회를 의뢰한다.

조회기관에서는 보유하고 있는 신원기록의 내용을 확인하여 FAX, 행정전산망, 우편의 방법을 이용하여 신청기관에 그 내용을 통보한다. 조회기관으로부터 회보가 되면 신원조회를 신청한 시장·군수·구청장은 반드시 관련 대장에 기록·관리하고 결격사유에 해당되는 자가 있을 경우 반드시 문서로 어린이집 원장에게 통지하여 어린이집에서 종사하지 못하도록 조치하여야 한다. 또한 결격사유조회와 관련하여 지득한 비밀에 대하여 누설하여서는 안 된다.

■ 경력관리시스템 등록

신원조회 결과, 문제가 없으면 보육통합정보시스템 내의 경력관리시스템에 보육교사 임면사항을 입력하여 관리한다.

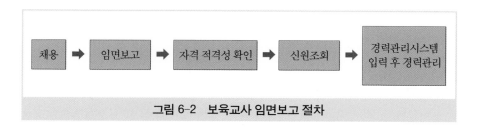

그림 6-2 보육교사 임면보고 절차

더 알아보기 **어린이집에 종사할 수 없는 결격사유**

- 미성년자 · 금치산자 또는 한정치산자
- 정신질환자
- 마약 · 대마 또는 향정신성의약품 중독자
- 파산자로서 복권되지 아니한 자
- 금고 이상의 실형을 받고 그 집행이 종료(집행이 종료된 것으로 보는 경우를 포함한다)되거나 집행이 면제된 날부터 5년(「아동복지법」 제17조를 위반한 경우에는 10년)이 경과하지 아니한 자
- 금고 이상의 형의 집행유예 선고를 받고 그 유예기간 중에 있는 자
- 「영유아보육법」 제45조의 규정에 의하여 어린이집의 폐쇄명령을 받고 1년이 경과하지 아니한 자
- 벌금형 또는 통고처분을 받은 사람으로서 그 벌금형을 선고받거나 통고처분을 이행한 후 2년이 지나지 아니한 자
- 「영유아보육법」 제23조의3에 따른 교육명령을 이행하지 아니한 자
- 「영유아보육법」 제46 및 제47조의 규정에 의하여 업무가 정지되거나 자격이 정지 중인 자
- 「영유아보육법」 제48조의 규정에 의하여 자격이 취소된 후 2년이 경과하지 아니한 자

출처: 보건복지부(2014). 2014년도 보육사업안내.

2) 보육교사 면직

면직(免職)은 직무에서 물러나게 함을 뜻한다. 보육교사가 영유아 사고에 대해 책임을 질 때는 대리감독자로서의 책무를 다하지 못했을 때와 보육활동과 관련하여 자신의 과실이나 고의로 영유아에게 피해를 입혔을 때다(「영유아보육법」 제47조). 이와 같이 보육교사는 자신의 직무에 따른 책임을 다하지 못한 경우 자격 정지 및 자격취소를 당하여 면직된다.

(1) 보육교사 자격정지
보육교사의 자격정지 관련 사항은 「영유아보육법」 제47조에 규정되어 있다.

영유아보육법 제47조

• 제47조(보육교사의 자격정지) 보건복지부장관은 보육교사가 다음 각 호의 어느 하나에 해당하면 1년 이내의 범위에서 보건복지부령으로 정하는 바에 따라 그 자격을 정지시킬 수 있다. 〈개정 2008.2.29, 2010.1.18〉

1. 보육교사가 업무 수행 중 그 자격과 관련하여 고의나 중대한 과실로 손해를 입힌 경우

2. 제23조에 따른 보수교육을 연속하여 3회 이상 받지 아니한 경우

자격정지 처분권자는 시장 · 군수 · 구청장으로, 보육교사의 자격정지 처분을 하려면 청문을 실시하여야 한다. 다만, 청문 대상자가 정당한 사유 없이 이에 응하지 않거나 청문이 사실상 불가능한 경우에는 그러하지 아니한다. 청문 결과 등을 바탕으로 시장 · 군수 · 구청장은 보육교사의 자격정지 기간을 결정한다. 자격정지 기간 중에는 어린이집에서 근무할 수 없다. 어린이집의 대표자는 보육교사의 자격이 정지된 경우 정지된 기간 동안 그 업무를 대행할 수 있는 보육교사를 채용하여야 한다.

위반행위의 횟수에 따른 자격정지 기준은 그 위반행위가 있는 날 이전 3년간 같은 위반행위로 자격정지 처분을 받은 경우에 적용한다. 위반행위가 둘 이상인 경우에는 그중 무거운 처분 기준의 2분의 1까지 늘릴 수 있되, 이 경우 각 처분 기준을 합산한 기간이나 1년을 초과할 수 없다.

보건복지부령에 따르면, 특별자치도지사 · 시장 · 군수 · 구청장은 위반행위의 동기 · 내용 및 횟수 등을 고려하여 자격정지 기간을 2분의 1의 범위에서 가중하거나 감경할 수 있다. 단, 가중하는 경우에도 자격정지의 총 기간이 1년을 초과할 수는 없다.

표 6-1 보육교사 자격정지 개별 기준

위반행위	근거 법조문	처분기준		
		1차 위반	2차 위반	3차 위반
가. 보육교사가 업무 수행 중 그 자격과 관련하여 고의나 중대한 과실로 다음의 어느 하나의 손해를 입힌 경우	「영유아보육법」 제47조 제1호			
1) 영유아에게 중대한 생명·신체 또는 정신적 손해를 입힌 경우		자격정지 1년	자격정지 1년	자격정지 1년
2) 비위생적인 급식을 제공하거나 영유아 안전 보호를 태만히 하여 영유아에게 생명·신체 또는 정신적 손해를 입힌 경우		자격정지 6개월	자격정지 1년	자격정지 1년
3) 그 밖의 경우		자격정지 2개월	자격정지 4개월	자격정지 6개월
나. 법 제23조의2에 따른 보수교육을 연속하여 3회 이상 받지 아니한 경우	법 제47조 제2호	자격정지 1개월	자격정지 3개월	자격정지 6개월

(2) 보육교사 자격취소

보육교사의 자격취소 관련 사항은 「영유아보육법」 제48조에 규정되어 있다.

> 영유아보육법 제48조
> - 제48조(보육시설의 장 또는 보육교사의 자격취소) 보건복지부장관은 보육시설의 장 또는 보육교사가 다음 각 호의 어느 하나에 해당하면 그 자격을 취소할 수 있다. 〈개정 2008.2.29, 2010.1.18〉
> 1. 거짓이나 그 밖의 부정한 방법으로 자격증을 취득한 경우
> 2. 자격 취득자가 업무 수행 중 그 자격과 관련하여 고의나 중대한 과실로 손해를 입히고 금고 이상의 형을 선고받은 경우
> 3. 「아동복지법」 제17조의 금지행위를 하여 같은 법 제71조 제1항에 따른 처벌을 받은 경우

> 4. 제22조의2에 따른 명의대여 금지 등의 의무를 위반한 경우
>
> 5. 자격정지 처분기간 종료 후 3년 이내에 자격정지 처분에 해당하는 행위를 한 경우
>
> 6. 자격정지 처분을 받고도 자격정지 처분기간 이내에 자격증을 사용하여 자격 관련 업무를 수행한 경우
>
> 7. 자격정지 처분을 3회 이상 받은 경우
>
> 8. 거짓이나 그 밖의 부정한 방법으로 보조금을 교부받거나 보조금을 유용하여 금고 이상의 형을 선고받은 경우

보육교사의 자격취소는 「영유아보육법」 제48조에 규정되어 있다. 자격취소 처분권자는 시장·군수·구청장으로, 보육교사의 자격취소 처분을 하려면 청문을 실시하여야 한다. 보육교사가 「아동복지법」 제17조의 아동학대관련 금지행위를 위반한 경우 징역 또는 벌금에 처해진다.

「영유아보육법」 제22조의2에 따르는 명의대여 금지의 의무를 위반하여 다른 사람에게 자신의 성명을 사용하여 보육교사의 업무를 수행하게 하거나 자격증을 대여하여도 자격이 취소된다. 관할 시장·군수·구청에 보육교사로 임면보고가 되어 있으나 실제 어린이집에 근무하지 않은 경우 또는 다른 사람이 보육교사로 근무하는 경우 자격대여에 해당한다. 자격대여 사실이 발생한 경우, 관할 시장·군수·구청의 담당자는 사실 여부를 확인하고 자격증을 대여한 자 및 대여받은 자로부터 확인서를 제출받아야 한다. 청문 결과, 자격대여 사실이 확인되면 대상자의 자격취소를 결정하고 보육통합정보시스템에 자격취소 처분 사항을 입력한다. 또한 전국 시·도지사 및 시장·군수·구청장과 (재)한국보육진흥원에 자격취소자 명단을 통보하여 자격취소자가 어린이집에 채용되는 사례가 없도록 요청한다. 보육교사 자격이 취소된 경우 자격이 취소된 날부터 2년 이내에는 재교부하지 못하고, 「영유아보육법」 제48조 제1항 제3호에 따라(「아동복지법」 위반) 자격이 취소된 경우에는 그 취소된 날부터 10년 이내에는 자격을 재교부 받지 못한다.

2. 보육교사 복무

1) 보육교사의 복무

(1) 근무시간

보육교사의 근무시간은 「근로기준법」에 의거, 1일 8시간 근무를 원칙으로 하지만 어린이집의 운영시간을 고려하여 탄력적으로 연장 근무를 할 수 있다. 단, 「근로기준법」의 관계법령 규정에 의해 근로시간이 8시간인 경우 1시간 이상의 휴게시간을 주어야 하며, 기준시간을 초과하여 근무하는 경우에는 시간 외 수당을 지급해야 한다(이순형, 이혜승, 이성옥, 황혜신, 이완정, 이소은, 권혜진, 이영미, 정윤주, 한유진, 성미영, 2013).

보육교사의 근무상황은 일반적으로 근무관리대장에 의하여 관리한다. 근무관리대장에는 일별로 출퇴근 현황을 기록하고 직접 서명, 날인한다. 근무시간 중 조퇴 및 외출, 출장 시 근무관리대장에 의하여 원장에게 사전에 허가받는 것을 원칙으로 하며, 허가를 받지 않고 출근하지 않을 경우 결근 처리가 된다. 당직 등 초과근무도 별도의 서류로 기록하고 근무자가 직접 날인한다.

(2) 휴가

보육교사의 휴가는 연가(年暇), 병가(病暇), 공가(公暇)로 구분되며 이외에 특별휴가가 포함된다.

■ 연가

연가는 연차 유급휴가로 1년에 일정 일수를 쉬지만 통상임금이 지급되는 휴가를 말한다. 「근로기준법」에서는 1년간 8할 이상 출근한 보육교사에게 15일의 유급휴가를 주어야 하며(「근로기준법」 제60조 제1항), 근로기간이 1년 미만인 보육교

20   년도 보육교직원 근무상황부

결재	담당	원장

(20   년   월)   소속 :   직위 :   이름 :

종별	기간 또는 일시			사유 · 용무	연락처 (전화번호)	결재	
	부터	까지	일수 (시간)			담당	원장

◎ '종별'은 휴가(연가, 병가, 공가, 특별휴가), 지각, 조퇴, 외출, 출장, 결근 등을 기록

그림 6-3 보육교사 근무관리대장 양식의 예

출처: 중앙육아종합지원센터(2014a). 어린이집 운영 문서 및 서식 자료집. http://central.childcare.go.kr.

보육교직원 출근부

결 재	담당	원장

번호	이름	1	2	3	4	5	6	7	8	9	10	11	12	13	14	15	16	17	18	19	20	21	22	23	24	25	26	27	28	29	30	31
1																																
2																																
3																																
4																																
5																																
6																																
7																																
8																																
9																																
10																																

○○어린이집

그림 6-4　보육교사 출근부 양식의 예

출처: 중앙육아종합지원센터(2014a). 어린이집 운영 문서 및 서식 자료집. http://central.childcare.go.kr.

사 또는 1년간 8할 미만 출근한 보육교사에게는 1개월 개근 시 1일의 유급휴가를 주어야 한다(「근로기준법」 제60조 제2항)고 되어 있다. 그리고 3년 이상 근속한 근로자에게는 최초 1년을 초과하는 계속 근속 연수가 매 2년에 대하여 1일을 가산하여 유급휴가를 주어야 하되, 이 경우 가산휴가를 포함한 총 휴가일수는 25일을 넘지 않아야 한다(「근로기준법」 제60조 제4항). 연가는 「근로기준법」에 의거, 보육교사가 청구한 시기에 주는 것이 원칙이되, 어린이집 운영에 지장이 있는 경우 시기를 조정할 수 있도록 하고 있는데(「근로기준법」 제60조 제5항), 일반적으로 어린이집에서는 여름방학과 겨울방학 기간을 활용하여 연 2회 분할하여 연가를 사용하도록 하고 있다. 원장의 귀책사유로 인해 사용하지 못한 경우를 제외하고 보육교사 개인사정에 의해 사용하지 못한 경우에는 해당 연도가 지나면 자동 소멸되며, 기관에 따라 연차휴가보상비로 대체 지급하기도 한다. 한편, 「근로기준법」에 따른 연가에 관한 규정은 「근로기준법」상 상시 근로인원이 5인 이상의 사업장에만 적용되므로, 원장을 포함하여 5인 미만이 종사하고 있는 어린이집이라면 「근로기준법」에 따른 규정을 지키지 않아도 법적인 제재를 받지 않는다.

개 인 별 휴 가 카 드

시설명		직책		연가		
				연가일수	실시일수	잔여일수
성 명		임용일	근무연수			

구분	시 간			사 유	결 재	
	부터	까지	일수		휴가자	시설장

※ 구분란에는 연가, 휴가, 공가, 병가, 특별휴가 등을 기재합니다.

그림 6-5 개인별 휴가카드의 예

출처: 중앙육아종합지원센터(2008). http://central.childcare.go.kr/ccis/community/data/DataImgSI.jsp?BBSGB=42&BID=3041

■ 병가

병가는 질병 또는 부상으로 직무를 수행할 수 없거나 요양이 필요한 경우에 사용하는 휴가다. 병가는 질병 또는 부상으로 인해 직무를 수행할 수 없거나 감염병에 걸려 다른 이들의 건강에 영향을 미칠 우려가 있을 때 신청하여 쓸 수 있으며 연간 가능 일수 등은 어린이집에서 자율적으로 합의하여 정한다. 병가는 무급을 원칙으로 하며 병가 일수가 7일 이상일 경우에는 의사의 진단서를 첨부하는 것을 원칙으로 한다.

■ 특별휴가

보육교사가 사용할 수 있는 특별휴가에는 경조사휴가, 출산전후휴가, 여성보건휴가, 입양휴가 등이 있다.

- 경조사휴가: 본인이 결혼하거나 그 밖의 경조사가 있을 경우에 받을 수 있는 휴가로, 대개 공무원 복무규정에 따르나 기관별로 상이하다. 본인 결혼 시 5일, 본인 및 배우자의 부모가 사망 시 5일의 휴가를 쓰는 것이 일반적이다.
- 출산전후휴가: 출산 전후로 사용할 수 있는 휴가로 「근로기준법」상 90일의 휴가를 사용할 수 있다. 90일의 휴가기간 중 출산 후의 휴가기간이 연속으로 45일 이상이 되어야 하므로 출산 전 최대 45일 전부터 출산휴가가 가능하다. 하지만 유산의 경험이 있거나 40세 이상인 경우(「근로기준법」 제74조 제1항), 출산 전에는 휴가를 청구하는 경우 어느 때라도 휴가를 나누어 쓸 수 있다(「근로기준법」 제74조 제2항). 휴가 중 최초 60일만 유급으로 한다고 규정되어 있으나(「근로기준법」 제74조 제4항), 나머지 30일은 고용보험에서 통상임금에 따라 최대 135만 원까지 지급한다. 유산이나 사산을 한 경우에도 임신기간에 따라 30일에서 90일까지 휴가를 받을 수 있다.
- 생리휴가: 여성 보육교사가 생리기간 중 휴식이 필요할 때 매월 1일의 생리휴가를 무급으로 쓸 수 있다(「근로기준법」 제73조). 그러나 보육교사의 휴가 시 대체교사가 있어야 하는 어린이집의 사정상 일반적으로 많이 사용되지는

못하는 실정이다.

(3) 휴직

보육교사는 만 8세 이하, 혹은 초등학교 2학년 이하의 자녀(입양 자녀 포함)를 양육하기 위해 1년 이내의 육아휴직을 신청할 수 있다(「남녀고용평등과 일, 가정 양립 자원에 관한 법률」 제19조). 육아휴직은 근속기간에 포함되고, 육아휴직을 이유로 불리한 대우를 받거나 해고당하지 않는다. 육아휴직을 마친 후에는 휴직 전과 같은 업무 또는 같은 수준의 임금을 지급하는 직무에 복귀하는 것을 원칙으로 한다.

2) 보육교사의 처우

(1) 보육교사의 보수체계

보수란 봉급과 기타 각종 수당을 합산한 금액을 의미한다. 이때 봉급은 직종별, 호봉별로 지급되는 기본급여를 말하고 수당이란 정해진 봉급 이외에 직무여건 및 생활여건에 따라 지급되는 부가급여를 의미한다(공무원 보수규정 제4조).

일반적으로 보육교사의 보수는 재직기간에 따라 호봉별로 지급되는 기본급여와 특별한 업무로 인하여 받게 되는 부가적 급여인 수당으로 결정된다. 수당에는 처우개선비, 근무환경개선비, 누리과정수당 등 보건복지부에서 지원하는 수당과 교통수당, 당직수당 등 어린이집의 자체 운영규정에 따라 지원하는 수당으로 구분된다.

■ 보수

보육교사의 보수는 제시한 〈표 6-2〉와 같으며, 매년 재책정된다.

표 6-2 2014년 보육교직원 인건비 지급기준표

호봉	원장		보육교사		취사부	
	보수총액	월지급액	보수총액	월지급액	보수총액	월지급액
1	21,399,840	1,783,320	17,724,840	1,477,070	14,559,120	1,213,260

2	21,978,000	1,831,500	18,238,080	1,519,840	14,988,000	1,249,000
3	22,695,360	1,891,280	18,800,640	1,566,720	15,599,880	1,299,990
4	23,374,680	1,947,890	19,391,160	1,615,930	15,924,960	1,327,080
5	24,060,120	2,005,010	19,986,840	1,665,570	16,275,480	1,356,290
6	25,569,840	2,130,820	21,360,240	1,780,020	17,014,320	1,417,860
7	26,474,520	2,206,210	22,265,520	1,855,460	17,758,800	1,479,900
8	27,065,760	2,255,480	22,672,800	1,889,400	18,050,040	1,504,170
9	27,846,480	2,320,540	23,291,880	1,940,990	18,644,400	1,553,700
10	28,634,640	2,386,220	23,962,680	1,996,890	19,220,520	1,601,710
11	29,623,800	2,468,650	24,833,400	2,069,450	19,996,320	1,666,360
12	30,488,520	2,540,710	25,581,240	2,131,770	20,673,960	1,722,830
13	31,142,640	2,595,220	26,235,600	2,186,300	21,234,960	1,796,580
14	31,843,800	2,653,650	26,819,640	2,234,970	21,819,000	1,818,250
15	32,544,720	2,712,060	27,404,040	2,283,670	22,380,000	1,865,000
16	33,440,040	2,786,670	28,229,040	2,352,420	23,135,040	1,927,920
17	34,117,800	2,843,150	28,836,720	2,403,060	23,695,800	1,974,650
18	34,865,520	2,905,460	29,444,400	2,453,700	24,280,080	2,023,340
19	35,590,080	2,965,840	30,051,960	2,504,330	24,840,960	2,070,080
20	36,220,800	3,018,400	30,659,400	2,554,950	25,424,880	2,118,740
21	37,287,240	3,107,270	31,655,640	2,637,970	26,351,160	2,195,930
22	37,988,280	3,165,690	32,263,200	2,688,600	29,888,640	2,240,720
23	38,619,120	3,218,260	32,800,920	2,733,410	27,426,000	2,285,500
24	39,249,960	3,270,830	33,408,360	2,784,030	27,940,080	2,328,340
25	39,951,120	3,329,260	33,969,000	2,830,750	28,500,840	2,375,070
26	40,605,360	3,383,780	34,529,880	2,877,490	29,015,040	2,417,920
27	41,213,040	3,434,420	35,020,560	2,918,380	29,459,160	2,454,930
28	41,843,880	3,486,990	35,557,920	2,963,160	29,973,240	2,497,770
29	42,428,040	3,535,670	36,142,080	3,011,840	30,463,920	2,538,660
30	43,082,280	3,590,190	36,656,280	3,054,690	30,977,880	2,581,490

출처: 보건복지부(2014). 2014년도 보육사업안내.

■ 근무환경개선비

근무환경개선비는 보육교사 자격을 갖춘 학급담임 보육교사로서, 월 15일 이상(주당 30시간 이상) 근무할 때 지급된다. 시간연장형교사, 방과후교사, 24시간교사, 어린이집에서 직접 채용한 대체교사도 지원대상 기준을 충족하는 경우에는 지원 가능하다. 2014년 기준 월 15만 원씩 지급된다. 단, 보육교사를 겸직하고 있는 원장과 3~5세 누리과정 담당교사에게는 근무환경개선비를 지급하지 않는다. 근무환경개선비 지급은 어린이집 원장이 매월 말 보육통합정보시스템으로 신청하면, 시·군·구에서 다음 달 7일까지 보육교사의 개인통장으로 직접 입금하는 것을 원칙으로 한다.

3~5세 누리과정을 담당하는 보육교사의 경우 근무환경개선비를 지급하지 않는 대신, 누리과정 처우개선비가 지급된다. 지원금액은 학급 연령 구성 및 구성인원에 따라 차등지급된다.

일부 지방자치단체에 한해 영아반을 담당하는 교사에게 영아전담수당이 지급된다.

(2) 보육교사의 복리후생

어린이집 및 국가에서 보육교사의 복리후생을 위해 지불하는 항목으로는 4대보험, 퇴직금, 교육지원 등이 있다. 구체적인 내용을 살펴보면 다음과 같다.

① 4대보험

어린이집에서 재직하는 보육교사가 의무적으로 가입해야 하는 4대 사회보험은 국민연금, 건강보험, 고용보험, 산재보험이다. 국민연금의 경우 상시 근무하는 보육교직원이 1인 이상인 어린이집에 근무하는 60세 미만의 보육교사는 의무적으로 가입해야 한다. 건강보험 역시 가입되며, 고용보험과 산재보험의 경우 어린이집에서 전액 부담한다.

② 퇴직금

동일 어린이집에서 1년 이상 연속하여 근무하고 퇴직하는 경우 근속기간을 일할 계산하여 퇴직금이 지급된다. 근래에는 퇴직에 대한 준비금을 사외의 금융기관에 보전하여 관리하게 하는 퇴직연금제도가 시행되어 퇴직금에 대한 보장 수준을 높였다.

③ 보수교육 비용 지원

현직에 있는 보육교사는 영유아보육법 제23조 제2항에 의거한 직무 · 승급 교육을 받아야 한다. 현직 보육교사가 직무교육 및 승급교육을 이수할 경우 국가 및 지방자치단체에서 보수교육 비용을 지원할 수 있다. 현행 직무교육은 1인당 6만 원(40시간), 승급교육은 1인당 12만 원(80시간)의 비용이 소요되는데, 지자체에 따라 예산 범위 내에서 보수교육 비용을 지원한다. 승급교육보다 직무교육에 우선 지원된다. 현직 보육교사가 아닌 경우에는 지원받을 수 없다.

참고문헌 ──●

보건복지부(2014). 2014년도 보육사업안내.

이순형, 이혜승, 이성옥, 황혜신, 이완정, 이소은, 권혜진, 이영미, 정윤주, 한유진, 성미영(2013). 보육학개론. 서울: 학지사.

중앙육아종합지원센터(2008). http://central.childcare.go.kr/ccis/community/data/DataImgSI.jsp?BBSGB= 42&BID=3041.

중앙육아종합지원센터(2014a). 어린이집 운영 문서 및 서식 자료집. http://central.childcare.go.kr.

중앙육아종합지원센터(2014b). http://central.childcare.go.kr/ccis/community/data/DataImgSI.jsp?BBSGB= 42&BID=1135.

푸르니보육지원재단(2014). http://www.puruni.com.

제3부 보육교사 직무 수행

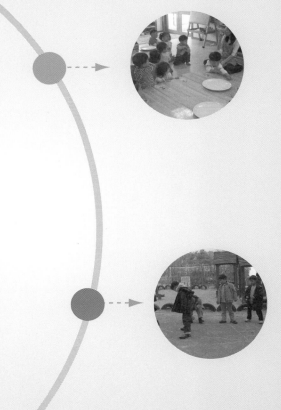

보육교사는 어린이집에서 다양한 직무를 수행하고 여러 대상과 관계를 맺게 된다. 먼저 보육교사는 어린이집의 환경을 배치하고 관리하는 역할과 보육과정을 관리하는 역할을 수행한다. 그리고 보육교사는 보육에 필요한 환경을 준비하고 보육과정을 운영하는 과정에서 영유아와의 상호작용을 통해 교수방법을 운영 관리하는 역할을 수행한다. 보육교사가 자신의 직무를 수행하는 데 있어서는 영유아의 부모와 보육교직원 간의 상호작용을 도모하는 것도 필요하다. 제3부에서는 보육교사가 어린이집에서 수행하는 이와 같은 직무를 각각의 특성에 따라 나누어 각 직무의 특성과 중요성, 해당 직무를 수행하기 위해 알아두어야 할 사항에 대해 살펴본다.

07
보육실 운영관리

어린이집에서 교사는 자신이 담당하고 있는 반의 영유아들과 함께 하루의 일과를 이끌어 나가는 역할을 수행하게 된다. 하루의 일과는 서로 다른 여러 활동들로 이루어진다. 교사가 영유아와 함께한 활동을 마친 다음에 그 활동을 정리하고 다음 활동으로 일과를 이어서 운영하는 것은 때로 쉽지 않은 일이다. 이를 위해서는 하루 일과 운영을 잘 계획하고 상황에 맞게 융통적으로 운영할 수 있는 능력이 필요하다(신은수, 유홍옥, 안부금, 안경숙, 김은정, 유영의, 김소향, 2013). 이 장에서는 하루 일과 운영을 중심으로 하루 일과의 구성과 그에 따른 교사의 역할 및 구체적인 지도 방법에 대해서 알아본다.

1. 하루 일과 운영과 교사의 역할

일과 운영이란 영유아에 대한 교육적 · 일상적 보육활동을 계획하고 실행하는 것이다. 교사는 영유아가 등원해서 집으로 귀가하기까지의 일과를 시간대별로 구분된 단위활동으로 계획하여 진행하게 된다. 각 활동은 활동의 특성에 따라서 시간배분이 달라지며, 하루 일과를 구성하는 활동은 어린이집의 특성, 교사의 가치관, 영유아의 발달 특성, 개인차와 흥미, 지역적 특성이나 특정 시기의 사회적 이슈에 따라서 달라질 수 있다. 만약 숲에서 자유롭게 탐색하며 표현하는 활동을 중요하게 생각하는 교사는 자유놀이활동 시간을 오래 가질 수 있도록 시간을 배분하여 하루 일과를 운영하게 된다. 그리고 등원시간이 빠르거나 하원시간이 늦는 지역적 특성이 있다면 그에 따라서 하루 일과의 구성에 차이점이 생긴다. 또한 영유아의 흥미와 관심을 고려하여 월드컵이나 올림픽, 선거 등의 특정 시기의 사회적 이슈를 반영하여 하루 일과 운영의 구체적인 내용에 변동이 생길 수 있다.

1) 하루 일과 운영

하루 일과 운영은 보육과정의 기본 계획인 일일 보육계획안을 기초로 하여 교사가 사전에 계획한 활동과 내용을 실행하고 평가하는 과정으로 이루어진다. 어린이집에서의 하루 일과 운영은 표준보육과정, 누리과정 및 어린이집에서 추구하는 보육프로그램에 기반을 두고 진행된다. 보육의 목표와 구체적인 내용에 있어서 영유아의 발달을 촉진하고 보편적인 목적을 이룰 수 있도록 적합한 활동을 선정하고 여러 영역별 경험이 균형 있게 제공되도록 해야 한다(문혁준, 안효진, 김경희, 김정희, 김혜연, 2014). 그리고 이러한 기본적인 틀 안에서 영유아의 개별적 요구와 집단적인 요구가 충분히 반영되도록 계획이 이루어져야 한다. 이를 위해서는 개별 영유아의 특성을 파악하고 어린이집이나 해당 학급에 고유한 운영 계획을 적합하게 수립하고 실행하는 것이 필요하다.

이처럼 하루 일과 운영은 미리 작성된 일일 보육계획안을 토대로 이루어지는 것이지만 영유아의 흥미와 하루 일과 중 일어난 계획되지 않은 상황을 중심으로 융통성 있게 운영되어야 한다. 하루 일과를 운영하는 데 있어서 계획성과 융통성의 조화를 이루기 위해서는 다음과 같은 점을 고려해야 한다.

■ 실행 가능한 활동 계획을 수립한다

하루 일과 운영을 계획할 때 일과에 영향을 줄 수 있는 다양한 요인을 고려하여 실행 가능하고 적합한 활동 계획을 수립해야 한다. 동일한 활동이라 할지라도 활동 시기와 영유아의 특성 및 이전 경험, 보조 인력의 여부 등에 따라서 활동에 소요되는 시간이나 필요한 교구교재에 차이가 생긴다.

■ 하루 일과를 규칙적이고 일관성 있게 계획한다

어린이집의 하루 일과는 어린이집에 따른 차이가 있으나 대개 영유아가 등원하여 오전간식을 먹고, 오전 자유선택활동, 정리정돈 및 화장실 다녀오기, 대 · 소집단활동, 점심식사, 실외놀이나 산책, 낮잠이나 휴식, 오후 자유선택활동, 정리정돈 및 화장실 다녀오기, 오후간식, 하원 등의 일과가 매일매일 규칙적으로 반복해서 이루어진다. 이와 같이 하루 일과가 규칙적으로 일관성 있게 이루어지는 것은 영유아가 스스로 언제, 어디서, 무엇을, 어떻게 할 것인가에 대해 예상할 수 있게 한다. 영유아가 자신의 하루 일과를 예측할 수 있을 때 자신의 생활에 대해서 안정감을 느낄 수 있고 스스로 자신의 행동과 욕구를 조절할 뿐만 아니라 보다 적극적으로 활동할 수 있게 한다. 만약 글자나 그림기호를 이해할 수 있는 연령의 유아라면 교실 내 공간을 활용하여 하루 일과를 알 수 있는 순서표를 제시하여 그 날의 일과나 특별한 활동에 대해 알 수 있도록 하는 것도 도움이 된다.

■ 하루 일과 중 반복적으로 이루어지는 일상적 양육이 영유아에게 편안하고 안전하도록 계획한다

어린이집에서 이루어지는 하루 일과 중 상당부분은 유아들의 기본적 욕구에 해당하는 생리적 욕구를 해결하는 것과 관련이 있다. 간식 및 식사, 수유 및 이유식, 낮잠 및 휴식, 기저귀갈이 및 화장실 다녀오기 등의 일상적 양육은 유아의 요구를 고려하여 충분히 충족시킬 수 있도록 시간과 공간을 제공해야 한다(보건복지부, 육아정책연구소, 2013). 규칙적이고 편안한 분위기에서 식사와 간식을 먹을

수 있도록 하며, 화장실을 미리 다녀오도록 하여 배변활동이 편안하게 이루어질 수 있도록 격려하는 것이 필요하다. 또한 전체 휴식 및 낮잠 시간이 아니더라도 피곤함을 느끼는 유아가 쉴 수 있는 공간과 시간적 배려가 필요하다.

■ 다양한 활동과 상호작용이 균형 있게 배치되도록 계획한다

하루 일과 내에 개별 활동과 대집단·소집단 활동, 교사주도활동과 유아주도 활동, 동적 활동과 정적 활동, 실내활동과 실외활동, 활동하는 시간과 휴식하는 시간을 균형 있게 배치한다. 각 활동의 배치는 서로 다른 특성의 활동이 연속되도록 배치하여 전체적인 균형을 유지할 수 있다. 예를 들어, 동화 듣기와 같은 정적 활동을 한 후에는 신체표현이나 게임과 같은 동적 활동을 배치함으로써 유아들이 활동의 리듬 속에서 안정감을 느끼며 하루 일과를 보내도록 한다. 그리고 활동을 실행하는 과정에서 다양한 상호작용과 교수법을 활용하도록 계획한다. 즉, 하루 일과 내에 교사와 개별 유아, 유아집단과의 상호작용, 또래 간의 상호작용, 유아와 교구 간의 상호작용의 기회가 골고루 제공될 수 있도록 계획하는 것이 좋다.

■ 영유아의 흥미와 관심, 개별적 차이를 고려하여 계획한다

영유아가 가지고 있는 흥미와 관심을 고려하여 활동을 계획하고 영유아가 스스로 활동에 참여할 수 있도록 한다. 이를 위해서는 평소 유아가 보이는 행동과 다양한 표현을 주의 깊게 살피는 것이 필요하다. 그리고 개별 영유아의 요구와 고유한 기질 및 행동 특성을 반영할 수 있도록 일과 운영을 계획해야 한다.

■ 하루 일과는 당일의 상황을 고려하여 융통성 있게 운영한다

하루 일과를 운영하는 것은 계획과 항상 일치할 수는 없다. 계획했던 것과 달리 영유아의 흥미가 없어지거나 관심사가 다른 대상으로 이동하는 경우도 있다. 이때에는 교사가 계획한 활동을 교사 중심적으로 이끌어 나가기보다는 준비한 활동은 짧게 마무리하고, 다른 활동으로 대체할 수 있어야 한다. 또 교사가 계획했던 것보다 유아들의 흥미와 관심사가 보다 오랫동안 유지되고 심화되는 경우에는 해당 활동을 계획한 시간보다 더 오래 유지할 수 있도록 지지하고 미리 계획한 활동은 다른 날로 계획을 변경하는 유연성이 필요하다. 또한 일과 운영에서 발생할 수 있는 갑작스러운 변화로는 날씨나 예상하지 못한 상황이 발생하는 경우도 있다. 이러한 경우에 교사는 계획했던 활동을 다 하지 못했다는 아쉬움보다는 지금 당장 할 수 있는 최선의 방법을 찾는 것이 필요하다.

2) 하루 일과 운영 시 교사의 역할

일과 운영은 보육교사가 어떤 활동을 어느 시기에, 어떻게 상호작용하고, 어떤 교수법을 통하여 실행하는가 등 교사의 역할 수행에 따라 결정된다. 유아에게 발달적으로 적합한 활동을 제공하여 유아의 경험을 다양하고 의미 있게 제공하여야 할 뿐 아니라 교사의 민감하고 애정 있는 역할과 교육적인 역할이 매우 중요하다. 집단적으로 행해지는 특성 때문에 어린이집에서는 개별 유아에 대한 배려와 질 높은 교사의 상호작용 능력이 요구된다. 교사들은 보육계획안이 작성되어 있더라도 개별 유아들의 발달수준, 흥미, 사전경험, 기질 등에 기초하여 유아들과의 상호작용을 하도록 한다.

더 알아보기

학부모들을 대상으로 부모가 기대하는 교사의 이미지를 조사한 결과, 다음과 같은 이미지를 기대하는 것으로 나타났다. 다음의 교사 이미지를 하루 일과 운영과 연관지어 생각해 보자. 하루 일과 중 어떤 시간에 어떠한 이미지가 강조되어야 할까?

꿈과 희망을 주는 사람: 엄마들은 자기 아이가 이것도 잘하는 것 같고 저것도 잘하는 것 같다고 근거 없이 판단을 하는데, 선생님은 판단을 하지 않으니까 아이들에게 꿈과 희망을 줄 수 있을 거라고 생각해요.

농부와 같은 사람: 어릴 때는 뿌리는 대로 받아들이는 시기인 것 같아요. 유아기는 아이들에게 여러 가지 소양을 골고루 심어 줄 수 있는 시기라고 생각해요. 유치원 선생님들은 아이들에게 여러 가지 씨앗을 뿌려 주었으면 좋겠어요.

양육하는 사람: 요즘 아이들은 아침을 잘 안 먹고 유치원에 가잖아요. 그러니까 저녁 먹을 때까지 한 끼밖에 안 먹는 것인데 선생님이 신경을 써 주셨으면 좋겠어요. 그리고 집에서 잘 안 먹는 것도 선생님이 얘기하면 잘 먹거든요. 점심이라도 잘 먹고 오면 얼마나 좋은데요.

유아를 사랑하는 사람: 일단은 유아를 사랑하는 마음이 있어야 되는데, 구체적으로 겉으로만 사랑하는 것이 아니라 진정으로 사랑하는 선생님이면 좋겠어요. 아이들이 표현 못하고 가만히 있을 때 가까이 가서 그 아이 심정을 알려고 노력해 보는 선생님이요.

에너지가 충분한 사람: 일단 선생님 스스로 에너지가 충분한 분이 좋더라고요. 한참 산만한 아이들을 다룬다는 일은 육체적으로 힘든 일이고, 지치다 보면 유아들에게 개인적인 관심을 주지 못할 것 같아요.

친절한 사람: 말투는 부드럽고 목소리가 아기 같고, 밝은 분위기와 편안한 분위기를 내는 선생님이 좋은 것 같아요.

출처: 이금란(2000). 유치원 교사의 이미지에 관한 연구: 인천광역시를 중심으로.

2. 하루 일과 특성별 운영 및 생활지도 방법

1) 등원

어린이집에서 등원은 영유아가 어린이집에 도착하는 것에서부터 시작하며 어린이집에서의 하루 생활이 시작되는 출발점이다. 교사는 영유아가 등원하기 전에 미리 보육실에 도착하여 보육실을 살펴보고 환기시키고 적당한 온도와 습도로 조절하며, 실내에 위험한 요소나 청결하지 못한 곳은 없는지 점검한다. 그리고 그 날의 일일 보육계획안을 실행하기에 문제가 없는지를 살펴야 한다. 각 흥미 영역에 주제에 적합한 놀잇감이 충분히 배치되어 있고, 각 영역 간의 환경구성이 잘 되어 있는지, 그리고 교사와 영유아를 위한 교재교구가 준비되어 있는지 확인한다. 이를 위해서는 전날 일과를 마친 후 퇴근 전에 미리 다음날 활동을 위한 준비물을 미리 마련해 두는 것이 필요하다.

그림 7-1 등원 시 교사와 영유아의 상호작용

교사는 영유아가 교실에 도착하면 밝은 표정으로 반갑게 인사하고 따뜻하게 맞이하여 유아가 하루를 즐겁게 시작하도록 한다. 그리고 등원 시 교사는 유아가 스스로 개인 옷장 또는 사물함에 신발, 옷, 도시락과 같은 개인용품을 넣도록 지도한다. 영유아가 부모와 함께 등원하는 경우에는 짧은 시간 동안 부모에게 영유아에게 그 전날 저녁에 있었던 사건이나 경험, 수면상태, 아침 식사 여부에 대한 정보를 간단히 듣고, 하루 동안 영유아를 지도하는 데 참고한다. 만약 아침 식사를 하지 못한 영유아가 있다면 오전간식시간에 충분히 먹을 수 있도록 배려하고, 밤에 늦게 잠들어 잠이 부족한 유아에게는 조용히 쉴 수 있는 공간을 바련해 주도록 한다. 이와 같이 등원시간은 영유아의 부모와 의사소통이 이루어지는 시간이므로 부모의 이야기를 주의 깊게 잘 듣고, 주요한 사항을 전달하고 공유하는 시간으로 활용할 수 있다. 그러므로 부모에게 전달할 내용이 있다면 교사가 잊지 않도록 교실 입구나 게시판에 미리 그 내용을 붙여 놓는 것이 효과적이다.

그리고 교사는 영유아의 기분, 건강상태, 투약시간, 중간귀가 여부를 확인한

투약의뢰서

금일 아래 아동의 투약을 의뢰합니다.

일시	년 월 일	의뢰자	(인)
아동명	(남 / 여)	아동과의 관계	□ 아버지 ( )
반명	반		□ 어머니 ( )
증상 및 병명			□ 기타 ( )
약의 종류 및 투약 용량	□ 물약 (ml)	의뢰일	년 월 일
	□ 가루약 ( )	비고	
	□ 연고 ( )	*투약으로 인한 책임은 어린이집에서 지지 않습니다.	
	□ 기타 ( )	투약자	
투약시간	□ 오전 (9AM)	직책	□ 담임교사
	□ 점심 (1PM)		□ 양호교사
	□ 오후 (4PM)		
약품보관	□ 실온 □ 냉장	*의뢰하신 내용에 따라 투약하였습니다.	

○○ 어린이집

그림 7-2 투약의뢰서 양식

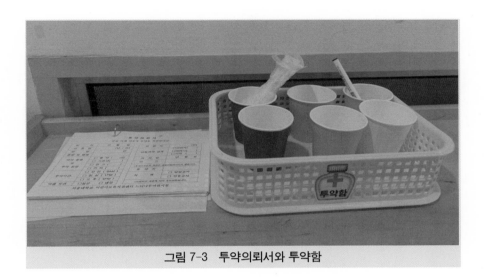

그림 7-3   투약의뢰서와 투약함

다. 등원시간에 교사가 영유아를 가볍게 안아 주는 스킨십은 그날 하루를 즐겁게
시작할 수 있는 상호작용이 되고, 유아의 발열상태와 같은 건강상태를 체크하는
데 도움이 된다. 만약 몸이 아픈 영유아가 약을
먹어야 하는 경우에는 미리 준비된 투약 의뢰
서에 부모가 기재한 내용을 확인하여 정확한
분량과 투약시간을 지켜야 한다. 영유아에게
약을 먹이는 투약은 담임교사 또는 양호교사
에 의해서 이루어진다. 담임교사가 투약을 하
는 경우 영유아의 이름과 증상, 약의 용량, 약
의 종류, 투약시간이 기재된 투약의뢰서를 확
인하고 약에 기재된 영유아의 이름을 다시 확
인하고 투약해야 한다. 정확한 용량을 지키기
위하여 사전에 부모에게 일회분의 약을 따로
보내 줄 것을 요청하는 것이 좋다.

그림 7-4   어린이집 등원판

부모와 교사가 중요한 정보를 나누고 난 후

부모와 영유아가 서로 헤어짐의 인사를 하고 영유아가 교실로 들어가도록 한다. 만약 영유아가 부모와 헤어지기를 힘들어 한다면 교사가 곁에서 도와줄 수 있도록 한다. 중요한 것은 부모가 영유아 몰래 가 버리지 않도록 작별 인사를 하는 것이다. 분리불안을 느끼는 영유아는 부모가 말 없이 떠나는 상황을 감당하기 어려운 정서적 충격으로 받아들이게 된다. 영유아가 부모와 헤어지고 나면 보육실에서 하고 싶은 놀이를 선택하여 자유롭게 활동할 수 있도록 격려하며 부모와 분리된 후에 안정감을 느낄 수 있도록 수용적이고 편안한 분위기를 조성해 준다. 이를 위해 보육실 입구에 영유아의 사진을 붙인 등원판을 준비하여 자신의 등원을 표시하면서 하루를 시작하도록 도울 수 있다.

2) 자유선택활동

자유선택활동 시간은 보육실에 구성된 흥미 영역에서 이루어지는 실내 자유선택활동과 실외 공간에서 이루어지는 실외 자유선택활동으로 나눌 수 있다. 그리고 자유선택활동이 이루어지는 시간대에 따라서 등원 후 오전시간에 이루어지는 오전 자유선택활동과 낮잠 및 휴식 시간 이후 오후시간에 이루어지는 오후 자유선택활동으로 구분할 수 있다. 여기에서는 어린이집 일과 운영 흐름에 따라서 오전 자유선택활동과 오후 자유선택활동으로 나누어서 특징과 생활지도 방법에 대해서 살펴보도록 한다.

(1) 오전 자유선택활동

오전에 실내에서 진행되는 자유선택활동은 하루 일과에서 중심적인 활동 시간이다. 영유아들은 자신의 흥미에 따라 활동을 선택하여 그 시간을 즐기며 또래와 상호작용한다. 교사는 영유아의 오전 자유선택활동을 촉진하기 위하여 연간 주제 및 소주제에 적합한 놀이 환경을 조성하여, 유아가 스스로 발달수준과 흥미에 맞는 활동을 계획하고 실행하고 평가할 수 있도록 한다. 유아들이 자유선택활동을 계획할 때에는 사전에 진행했던 활동과 연계하여 계획할 수 있도록 도움을 준다. 그리고 새로운 놀이나 활동을 소개해 주어 유아의 흥미를 자극하고 동기를 유발시킬 수 있다. 오전 자유선택활동은 오후에 다시 진행되는 자유선택활동과 서로 연계되도록 하고, 실내·실외 자유선택활동이 서로 연계될 수 있도록 한다.

각 흥미 영역별로 진행되는 자유선택활동 시간은 유아들이 스스로 선택한 활동을 자신의 속도나 흥미 정도에 맞추어 몰입하고 즐기도록 하며, 점차 발달된 수준으로 활동이 진행될 수 있도록 교사가 개별적 상호작용을 시도하는 것이 좋다. 교사가 적절한 개입과 상호작용을 하기 위해서는 영유아의 연령과 발달수준, 흥미에 적합한 자유선택활동을 제시하는 것이 필요하다. 그리고 개별 활동과 소집단의 협력이 필요한 과제를 골고루 제공하여 또래관계를 촉진할 수 있다. 교사는 이야기나누기 시간에 영유아가 참여했던 자유선택활동을 서로 소개하여 생각과 감정을 공유하도록 지원할 수 있다.

(2) 오후 자유선택활동

오후 자유선택활동은 차분한 분위기에서 오전 자유선택활동 시간에 했던 활동들을 자유롭게 반복적으로 선택하여 하거나, 오전 활동을 확장, 심화하여 진행하는 것이 좋다. 오후 활동은 대부분 오전과 연계된 활동이 많으므로 유아가 몰입하여 오전 활동에 이어서 더 집중하도록 하며, 함께 협동하는 작품에 참여할 기회를 갖도록 한다. 한편, 날씨나 계절을 고려하여 오후 자유선택활동에서는 실외에서의 산책과 견학, 실외에서의 신체표현과 게임 등을 진행하는 것이 바람직하다.

3) 대집단활동과 소집단활동

집단활동은 유아들이 함께 모여 활동을 하는 것으로 인원 구성에 따라서 대집단활동과 소집단활동으로 나누어 볼 수 있다. 집단활동의 횟수, 진행시간 등은 영유아의 흥미, 발달 특성, 활동의 특성, 활동이 이루어지는 시기, 보육실의 공간, 보조

인력의 여부 등을 고려하여 융통성 있게 운영한다. 소집단활동으로 진행하는 것이 효율적이지만 나머지 영유아를 살필 보조 인력이 없고 담임교사 한 명에 의해서 활동이 이루어져야 한다면 소집단활동을 실행하기 어려운 경우가 있다. 반대로 대집단활동을 하기에는 공간이 협소하거나 영유아가 활동하는 데 교사의 도움이 일대일로 이루어져야 하는 경우에는 대집단활동을 하기에 적절하지 않다.

대집단활동은 한 반의 모든 영유아가 전부 모여서 하는 활동으로 이야기 나누기, 동화, 동시, 동극, 음악활동, 신체활동, 요리, 게임, 휴식, 점심 및 간식 등이 대집단활동으로 많이 진행된다. 소집단활동은 전체 영유아를 두 집단 이상으로 나누어 다른 교사가 동시에 같은 활동을 지도하기도 하고, 같은 교사가 다른 집단의 유아들을 번갈아 가며 지도할 수도 있다. 주로 소집단활동은 유아의 참여가 많을 때 이루어진다. 집단활동은 활동이 이루어지는 시기와 활동의 성격에 따라서 인원 구성을 달리하는 것이 좋다. 학기 초에는 각 영유아를 교사가 통제하기 어려울 수 있

그림 7-5 대집단활동 모습

고, 개별 영유아의 특성을 아직 파악하지 못한 시기이며 교사와 영유아 간의 라포 형성을 위해 대집단활동으로 계획하기보다는 소집단활동을 더 많이 계획하고 실시하는 것이 좋다. 활동의 성격에 따라서는 각 영유아가 개별적으로 경험해 보아야 하는 경우나 개개인의 의견과 느낌을 충분히 표현할 수 있도록 하는 경우, 교사의 도움이 필요한 경우에는 소집단활동으로 이루어질 수 있다. 이와 대조적으로 우리 반의 규칙을 정하거나, 주제를 선정하는 경우와 같이 학급의 모든 유아가 함께 생각하고 의논해야 하는 경우는 대집단활동으로 운영하는 것이 적합하다.

집단활동을 시작하기 전에는 영유아의 관심을 끌고 흥미로운 시작이 되도록 수수께끼나 말 잇기, 잠깐 진행하는 게임, 손유희, 노래 부르기 등을 하는 것도 좋다. 하지만 주의집중에 너무 많은 시간이 걸리지 않도록 하는 것이 필요하다. 주의집중을 위해 지나치게 많은 시간을 허비한 경우에는 본 활동을 시작하기도 전에 교사와 영유아가 지치거나 관심이 사라지는 경우가 발생한다. 그리고 교사가 일방적으로 활동을 이끌어 가지 않고 많은 유아들이 개별적 경험을 나누되 지루해하지 않게 진행한다. 대·소집단활동을 하는 동안 교사는 적절하게 질문하고, 제안하고, 유아의 반응을 격려하고 인정해 주는 등의 개입이 필요하다.

예를 들어, 대·소집단활동으로 진행되는 이야기 나누기는 반드시 매일 해야 하는 것은 아니며 영유아의 발달수준, 시기, 내용, 주의집중시간에 따라 계획하도록 한다. 영유아의 발달 특성에 따라 적합한 주제, 시간배분, 집단 구성 및 지도 방법상에 차이가 있으므로 대상 연령의 발달 특성을 고려하여야 한다.

어린이집에서 영유아를 대상으로 이루어지는 이야기나누기활동에서 주로 다루는 주제는 다음과 같다.

■ 주말 지낸 이야기 나누기
월요일 오전에 모여서 각자 주말을 보낸 이야기를 나누는 것이다. 대집단활동에서 수줍음이 많은 영유아가 발표기회를 갖지 못할 수 있으므로 교사는 이를 배려하여 여러 유아가 골고루 발표기회를 갖도록 하는 것이 필요하다.

■ **안전교육**

교통안전, 화재예방교육, 성폭력예방교육, 약물 오남용 방지교육 등 안전과 관련된 교육을 실시하기 위하여 이야기나누기활동을 할 수 있다. 이 경우 영유아가 해당 상황을 스스로 이해할 수 있도록 하여 교사가 제시하는 자료를 보고 단순히 맞다/틀리다 하는 이분법적으로 반응하지 않도록 적절하게 발문하는 것이 필요하다.

■ **새로운 교육 주제 탐색**

영유아와 함께 알아볼 교육 프로그램의 주제를 선정하고 주제에 대한 흥미와 관심을 파악하거나, 세부적인 내용을 탐색할 때 이야기 나누기를 할 수 있다. 이 경우에는 유아의 호기심을 이끌어 낼 수 있는 적절한 교육 자료를 준비하는 것이 필요하다. 이야기 나누기에 사용했던 자료들(실물, 그림, 사진 등)도 자유선택활동 시간에 유아가 스스로 재구성해 볼 수 있도록 제공해 준다.

교사는 각 주제에 대해서 단편적인 지식을 전달하는 것에 그치지 않고 영유아가 이미 경험하고 알고 있는 것을 토대로 사고를 확장시켜 나갈 수 있도록 도와야 한다. 따라서 집단활동 시에는 교사가 일방적으로 내용을 전달하고 영유아에게 이해를 단순하게 확인하는 방식이 아니라 교사와 유아, 유아와 유아끼리의 상호 의견을 교환하고 토론할 수 있도록 분위기를 조성한다. 이를 위하여 영유아의 주의집중 능력을 생각하여 짧고 다양하게 운영하며, 모든 영유아가 참여할 수 있도록 한다. 영유아가 발표를 할 때 자신의 생각과 느낌을 올바른 문장으로 표현할 수 있도록 하며, 다양한 교수매체와 적절한 교수방법을 활용하여 주제와 관련된 행동이 이후에도 지속될 수 있도록 지원할 수 있어야 한다.

더 알아보기

이야기나누기활동

어린이집에서는 대체로 매일 영유아와 이야기나누기활동을 시행한다. 이야기나누기활동은 주로 대집단으로 실시되는 수업으로 주말 지낸 이야기 나누기, 교육 주제와 관련된 이야기 나누기, 안전교육 및 사회교육과 관련된 이야기 나누기 등 다양하게 이루어진다. 이야기 나누기 시간은 영유아의 연령에 따라서 활동 시간의 길이와 운영방법에 차이를 두어야 한다. 그리고 이야기 나누기 시간에 대화로만 주제를 끌어가는 것보다는 소품, 그림자료나 영상자료 등이 제시되는 경우 영유아가 집중도 잘하고 이야기가 폭 넓게 확장된다. 따라서 교사는 이야기나누기활동을 잘하기 위해서 적절한 매체를 찾아 활용할 수 있는 방안을 모색할 필요가 있다.

그리고 이야기나누기활동은 주로 대집단으로 이루어지는 활동이므로 유아를 매트에 앉게 하고 교사는 유아들 앞쪽에 낮은 의자에 앉아 그림자료 등을 제시하며 대화를 이끌어 가는 형식이 많다. 이 경우 영유아가 모여 있는 공간이 너무 좁거나 불편하지 않은지 세심하게 살펴야 한다. 공간이 좁거나 불편한 경우 영유아들은 이야기 나누기 시간을 자칫하면 앉아 있는 자세가 바르지 않아서 지적당하거나, 옆 친구와 장난을 치다가 혼나는 시간으로 느낄 우려가 있다.

이야기나누기활동에서는 주로 영유아가 자신의 생각과 의견을 표현하는 발표가 강조되지만 다른 사람의 이야기를 주의 깊게 들을 수 있는 자세를 갖추도록 격려하는 것도 중요하다. 어린 영유아일수록 자신이 이야기를 하는 것은 즐기지만, 다른 친구의 이야기를 듣고 이해하거나 공감을 표현하는 능력은 부족하다. 따라서 교사는 이야기 나누기 시간을 운영할 때 타인의 이야기에 귀를 기울이고 감정과 경험을 공유하는 시간으로 접근하여야 한다.

4) 간식 및 점심 시간

간식시간과 점심 시간은 영유아가 영양적으로 우수한 음식을 섭취하여 성장에 도움이 되도록 하는 것뿐만 아니라 영유아의 위생개념과 식습관이 형성되도록 지도해야 한다. 영유아의 위생개념 형성을 위하여 간식이나 점심을 먹기 전에 손, 탁자, 책상 등을 깨끗하게 닦도록 지도한다. 어린이집에서는 일반적으로 1회 식사와 2회 간식을 제공하고 있다. 하루 3회 이상 이루어지는 간식 및 점심 시간은 단순히 음식을 먹는 시간이라기보다는 영유아가 다양한 음식을 접해 보고, 선호하는 음식의 폭을 넓혀 편식을 줄이며, 영양적으로 균형 있는 음식에 대해 관심을 가질 수 있도록 한다. 이때 개별 영유아의 식습관을 배려해 주어 안정된 분위기를 조성하도록 한다. 교사는 영유아의 이전 식사 여부와 평소 식사량을 파악하여 배식한다. 개별적으로 간식을 먹을 경우 유아 스스로 간식을 덜어 먹거나 양을 결정할 수 있도록 배려한다. 교사도 유아와 함께 음식을 먹으면서 유아에게 맛있게 음식을 먹는 모델이 되도록 하며, 유아들의 식습관 등을 관찰하고 유아들이 조용히 대화를 나누며 기분 좋게 음식을 먹을 수 있도록 분위기를 조성한다.

교사는 간식 및 점심 시간을 통하여 바른 식사예절을 지키도록 지도할 수 있다. 영유아의 연령에 따라서 스스로 식사준비를 돕고, 스스로 숟가락, 젓가락 등을 이용하여 바른 자세로 식사를 하며 식사가 끝난 후에 자신이 사용한 식기를 정리할 수 있도록 한다. 영유아가 식사를 마친 후에는 영유아들이 사용할 양치도구를 준비해 스스로 이를 닦을 수 있도록 한다.

5) 휴식 및 낮잠 시간

영유아들은 자신의 신체리듬을 유지하고 신체 발달을 돕기 위하여 적절한 휴식이 필요하다. 어린이집에서는 보통 점심식사 이후에 영유아의 연령에 따라 1~2시간가량 휴식 및 낮잠 시간을 갖도록 한다. 그리고 유아들이 하루 일과 중 필요한 경우는 언제나 개별적으로 휴식을 취하도록 공간을 마련해 주고 쉴 수 있도록 따뜻한 배려를 해 준다. 휴식은 유아가 오전의 활동으로 인해 쌓인 피로를 풀어 주고 활기차게 오후 보육활동에 참여할 수 있도록 하며 면역력을 높여 준다. 매일 일정하게 휴식하는 시간을 정하되 개인차, 하루 일과의 특성, 날씨 등을 고려하여 운영한다.

휴식 및 낮잠 시간에 낮잠 공간이 따로 없는 경우에는 교실의 조명을 어둡게 하고 커튼이나 블라인드를 이용하여 채광을 조절하며 조용한 음악을 들려주어 정서적으로 안정되게 한다. 낮잠을 자는 경우 개별 침구를 미리 준비하여 위생적인 환경이 되도록 하고 너무 덥거나 춥지 않도록 보육실의 온도와 침구의 두께를 살핀다. 낮잠을 자지 않으려고 하는 영유가 있다면 다른 영유아를 방해하지 않도록 하며 조용한 활동을 하면서 쉴 수 있도록 배려한다. 낮잠시간에 교사는 반드시 영유아와 함께 있으면서 갑자기 깨거나, 돌발 상황이 발생하지 않는지 살펴야 한다.

낮잠시간이 끝나고 영유아를 깨우기 위해서는 교실의 조명을 서서히 밝게 하고 경쾌한 음악을 사용하며 즐거운 기분으로 잠이 깨도록 한다. 낮잠에서 깨어난 유아들은 스스로 이부자리를 정돈하고 화장실에 다녀온 후 다음 일과를 준비할 수 있도록 지도한다.

6) 실외활동

실외활동은 실내활동을 연장하고 실외에서 만날 수 있는 자연환경을 통해 사고를 확장할 수 있는 장이 된다. 실외에서는 계절에 따른 자연의 변화를 자연스럽게 보고 느끼며, 실내에서 할 수 없는 놀이기구를 이용한 대근육활동이나 물ㆍ모래놀이, 자전거 타기, 뛰어다니기, 사방치기, 비석치기, 그림자놀이, 식물을 기르고 관찰하기 등 다양한 경험을 할 수 있다. 이와 같이 실내활동과 실외활동은 각각의 특징이 있으므로 일과 운영 시에는 실내활동과 실외활동이 고루 배치되도록 계획하는 것이 좋다(교육과학기술부, 보건복지부, 2012). 특히 어린이집에서 생활하는 시간이 긴 영유아는 실외활동을 통해 긴장을 풀고 신체적인 자유로움을 느낄 수 있다. 실외활동을 준비하기 위하여 우선 교사는 영유아에게 안전한 환경을 제공하고 안전사고가 일어나지 않도록 지속적으로 관찰해야 한다. 안전한 환경을 제공하기 위해서는 교사는 다음과 같은 역할을 수행해야 한다.

- 영유아가 이용하는 실외환경에 위험요소는 없는지 정기적으로 점검한다.
- 평소 안전교육을 통하여 유아 스스로 안전의 중요성을 인식하고 안전하게

놀이기구를 사용할 수 있도록 한다.

- 실외활동 시 간단한 구급약과 휴지 등을 미리 준비한다.

실외놀이 시간은 온도나 날씨에 따라서 융통성 있게 조절해야 한다. 직사광선이 강한 날씨거나 황사나 미세먼지가 심한 날씨라면 실외놀이를 자제하는 것이 필요하다. 실외활동에 적당한 날씨라고 하더라도 실외활동을 하면서 지친 영유아가 쉴 수 있는 장소를 마련해 두는 것이 필요하다. 휴식이 필요한 영유아에게는 자연환경을 직접 탐색하고 관찰하는 경험을 제공하는 등 정적인 활동과 휴식할 수 있는 공간을 마련해 준다. 그리고 실외공간에서도 책 읽기, 간식 먹기, 그림 그리기와 같은 다양한 활동을 경험해 볼 수 있도록 하며, 실내에서는 하기 어려운 물·모래놀이나 물감을 이용한 활동, 신체활동 등을 할 수 있는 기회를 제공한다.

그림 7-6 실외에서 사방놀이를 하고 있는 모습

7) 전이시간

전이시간은 하나의 활동이 끝나고 다음 활동으로 이어지기 위한 시간을 의미한다. 여기에서는 전이시간을 정리시간, 화장실 다녀오기로 나누어 살펴본다.

(1) 정리시간

정리시간은 전체 정리정돈 시간과 개별 영유아가 자신의 활동을 마친 후 다른 놀이로 전이할 때 가지고 놀던 놀잇감을 정리하고 이동하는 것을 포함한다. 교사는 전체 활동을 정리해야 하는 시간이 10분 정도 남았을 때 미리 영유아에게 잠시 후 정리시간임을 알려 주어 새로운 놀이를 시작하거나, 기존의 놀이를 확장하지 않고 스스로 자신의 활동을 마무리할 수 있는 시간을 갖도록 지도해야 한다. 전체 정리정돈 시간에는 정리시간임을 알리는 노래를 부르면서 보육실을 정리하도록 할 수 있다. 영유아가 놀잇감을 제자리에 정리하는 것을 돕기 위해 교구장이나 바

그림 7-7 정리시간

구니에 놀잇감의 명칭이나 사진을 붙여 두는 것이 효과적이다. 그리고 영유아가 사용하기에 적합한 크기의 빗자루와 쓰레받기, 걸레 등을 제공하면 영유아들이 더욱 즐겁게 정리활동을 할 수 있다. 만약 영유아 스스로 정리하기에 어렵거나 시간이 많이 걸리는 영역이 있다면 해당 영역을 정리하는 데 교사가 도움을 줄 수 있다. 이때 교사는 전체 보육실의 정리 상태를 확인하고 개별 영유아의 정리활동을 촉진하는 관심을 유지해야 한다. 무엇을 정리해야 할지 잘 모르거나, 정리하는 시간에 돌아다니거나 자신의 놀이를 계속 하려는 영유아가 있다면 교사가 개별적인 도움을 지도해야 한다. 자신의 놀이를 계속하려는 영유아에게는 전시장소나 보관 상자를 제공하여 영유아의 작품을 존중하고 성취감을 느낄 수 있도록 배려하며 정리할 수 있도록 지도하는 것이 좋다.

(2) 화장실 다녀오기

화장실을 다녀오는 것은 영유아의 기본적인 욕구에 의해 일과 중 수시로 일어나는 행동이므로 용변 시간을 획일적으로 운영할 수는 없지만 대체로 자유놀이를 마치고 정리한 후, 점심을 먹기 전, 낮잠시간 전후, 실외활동 전후에 화장실을 다녀오도록 하며 다음 일과를 준비할 수 있도록 한다. 이와 같이 특정 활동 전에 화장실을 다녀오도록 하는 것은 영유아가 스스로 배변을 조절하도록 하여 실수를 줄이고 자존감을 높일 수 있는 방법이며, 자연스럽게 다음 활동을 준비할 수 있는 마음의 상태를 갖게 한다.

8) 귀가 및 가정과의 연계

귀가시간은 영유아가 어린이집에서의 생활을 마무리하는 시간으로 부모를 다시 만나는 시간이다. 이때 교사와 부모는 하루 일과에 대해서 이야기를 나눈다. 귀가시간을 준비하기 위하여 교사는 영유아에게 오늘 하루를 돌아보고 오늘 있었던 특별한 일이나 느낀 점을 묻고 영유아가 스스로 자신의 하루를 돌아보도록

귀가 동의서

반이름: _____   아동명: _____   성별: <u>남, 여</u>

위 영유아의 귀가 시 <u>아래의 보호자</u>에게 인도하여 주십시오.

아래의 보호자 이외의 다른 사람에게 인계할 때에는 사전에 반드시 연락을 취하겠습니다.

※ 저희 어린이집에서는 부모님이 원하시더라도 영유아를 보호자 없이 혼자 귀가 시키지 않겠습니다.

- 기　　간: 201　년　　월　　일 ~ 201　년　　월　　일까지
- 귀가방법: ☐ 도보　　☐ 자가　　☐ 기타
- 귀가요청시간:　　　시　　　　분
- 보호자 이름 및 영유아와의 관계:

  아버지 (이름:　　　　　☎　　　　　　　)

  어머니 (이름:　　　　　☎　　　　　　　)

  기타: (관계) (이름:　　　　☎　　　　　　　　)

201　년　　월　　일

보호자 이름:　　　　　　　(인)

○○○○ 어린이집

[그림 7-8] 귀가 동의서 양식

출처: 서울대학교 어린이보육지원센터 느티나무어린이집(2015).

한다. 그리고 다음날의 일과와 연계가 되도록 기대감을 갖게 하거나 가정에서 이루어졌으면 하는 활동에 대해서 이야기를 나눌 수 있다.

귀가시간에 교사는 영유아가 부모와 함께 안전하게 귀가할 수 있도록 지도한다. 개별 유아들이 하루의 일과를 조용히 정리하고 즐거운 마음으로 부모님을 만날 수 있도록 가벼운 포옹을 하고 따뜻한 눈빛을 교환하여 정다운 대화를 나누는 것과 같은 상호작용을 통해 정서적으로 지지해 준다. 그리고 영유아가 스스로 자신의 옷을 입고 소지품을 챙길 수 있도록 충분한 시간을 주도록 한다. 만약 하루 일과 중 식사량, 수면시간, 다친 곳, 공지사항 등과 같이 부모님께 전달할 내용이 있다면 미리 정리하여 준비한다. 만약 교사가 부모를 직접 만나지 못하는 상황이라면 보육일지나 메모를 통하여 부모에게 그 내용이 전달될 수 있도록 한다. 귀가지도 과정에서 부모와 이야기를 나누는 동안 영유아를 혼자 두지 않도록 해야 하고, 외부로 먼저 나가거나 위험한 행동을 하지 않도록 주의를 기울여야 한다. 영유아와 함께 귀가하기로 약속된 보호자와 함께 귀가하는지를 반드시 확인해야 한다. 만약 부모 이외의 새로운 보호자가 귀가지도를 하는 경우 부모에게 확인한 후 영유아를 인계해야 한다. 어린이집 운영 시 부모가 작성한 귀가 동의서에 근거하여 안전한 귀가지도를 하도록 한다.

참고문헌

교육과학기술부, 보건복지부(2012). 3~5세 누리과정 해설서.

보건복지부, 육아정책연구소(2013). 제3차 어린이집 표준보육과정 해설서.

문혁준, 안효진, 김경희, 김영심, 김정희, 김혜연(2014). 보육교사론(개정판). 서울: 창지사.

서울대학교 어린이보육지원센터 느티나무어린이집(2015). 운영안내자료집.

신은수, 유흥옥, 안부금, 안경숙, 김은정, 유영의, 김소향(2013). 유아교사론. 서울: 학지사.

이금란(2000). 유치원 교사의 이미지에 관한 연구: 인천광역시를 중심으로. 이화여자대학교 대학원 석사학위논문.

08
어린이집 환경관리

영유아기는 성장과 발달이 급격하게 진행되는 시기이며 환경과의 친밀한 상호 작용을 통해 영유아의 발달이 가속화되므로 보육교사가 보육환경을 어떻게 계획하고 조직 및 구성하느냐는 매우 중요하다. 예를 들어, 어린이집의 실내외환경이 구성되고 활용되는 방법에 따라 영유아의 사회성, 독립성, 놀이 참여 정도 및 놀이 확대수준은 높아지기도 하고 낮아지기도 한다(이영자, 이기숙, 이정욱, 2000). 어린이집의 물리적 환경은 영유아가 단순히 활동하는 공간적 의미에서 벗어나 신체, 인지, 정서, 사회성 발달에 영향을 주는 중요한 역할을 담당하므로 공간 구성에 대한 계획이 세심하게 이루어져야 한다. 어린이집의 환경관리에서는 물리적 측면뿐만 아니라 심리적 측면도 고려되어야 한다. 예컨대, 영유아의 심리적 안정을 위해 실내외환경의 구성이 산만하거나 다양한 색채가 사용되는 것은 삼갈 필요가 있다. 또한 보육실의 바닥에 마루를 깔거나 목재로 된 교구 및 교구장을 배치함으로써 영유아에게 보다 자연친화적인 환경을 제공해 주어야 한다(이순형, 이혜승, 이성옥, 황혜신, 이완정, 이소은, 권혜진, 이영미, 정윤주, 한유진, 성미영, 2013b).

1. 어린이집 실내환경관리

어린이집의 실내환경은 보육실, 화장실, 목욕실, 식당, 실내동작실, 특별활동실 등 다양한 공간으로 구성되는데, 이 가운데 보육교사가 관리할 가장 중요한 공간은 바로 보육실이다. 따라서 보육실을 영아반(0, 1, 2세)과 유아반(3, 4, 5세)으로 구분하여 각 연령에 적합한 실내환경 구성을 살펴보면 다음과 같다.

1) 영아를 위한 실내환경관리

영아에게 적절한 실내환경 구성의 경우 나이 어린 아동의 발달적 요구에 적합한 물리적 환경을 구성하는 것이 중요한데(Wortham, 2006), 자유롭게 이동하고 사물을 탐색할 수 있고 안전하며 놀잇감 선택이 용이한 환경이 영아에게 보다 적합한 실내환경이다.

(1) 영아를 위한 실내환경 구성원리

영아를 위한 환경은 안전을 우선적으로 고려해야 한다. 영아의 월령에 따라 발달수준에 차이가 있으므로 보육교사는 개별 영아의 발달수준을 파악하고, 발달수준에 적절한 안전 문제를 고려해야 한다. 영아는 항상 입으로 사물을 탐색하기 때문에 모든 놀잇감은 청결해야 하며, 작은 조각과 같이 삼킬 우려가 있는 물건을 영아 주변에 두어서는 안 된다. 또한 생후 6개월 이전의 영아와 6개월 이후의 영아는 운동능력의 차이에 따라 제공해야 할 놀잇감에 차이가 있다(김영희, 송명숙, 최미숙, 2003). 영아반 보육교사는 이러한 영아의 발달 특성을 고려하여 보육환경을 구성해야 한다. 영아반의 환경 구성원리는 다음과 같다(보건복지부, 2013).

■ **일상생활 영역과 놀이활동 영역을 함께 구성한다.**
- 0~1세 반은 수유, 낮잠, 기저귀갈이 등 일상생활이 편안하게 이루어지도록 일상생활 영역과 함께 놀이활동 영역을 구성한다.
- 2세 반은 놀이활동 영역을 중심으로 구성한다.

■ **탐색과 놀이활동이 충분히 이루어지도록 다양한 놀이활동 영역을 구성한다.**
- 놀이활동 영역은 조용한 놀이와 시끄러운 놀이를 구분하여 배치하고, 0세 반에서 2세 반으로 갈수록 놀이활동 영역의 수를 늘린다.
- 영아의 특성상 신체활동이 활발하게 일어나고 실내외로 자주 이동하기 어려운 점을 감안하여 신체 영역을 보육실 내에 구성한다.

■ **보육실을 포함한 실내외 시설설비는 영아의 신체에 적절하고 안전하게 구성한다.**
- 책상과 의자 · 침대 등은 영아의 신체 크기를 고려하여 배치한다.
- 책상이나 교구장 등의 모서리가 날카롭지 않도록 한다.
- 영아가 삼킬 수 있는 지름 3.5cm 이하 작은 크기의 물건이나 놀잇감은 제공하지 않는다.

■ **영아들이 안락하고 편안하게 쉴 수 있는 휴식공간을 제공한다.**
- 조용한 영역에 깔개와 쿠션 등을 마련해 준다.
- 영아 눈높이의 벽면에 영아나 가족, 또래, 친숙한 동물 사진 등을 붙여 준다.
- 영아가 자신의 존재를 확인하고 친숙함을 느끼도록 개인 사물함이나 물건에 이름이나 사진을 붙여 준다.

0~2세 영아의 연령별 실내환경 구성

0세아는 다양한 것을 좋아하지만 너무 많은 자료를 한번에 제공하면 영아를 위축시킬 수 있으며, 환경이 자주 변하면 두려움이 커질 수 있으므로 주기적으로 놀잇감을 바꾸어 주더라도 익숙한 것과 새로운 것을 적절하게 배분한다(김영희 외, 2003). 1~2세아는 활동 범위가 보다 넓어지고 스스로 하고자 하는 시도가 증가하므로 다양하게 탐색하고 시도할 수 있도록 안전한 환경을 제공해 주면서 역할놀이 영역과 물·모래놀이 영역을 추가할 수 있다(이영, 이미화, 1999).

(2) 영아를 위한 실내환경 계획

영아를 위한 어린이집의 실내환경을 계획할 때 우선적으로 고려할 사항은 흥미영역의 구성이다. 영아를 위한 흥미 영역 구성은 일반적으로 일상생활 영역과 놀이활동 영역으로 구분되는데, 일상생활 영역은 영아의 생리적 욕구를 반영해 주는 수유 및 이유, 기저귀갈이, 수면, 씻기 등이 이루어지는 영역을 의미하며, 놀이활동 영역은 놀이활동이 주로 이루어지는 영역을 의미한다(김혜금, 임미정, 차승환, 전영희, 길미애, 2013). 어린이집 평가인증지표에서는 영아반 보육실의 공간 배치가 영아의 연령과 발달 특성을 고려하여 흥미 영역으로 구성되어야 하고, 배치가 적절해야 한다고 명시되어 있다. 우선 0~1세 반의 경우 신체 영역, 언어 영역, 탐색 영역, 일상생활 영역(수유 영역, 기저귀갈이 영역 포함)으로 구성되며, 2세 반의 경우에는 신체 영역, 언어 영역, 탐색 영역, 음률 영역, 미술 영역, 역할놀이 및 쌓기놀이 영역으로 구성된다.

■ 신체 영역

인간의 신체운동발달은 출생과 더불어 시작되며 신생아 시기에는 보다 제한된 운동능력을 가진다. 영아는 자신의 신체에 대한 통제력을 발달시키면서 손과 발 그리고 다른 신체부위를 활용한 놀이를 점차 확장시켜 나간다. 영아가 놀잇감을 잡을 수 있게 되면 영아의 놀이활동은 실내환경에 구비되어 있는 사물들로 확장된다. 따라서 신체활동이 확장되고 사물을 활용하는 영아의 능력이 증가하는 것에 맞추어 보육교사는 이에 적절한 놀잇감을 보육실에 구비하여 영아가 가지고 놀 수 있도록 해야 한다(이순형 외, 2013b).

영아반 보육실에서 영아가 혼자서 안정적으로 기고, 붙잡고 일어서거나 걸을 수 있도록 제공되는 영역이 신체 영역이다. 침대를 사용하는 영아에게는 대근육 활동이 활발하게 이루어지도록 모빌을 매달아 주고, 걸음마기 영아에게는 오르기, 구르기, 기기, 뒤집기 같은 활동이 안전하게 이루어지도록 충분한 이동 공간을 제공한다(김혜금 외, 2013).

기어오를 수 있는 계단은 영아가 기거나 오를 수 있을 때 적절하게 활용될 수 있다. 2세아는 자신의 신체를 숙달시키기 위해 오르거나 내리기 등 움직이는 활동을 좋아하므로 실내용 놀이기구와 개방된 공간을 마련해 준다. 또한 활동적인 영아의 특성을 고려하여 보육실이 협소한 경우에는 실내동작실과 같은 별도의 공간을 마련해 준다. 교사는 1세아에게 쇼핑용 손수레나 유모차 등의 밀고 당기는 놀잇감, 소형 자동차와 같이 타는 놀잇감을 제공하고, 2세아에게는 미끄럼틀, 트램펄린 등 오르고 내리는 기구와 신체 움직임이 많은 활동을 제공한다.

> **더 알아보기** **영아를 위한 기저귀갈이 영역**
>
> 영아의 기저귀갈이 영역은 식사 공간에서 멀리 떨어져 배치하고 교사들이 즉시 손을 씻을 수 있도록 냉·온수를 갖춘 싱크대, 뚜껑이 있는 휴지통과 인접해 있어야 한다. 눌러서 쓰는 비누, 종이타월(또는 수건), 기저귀갈이대에 까는 종이, 일회용 장갑, 소독제 등도 필요하므로 영아의 접근이 어려운 곳에 보관할 장소를 마련하고, 영아가 볼 수 있는 그림, 모빌, 놀잇감, 거울 등을 구비한다. 기저귀를 갈 때 사용하는 모든 것은 탁자에서 손이 바로 닿을 수 있는 곳에 두고 영아를 혼자 두어서는 안 된다. 기저귀를 버리는 쓰레기통은 뚜껑이 있는 것을 사용하고 기저귀대에는 살균소독 스프레이를 비치한다. 변기는 즉각 비우고 영아가 변기에 배설을 하든 안 하든 매번 사용 후 살균할 수 있게 되어 있는 영아 변기를 사용하고, 쓰레기는 매일 여러 번 버린다.

■ 언어 영역

영아를 위한 언어 영역은 듣기, 말하기를 위주로 활동자료를 제공하고, 읽기와 쓰기의 경우에는 영아가 관심을 가질 수 있도록 도와준다. 언어 영역에는 그림책 표지의 그림이 전면에 보이도록 다양한 종류의 그림책을 전시하고, 동물, 놀잇감 등 영아에게 친숙한 그림이 있는 그림책을 선택한다. 교사는 0세아에게 헝겊책, 비닐책 등 다양한 촉감 그림책을 제공하고 푹신한 쿠션이나 베개 등을 언어 영역에 비치한다. 1세아에게는 CD나 테이프를 이용하여 동시나 동요, 이야기를 들려주고, 책이나 그림, 손인형을 구비하여 영아가 새로운 단어를 배우고, 교사와의 언어적 상호작용이 많이 일어나도록 배려한다. 2세아에게는 가족이나 친숙한 물건, 일상생활에 관한 그림책을 제공하고, 카펫에 작은 소파나 쿠션, 인형 등을 조용하고 밝은 곳에 비치해 영아가 그림책에 몰두하거나 쉴 수 있도록 한다(김혜금 외, 2013).

> **더 알아보기** **영아를 위한 수유 및 이유 영역**
>
> 수유를 위해 보육실 내에 특정한 장소를 마련할 필요는 없고 영아의 상태에 따라 적절한 장소에서 수유하면 된다. 이유를 위해서는 간편한 식탁(또는 밥상)과 의자(밥상을 활용한 경우는 필요 없음)가 필요한데, 이유식 제공에 필요한 시설·설비와 인접하면서도 환하고 통풍이 잘 되는 장소에서 이유식을 제공한다. 혼자 앉을 수 없는 영아를 위해 영아용 식탁의자를 준비하면 편리하다. 음식 보관 장소와 요리 장소를 구분하고 각 영아의 우유병과 그릇에 이름표를 붙인다. 음식을 먹이는 여러 정보를 보육실에 붙인다. 각 보육실마다 냉장고와 음식을 데울 조리기구를 비치하고 있어야 교사가 보육실을 떠나지 않고 음식을 준비할 수 있다. 음식을 먹기 전, 의자와 탁자의 높이를 적당히 맞추고 의자는 영아의 발이 바닥에 닿을 만큼 낮아야 한다.

■ 탐색 영역

인지발달은 영아로 하여금 신체활동의 증가와 세상을 탐색할 수 있는 인지능력을 결합시킬 수 있도록 도와준다. 대물놀이와 환경탐색은 영아의 인지발달을 촉진시키는 역할을 한다. 영아가 놀잇감을 가지고 놀기 위해서는 감각 및 운동기술의 활용이 가능해야 한다. 전형적으로 영아는 눈과 입을 활용하여 놀잇감을 탐색하며, 이를 통해 놀잇감의 이모저모를 살펴보고 놀잇감을 보다 잘 이해하기 위해 구체적 특성들에 주의를 기울인다. 이러한 과정을 통해 영아는 놀잇감의 다양한 기능을 이해하고 이를 활용하는 능력을 습득하게 된다(이순형 외, 2013b). 영아반 탐색 영역에는 영아의 인지발달 특성을 고려하여 입에 넣어도 유해하지 않은 재질의 놀잇감을 준비한다. 예를 들어, 천으로 만들어진 과일이나 그릇은 깨질 위험이 없고 입에 넣어도 특별한 문제가 없으며 자주 세탁을 할 경우 영아에게 적절한 놀잇감이 될 수 있다.

교사는 0세아에게 조작적 경험을 통해 흥미를 느낄 수 있도록 제작된 자료를 제공하고, 1세아에게는 짝짓기 게임, 자석 낚시 게임 등 손으로 조작해서 움직임을 관찰할 수 있는 자료를 제공한다. 2세아는 주변 사물에 대한 호기심을 충족하기 위해 적극적으로 탐색하고 조작하는 특성이 있으므로 탐색·조작 영역으로 구성하여 조용하게 집중할 수 있도록 한다. 분류하고 조각을 맞추어 보는 활동에 관심을 보이므로 3~5조각 퍼즐이나 큰 구슬 꿰기 등의 활동자료를 제공한다.

더 알아보기   **영아를 위한 수면 영역**

영아는 발달 특성상 낮잠과 휴식이 꼭 필요하고 수면시간이 길다. 그러므로 수면 영역을 설치해야 하는데 각각 자신의 침구를 이용할 수 있을 정도로 충분히 넓어야 한다. 수면 영역 가구는 영아의 월령에 따라 다르나 가장 작은 영아는 요람이나 아기 침대가 안전하며 좀 더 큰 영아는 창살이 있는 영아용 침대가 필요하다. 수면 영역은 적절한 수준에서 환기와 채광이 이루어지고 소음이 차단되는 공간이어야 한다. 보육실 내에 수면 영역을 둘 경우, 교사가 관찰하기는 쉬우나 활동하고 있는 영아의 소음, 빛 때문에 수면이 방해받을 수 있다. 따라서 보육실 안에 침구 이동이 편리하고 통풍이 잘되며 소음이 적은 곳에 침대나 침구를 보관할 공간을 마련해야 한다(김혜금 외, 2013).

■ 음률 영역

음률 영역은 소음이 많이 발생하므로 조용한 영역과는 멀리 떨어진 곳에 배치하는 것이 바람직하며, 다양한 소리를 낼 수 있는 악기들을 비치하고, 신체표현을 돕기 위해 CD와 CD플레이어 등을 준비한다. 0세아는 악기의 경쾌한 소리에 따라 영아의 시선과 움직임이 달라지므로 교사가 탬버린, 짝짝이 등을 이용하여 반복적인 리듬을 들려준다. 1세아는 한두 가지 멜로디를 기억하여 한두 소절을 부를 수 있고 손가락의 힘이 향상되므로 교사는 영아에게 트라이앵글, 리듬막대 등을 치면서 노래를 따라 부르도록 지도한다(보건복지부, 2013).

■ 미술 영역

미술 영역은 조용하고 밝은 곳에 배치하는 것이 바람직하며, 작품의 보관과 전시를 위한 공간이 마련되어야 한다. 다양한 미술활동이 이루어지고 물을 사용하는 경우가 많으므로 바닥 청소가 용이해야 한다. 영아가 끼적이기, 오리기, 붙이기, 반죽하기, 그리기, 만들기 등 다양한 미술활동을 자유롭게 할 수 있도록 교사는 충분하고 다양한 미술 재료를 준비해 준다. 1세아는 핑거페인팅과 매직 사용하기를 좋아하므로 교사는 이를 위한 미술재료를 영아에게 제공한다. 2세아는 표현활동보다 조형활동에 관심을 보이므로 교사는 재활용품 등과 같은 다양한 미술재료를 제공하여 영아의 탐색을 도와준다(보건복지부, 2013).

■ 역할놀이 영역

영아가 상상놀이를 활발히 할 수 있도록 가정과 같은 분위기와 놀잇감으로 역할놀이 영역을 구성해 준다. 역할놀이 영역은 동적이면서 건조한 곳에 배치하고 쌓기 영역과 가까이 배치하면 놀이가 확장될 수 있다. 1세아는 아기 돌보기, 음식 만들기 등 가정에서 경험하고 본 적이 있는 행동들을 주로 흉내 내면서 과거 사건을 모방하고 내적 표상에 의해서 행동을 재생산할 수 있다. 2세아는 역할놀이 영역에 자주 참여하며 움직임이 많고 활동이 다양하므로 충분한 공간을 제공한다. 2세아는 가족과 관련된 극놀이를 선호하므로 학기 초에는 가족놀이나 아기놀이를 위한 놀잇감을 제공하고, 교사가 커다란 박스를 이용하여 놀이집을 만들어 주거나 커튼을 이용하여 아늑한 공간을 만들어 주면 영아의 역할놀이를 보다 촉진할 수 있다.

■ 쌓기 영역

1, 2세아는 다양한 크기의 블록을 이용하여 간단한 쌓기놀이를 즐긴다. 구조물은 단순하지만 반복적으로 블록을 쌓고 무너뜨리면서 공간 개념과 크기 개념을 형성하고 생활주제나 영아의 흥미에 따라 다양한 놀잇감을 추가할 수 있다. 교사는 1세아에게 여러 개의 컵을 쌓아 올리는 활동을 제공하고, 2세아에게는 나무블록, 종이블록, 우레탄블록 등 다양한 재질의 블록을 충분하게 제공하여 영아 간 대물다툼이 발생하지 않도록 한다.

더 알아보기	영아를 위한 개인보관 영역

> 0~2세 영아의 경우 개인 소유의 물건을 보관할 수 있는 개인 사물함이 보육실에 구비되어 있어야 하는데, 기저귀나 갈아입을 여벌옷 등 영아에게 필요한 물품을 보관하기 위해 개인 사물함이 필요하다. 12개월 미만 영아의 경우 소유의 개념이나 물건 정리 습관을 기르기 위해 개인 사물함을 활용하기보다는 안전, 위생, 전염병 예방의 측면에서 활용된다. 영아를 위한 개인 사물함은 영아가 직접 사물함을 이용하지는 않으므로 영아의 눈높이를 고려하여 설치할 필요는 없으며, 청결한 상태로 유지해야 하는 물품은 겉옷이나 신발 등과 따로 보관하도록 한다(김혜금 외, 2013).

2) 유아를 위한 실내환경관리

적절한 교재와 교구가 갖추어진 어린이집의 물리적 환경은 프로그램의 질적 수준에 영향을 미치는 중요한 요인이다. 어린이집에서 유아를 위한 실내환경은 유아의 심리적 안정, 신체적 안정, 발달적 적합성, 다양성을 고려하여 구성하는 것이 바람직하다(교육과학기술부, 보건복지부, 2013).

(1) 유아를 위한 실내환경 구성원리

유아를 위한 실내환경은 다음과 같은 구성원리에 근거하여 관리할 필요가 있다(교육과학기술부, 보건복지부, 2013).

- 공간은 유아가 활동할 수 있을 만큼 충분히 넓어야 한다.
- 시설설비와 교구는 유아가 성인의 도움 없이 스스로 사용하고 정리할 수 있도록 한다.
- 유아에게 활동의 선택권을 주는 다양한 흥미 영역을 실내외 공간에 배치한다.
- 적정 온도나 습도를 유지하여 청결하고 안전한 환경을 제공한다.
- 연령이 낮은 유아의 경우 개별적인 보살핌을 위한 환경을 제공하고, 감각적인 경험의 기회가 많이 포함되는 환경을 제공한다.
- 유아가 혼자 놀거나 쉴 수 있는 공간과, 일상적인 보살핌이나 낮잠을 위한 물건이나 놀잇감의 보관을 위한 공간을 마련한다.

(2) 유아를 위한 실내환경 계획

유아의 교수학습을 지원하기 위해 실내에 쌓기놀이 영역, 언어 영역, 역할놀이 영역, 수·조작 영역, 과학 영역, 음률 영역, 미술 영역 등의 흥미 영역을 구성하여 신체운동·건강, 의사소통, 사회관계, 예술경험, 자연탐구 등을 다양한 활동으로 전개할 수 있도록 한다. 흥미 영역에 제시되는 활동이나 자료는 주간 및 일일 주제와 관련되도록 한다. 또한 게임, 발표, 토의, 관찰, 실험, 조사, 현장체험 등 다양한 유형의 활동과 연계되도록 하여 유아의 학습을 심화시킬 수 있도록 운영한다(교육과학기술부, 보건복지부, 2013).

■ 쌓기놀이 영역

쌓기놀이 영역은 여러 가지 크기와 모양, 재질의 블록과 소품을 이용하여 어떤 사물을 구성하거나 구조물을 쌓아 보거나 꾸며 보는 등의 과정을 경험하는 영역이다. 교사는 유아가 쌓기놀이를 통해 다양한 구성 활동을 하면서 관찰력, 측정 기술, 원인과 결과에 대한 사고력 등을 기르도록 도와준다. 쌓기놀이 영역은 활동적이며 소음이 발생하는 영역이므로 언어나 과학 등 정적인 영역과는 떨어져서 배치하는 것이 좋으며, 소음방지를 위하여 바닥에 카펫을 깔아 준다.

■ 언어 영역

언어 영역은 듣기, 말하기, 읽기, 쓰기와 관련된 활동을 경험하는 영역이다. 교사는 유아가 언어 영역의 활동을 통해 일상생활에 필요한 언어능력을 향상시키고 올바른 의사소통 능력과 태도를 기르도록 도와준다. 언어 영역은 주변의 자극으로부터 격리될 수 있도록 조용하고 안정된 공간에 배치하고, 활동 주제나 유아의 흥미에 따라 다양한 언어활동 자료를 비치하여 듣기, 말하기, 읽기, 쓰기 활동이 고루 이루어지도록 하며, 안락한 의자나 쿠션 등을 두어 편안하게 언어활동에 몰입하도록 한다.

언어 영역은 유아의 문해발달을 적극적으로 지원하기 위한 공간이다. 교사는 읽기 영역에 개념 설명 그림책, 이야기 그림책, 실생활 관련 그림책, 전래동화책, 동시집 등 다양한 읽기자료를 준비하여 유아가 관련 도서를 손쉽게 읽을 수 있도록 한다. 교사는 쓰기 영역에 종이, 연필, 사인펜, 크레파스, 매직 등의 다양한 쓰기도구를 준비하여 유아가 자유롭게 쓰기 연습을 할 수 있도록 한다(이순형, 권기남, 김진욱, 민미희, 김정민, 김은영, 이성옥, 정현심, 심도현, 안혜령, 2013a).

■ 역할놀이 영역

역할놀이 영역은 유아가 가족이나 성역할뿐만 아니라 우리 사회의 다양한 직업이나 사회구성원의 역할을 상상놀이 및 사회 극놀이 등을 통해 경험하는 영역이다. 유아는 역할놀이를 통해 자기중심적인 사고에서 벗어나 자신과 다른 사람의 생각이나 감정을 더 잘 알고 적절하게 상호작용할 수 있으며, 주변 사람들이나 공동체 속에서 함께 살아가는 방법을 익힌다. 교사는 역할놀이 영역을 동적인 영역에 배치하고, 생활 주제와 관련된 소품을 제공하여 활동이 더욱 흥미롭고 풍부하게 이루어지도록 한다.

■ 수 · 조작 영역

수 · 조작 영역은 일대일 대응, 분류, 비교, 서열 등의 수활동, 퍼즐 맞추기, 끼워서 구성하기, 간단한 게임 등 논리적 문제해결, 소근육 조작 등과 관련된 활동을 주로 하는 영역이다. 유아는 수 · 조작 활동을 통해 눈과 손의 협응력과 소근육 발달, 논리 · 수학적 개념 발달, 문제해결력과 집중력을 향상시킬 수 있으며, 문제를 탐색하고 해결해 가는 과정에서 자신감과 자율성을 기를 수 있다. 수 · 조작 영역은 개별적 탐색 활동이 많이 이루어지는 곳으로 주의집중이 잘 되도록 조용한 곳에 배치하며, 난이도가 다른 놀잇감을 준비하여 유아의 발달수준과 흥미에 따른 수 · 조작 활동이 이루어지도록 한다.

유아가 수 · 조작 영역에서 활발하게 인지적 개념들을 탐색하고자 한다면 여러 가지 필수적인 교구들이 준비되어야 한다. 단추, 병뚜껑, 땅콩 등은 수 세기에 도움이 되며, 수 세기, 패턴, 분류, 서열화 등의 수학적 지식을 유아가 습득하도록 자연물을 함께 준비함으로써 유아가 수학적 개념에 접근할 수 있는 기회를 보다 폭넓게 제공해 주어야 한다(이순형 외, 2013a).

■ 과학 영역

과학 영역은 여러 가지 과학 기자재를 활용하여 생물과 무생물, 물질의 성질, 자연 현상 등 유아가 접하는 자연환경을 관찰, 실험, 탐구, 감상하는 활동 영역이다. 과학 영역의 활동을 통해 유아가 주변의 환경이나 사물, 생명체에 대해 알고 지속적으로 탐색하고, 과학적인 사고를 형성할 수 있도록 돕는다. 과학 영역에서 곤충이나 작은 동물, 식물을 기를 경우 조용하고 햇볕이 잘 드는 안정된 장소를 선택해 물 공급이 가능한 위치에 배치한다. 과학 영역에는 화분, 어항, 자석, 광석, 현미경 등을 구비하여 유아들이 자연스럽게 과학적 지식을 탐색할 수 있도록 해야 한다. 또한 관련 그림책을 언어 영역에 비치함으로써 과학적 정보 탐색도 함께 이루어질 수 있도록 배려한다.

■ 음률 영역

음률 영역은 생활 주변에서 듣는 다양한 소리에 관심을 가지고 탐색하고 음악을 듣고 노래를 부르고 여러 가지 악기를 다루어 보고 음악에 맞추어 자유롭게 몸을 움직이거나 창의적인 신체표현 활동을 경험하는 영역이다. 유아는 음률 영역에서의 활동을 통해 음악적 아름다움의 요소를 찾아보며, 음악이나 움직임과 춤으로 표현하고, 음악을 감상하는 능력을 키운다. 음률 영역은 음악에 맞추어 신체를 자유롭게 움직일 수 있는 충분히 넓은 공간이 필요하며, 소음이 많이 나는 영역이므로 다른 영역의 활동에 방해가 되지 않도록 배치하며 바닥에는 카펫을 깔아 안정된 분위기를 조성하며 소음을 줄이도록 한다.

■ 미술 영역

미술 영역은 자연과 사물의 아름다움을 체험하고 그리기, 만들기, 꾸미기, 구성하기 등의 활동을 하며 자신의 느낌이나 생각을 자유롭게 표현하고 미적 아름다움을 감상하는 경험을 하는 영역이다. 유아는 미술 영역에서의 활동을 통해 아름다움의 요소를 이해하며, 자신의 생각이나 느낌을 표현하면서 성취감을 얻고, 정서적인 긴장감도 해소한다. 교사는 미술 영역을 밝고 조용하며, 물을 사용할 수 있는 곳과 가까운 공간에 배치한다.

2. 어린이집 실외환경관리

영유아는 실외활동을 통해 대근육발달뿐만 아니라 개념학습의 기회, 사회적 기술과 관계의 발달 기회, 창의적 활동에의 참여 기회, 놀이활동을 통해 즐거움을 느끼는 기회를 제공받는다(이영자 외, 2000). 어린이집의 실외환경은 실내환경과는 질적으로 다른 놀이 기회를 영유아에게 제공해 준다. 일반적으로 실외환경은 그네 타기, 미끄럼틀 타기, 자전거 타기, 올라가기, 뛰기 등의 신체활동을 위한 영역으로만 인식하는 경우가 대부분이다. 실외환경은 영유아가 교육활동으로 인한 긴장을 해소하거나 신체운동이나 도전을 할 뿐만 아니라 동물과 식물 등 자연환경을 탐색하고 실험하며 조사하는 활동을 할 수 있는 장소다. 그리고 실외환경은 보다 활동적인 극놀이, 창의적인 구성놀이, 소란스러운 목공놀이, 물을 이용한 모래놀이, 휴식하면서 할 수 있는 조용한 놀이, 책 읽기 등 다양한 놀이를 제공하는 장소로도 활용될 수 있다. 실외활동은 실내활동에 비해 영유아를 위험에 노출시킬 가능성이 높으므로 영유아가 특별한 제약을 받지 않고 자유롭게 탐색하고 활동할 수 있도록 실외환경의 안전에 대한 정기 점검을 통해 실외환경관리가 이루어져야 한다(양옥승 외, 1999).

더 알아보기 | 전이 영역과 창고

실내놀이를 실외로 확장시키고 햇빛, 눈, 비 등을 피할 수 있는 전이 영역이 필요하다. 실내놀이 공간에서 바로 실외놀이 공간으로 통하는 문을 만들어 지붕에 가려진 전이공간을 만들어 두면, 물놀이나 모래놀이, 물을 많이 사용하는 미술작업 등이 쉽게 이루어질 수 있다. 실외놀이 기구와 놀잇감을 정리해 둘 창고가 있는 것이 바람직하다.

1) 영아를 위한 실외환경관리

영아를 위한 실내환경 구성에서와 동일하게 실외환경의 경우에도 발달과 놀이를 촉진하는 경험을 영아에게 제공해 주어야 한다. 즉, 영아의 독특한 발달적 요구를 고려한 환경 구성이 필요하다. 햇빛, 그늘, 바람 등에 따라 분위기를 전환하거나 경치를 감상하며 감각적 경험이 가능하도록 실외환경을 조성해 주어야 한다.

(1) 영아를 위한 실외환경 구성원리

12개월 미만의 영아에게 실외놀이 공간은 대근육활동의 목적보다 실외에서 따뜻한 햇빛과 적당한 바람을 느끼고 자연을 경험하게 하는 목적으로 활용되므로 실외놀이기구를 이용한 대근육활동에 참여하지 못하더라도 실외에 나갈 기회를 반드시 제공해야 한다.

영아를 위한 실외놀이환경은 이동용 울타리를 활용하여 울타리로 둘러싸인 놀이 공간을 구성함으로써 유아를 위한 공간과 분리하고, 영아의 발달수준에 적합한 놀이기구를 배치하여 안전하게 구성한다. 0~2세 영아들이 함께 실외놀이터를 이용하는 경우, 영아의 월령에 따라 실외놀이 시간대를 다르게 배정하여 실외놀이를 하도록 한다. 또한 실내의 대근육 영역에서 사용하던 놀이기구 중 이동이 가능한 기구를 실외로 옮겨서 활용하고, 실내에서 사용하는 다양한 놀잇감을 실외에서 가지고 놀 수 있도록 배려한다.

(2) 영아를 위한 실외환경 계획

어린이집의 실외환경 계획은 실내환경 계획의 연장선상에서 신체 영역, 탐색 영역, 모래놀이 영역 등의 흥미 영역과 휴식 영역으로 구분할 수 있다. 어린이집 평가인증지표에서는 실외놀이터 또는 대체놀이터를 갖추도록 하고 있으며, 실외놀이터에는 3종 이상의 놀이기구가 비치되어야 한다.

■ 신체 영역

신체 영역에는 그네, 미끄럼틀, 시소 등의 설비와 함께 자전거나 자동차를 탈 수 있는 개방된 공간이 필요하다. 그네나 시소, 미끄럼틀이 있는 공간의 바닥은 충격을 흡수할 수 있도록 잔디, 스펀지, 모래, 톱밥 등을 깔아 주어야 하며, 자전거나 자동차가 다니는 길을 보도블록이나 시멘트 등으로 길을 만들어 준다.

■ 탐색 영역

실내에서 이루어지는 탐색활동이 실외까지 확장되어 이루어질 수 있다. 바람개비가 바람에 날리는 것을 관찰하거나, 비눗방울 놀이 등을 통해 공기의 힘에 의해 비눗방울이 날리는 것을 자유롭게 즐기며 탐색할 수 있다. 또한 동식물을 직접 재배함으로써 식물과 동물의 성장, 변화를 직접 관찰하고 생명체를 사랑하는 마음을 가질 수 있다. 화단은 햇빛이 잘 비치고 영아의 눈에 잘 띄는 장소에 배치하여 싹이 트는 과정, 나뭇잎의 변화 등을 볼 수 있도록 한다. 또한 동물 사육장은 바람이 잘 통하고 배수가 잘되는 곳에 배치하고 먹이를 먹는 것을 관찰할 수 있게 한다(김혜금 외, 2013).

> **더 알아보기 영아를 위한 조용한 영역**
>
> 영아가 실외놀이 중에 조용한 휴식을 취하며 개인적으로 시간을 보낼 수 있는 공간이 필요하다. 즉, 편안하게 쉴 수 있는 잔디와 나무 그늘, 긴 의자가 있는 휴식 영역과 놀이집이나 영아가 숨을 수 있는 작은 터널 등으로 구성된 개인적 공간이 준비되어야 한다.

■ 모래놀이 영역

영아는 물과 모래를 이용하여 다양한 시도와 탐색을 할 수 있고, 실외에서 풍부한 모래와 물을 이용하여 마음껏 놀이를 하면서 긴장감을 해소할 수 있다. 물과 모래는 자유자재로 변형이 가능하므로 영아가 자유롭게 탐색할 수 있도록 교사가 도와주어야 하나, 상대 영아에게 모래나 물을 뿌리지 않도록 지도해야 한다.

모래놀이장은 5명 정도의 영아가 함께 놀 수 있는 크기에 충분한 양의 모래가 덮여 있어야 하고, 배수가 잘 되고 청결이 유지되어야 한다. 또한 모래가 너무 적거나 건조하면 영아가 모래를 가지고 놀기 어려우므로 모래의 양이나 습도를 항상 점검할 필요가 있다. 교사는 모래놀이와 물놀이에 필요한 다양한 소품을 영아에게 제공해 주고, 물놀이 영역과 모래놀이 영역이 인접하도록 배치하여 영아의 놀이가 확장되도록 도와준다(김혜금 외, 2013).

2) 유아를 위한 실외환경관리

실내에서도 유아를 위한 다양한 대근육활동이 계획되고 실행될 수 있다. 그럼에도 불구하고 실외에서는 모든 대근육활동이 자연스럽게 이루어진다는 장점이 있다. 실외에서 유아는 마음껏 달리거나 뛸 수 있으므로 넓은 공간은 다양한 대근육활동을 가능하게 해 준다. 또한 실외놀이기구는 신체활동의 기회를 보다 폭넓게 제공해 준다.

(1) 유아를 위한 실외환경 구성원리

실외환경은 유아들의 전인적 성장·발달을 촉진시키는 복합적인 기능을 수행할 수 있도록 몇 가지 영역으로 구분하여 구성하도록 한다. 바깥놀이터는 유아들이 마음껏 뛰어놀 수 있는 장소이며 날씨의 변화와 자연 현상을 감각적으로 느낄 수 있고, 유아에게 즐거움을 주는 장소다. 따라서 위험하지 않으면서 모험적이며 도전적인 놀이, 다양하고 창의적인 놀이를 할 수 있도록 구성한다. 따라서 바깥놀이 시설은 유아의 안전을 위해 「어린이집 놀이시설 안전 관리법」에 따른 시설기준을 적용하여 설치하도록 한다. 실외환경은 정적인 영역과 동적인 영역을 분리하여, 달리기, 공놀이, 자전거 타기, 물·모래놀이 등 적극적인 활동은 동적 활동 영역에, 작업하기, 휴식하기, 책 읽기 등은 정적 활동 영역에 배치한다.

실외환경의 영역은 운동놀이 영역, 모래·물놀이 영역, 자연탐구 및 관찰 영역, 작업 영역, 휴식 영역 및 놀잇감을 보관할 수 있는 보관 창고 등으로 구성한다. 또 외부의 차량이나 사람들로부터 유아를 보호할 수 있도록 울타리나 담장으로 둘러싸이도록 하고, 전체적인 바깥놀이 활동을 교사가 잘 감독할 수 있도록 영역을 구성한다.

(2) 유아를 위한 실외환경 계획

유아를 위한 실외환경은 대근육활동뿐만 아니라 소근육활동을 위한 기회 역시 제공해 주어야 한다. 모래와 물놀이활동은 소근육과 대근육활동 모두를 촉진할 수 있는 대표적인 실외활동이다. 유아를 위한 실외환경은 운동놀이 영역, 모래·물놀이 영역, 자연탐구 및 관찰 영역 등으로 구분된다(교육과학기술부, 보건복지부, 2013).

■ 운동놀이 영역

운동놀이에는 미끄럼이나 그네와 같은 운동놀이 기구를 이용하는 놀이와 공, 막대와 같은 작음 도구나 몸을 활용하는 놀이가 있다. 운동놀이는 유아의 바른 자세 형성과 운동 기능 발달에 기초가 되며 몸의 균형을 유지하고 몸을 조정하여 움직이는 과정을 경험하게 한다. 운동놀이 영역에는 대근육 운동 능력을 기르고 기구를 이용하는 방법을 습득할 수 있도록 하기 위해 기어오르기, 매달리기 등 다양한 운동놀이를 할 수 있는 놀이 시설을 설치한다. 운동놀이 영역은 다른 영역보다 공간을 많이 차지하므로 다른 영역과의 조화를 고려하고 조용한 영역과 떨어진 곳에 배치한다.

■ 모래·물놀이 영역

모래·물놀이 영역은 자연물인 모래와 물을 놀잇감으로 마음대로 가지고 놀이하는 영역이다. 모래와 물은 사용방법이 정해져 있지 않아 부담 없이 마음대로 활동에 몰두하며 이 과정을 통해 성취감과 만족감을 느끼게 되고, 동시에 정서적 안정감과 즐거움을 갖게 된다. 또한 집단놀이 형태로 이루어지는 경우가 많아 친구들과 자연스럽게 어울리는 기회를 갖게 한다. 모래놀이 영역과 물놀이 영역은 인접하여 배치하면 놀이를 확장할 수 있다. 모래·물놀이 영역은 통행이 빈번하지 않은 곳에 배치하며 햇볕이 잘 들고 배수가 잘되는 곳이 적합하다. 모래놀이 영역과 가까운 그늘진 곳에 유아가 상상력을 키울 수 있도록 다양한 형태의 구조물이나 놀이집, 테이블, 극화놀이 소품 등을 마련한다.

> **더 알아보기　유아를 위한 작업 영역**
>
> 작업 영역에는 바깥에서 접할 수 있는 다양한 환경의 특성을 통해 다양한 주제와 활동으로 놀이를 확장하도록 한다. 작업 영역에서는 물감으로 그림 그리기, 큰 블록 쌓기, 목공놀이, 점토놀이 등이 이루어진다.

■ 자연탐구 및 관찰 영역

자연탐구 및 관찰 영역은 식물 기르기 영역과 동물 기르기 영역으로 구성할 수 있다. 동·식물을 기르며 유아들은 관찰하고, 조사하고, 실험하는 등의 탐구과정에 적극적으로 참여함으로써 탐구를 즐기게 되고, 아울러 자연물에 대한 전문적 지식을 얻고 개념을 형성하며 자연에 대한 이해와 정서적 교감을 나누게 된다. 식물 기르기 영역은 햇빛이 잘 들고 물을 사용하기 좋은 곳에 배치한다. 텃밭을 만들 공간이 부족하다면 크고 작은 화분을 이용한다. 식물 기르기 영역은 유아가 직접 씨를 뿌리고 재배하고 수확하는 과정을 통해 식물의 성장과정과 변화를 관찰하고 이해하도록 한다. 또한 유아가 사계절 내내 꽃과 열매를 관찰할 수 있도록 꽃나무와 유실수를 계절별로 적절히 안배하여 심는다. 동물 기르기 영역은 햇빛이 잘 들고 바람이 잘 통하며, 배수가 잘되는 장소에 배치한다. 자칫 위생상태가 불량해지기 쉬우므로 청소가 용이하도록 만들고 청결하게 관리하여야 한다. 또한 물과 사료 공급이 쉬운 곳에 설치하여 유아가 직접 먹이를 주고 관찰하도록 한다.

더 알아보기 **유아를 위한 휴식 영역과 보관창고**

> 휴식 영역은 유아들이 동적 활동 후 휴식을 취하거나 다른 유아들이 놀고 있는 모습을 보며 편안하게 시간을 보낼 수 있는 영역이다. 휴식 영역은 유아들이 편안하게 휴식을 취할 수 있도록 조용한 공간을 마련하여 구성하며, 다양한 종류의 나무 그늘이나 정자, 지붕이 있는 테라스를 설치하거나 텐트나 비치파라솔 등을 활용하여 그늘을 마련한다. 보관 창고 는 바깥놀이 기구를 정리하고 보관하기 위한 곳으로 놀이기구의 적절한 사용과 보관을 위 해 필요하다.

참고문헌 ──●

교육과학기술부, 보건복지부(2013). 3~5세 연령별 누리과정 교사용 지침서.

김영희, 송명숙, 최미숙(2003). 0~3세 영유아를 위한 프로그램의 이론과 실제. 경기: 양서원.

김혜금, 임미정, 차승환, 전영희, 길미애(2013). 표준보육과정과 평가인증지표에 기초한 0 · 1 · 2세아 영아보육프로그램. 서울: 학지사.

문혁준, 안효진, 김경회, 김영심, 김정희, 김혜연(2014). 보육교사론(개정판). 서울: 창지사.

민성혜, 신혜원, 김의향(2013). 보육교사론(3판). 경기: 양서원.

박은혜(2013). 유아교사론(4판). 서울: 창지사.

보건복지부(2013). 어린이집 표준보육과정에 기초한 영아보육프로그램 운영의 이해.

신은수, 유흥옥, 안부금, 안경숙, 김은정, 유영의, 김소향(2013). 유아교사론. 서울: 학지 사.

양옥승, 김영옥, 김현희, 신화식, 위영희, 이옥, 이정란, 이차숙, 정미라, 지성애, 홍혜경 (1999). 영유아보육개론. 서울: 학지사.

염지숙, 이명순, 조형숙, 김현주(2014). 유아교사론. 서울: 정민사.

윤애희, 김온기, 박정민, 곽윤숙, 주영은, 박정문, 정정옥, 임명희, 정지영(2003). 보육의 이해와 영 · 유아보육프로그램. 서울: 창지사.

이순형, 권기남, 김진욱, 민미희, 김정민, 김은영, 이성옥, 정현심, 심도현, 안혜령

(2013a). 보육교사론. 경기: 양서원.

이순형, 이혜승, 이성옥, 황혜신, 이완정, 이소은, 권혜진, 이영미, 정윤주, 한유진, 성미
　　영(2013b). 보육학개론(4판). 서울: 학지사.

이영, 이미화(1999). 2세아를 위한 놀이 및 활동. 서울: 학지사.

이영자, 이기숙, 이정욱(2000). 유아교수학습방법. 서울: 창지사.

이윤경, 김선영, 김성희, 김지은, 나종혜, 문혁준, 신인숙, 안선희, 천희영, 최은미, 황혜
　　신, 황혜정(2003). 유아교육개론. 서울: 창지사.

임승렬, 김연미, 이은정(2014). 영유아 교사를 위한 보육교사론. 경기: 파워북.

Bredekamp, S., & Copple, C. (1997). *Developmentally appropriate practice in early childhood programs serving children from birth through age 8*: Revised edition. Washington, DC: National Association for the Education of Young Children.

Johnson, J. E., Christie, J. F., & Yawkey, T. D. (1999). *Play and early childhood development*. New York: Longman.

White, C. S., & Coleman, M. (2000). *Early childhood education*. Upper Saddle River, New Jersey: Merrill.

Wortham, S. C. (2006). *Early childhood curriculum* (4th ed.). Upper Saddle River, New Jersey: Merrill.

09
어린이집 보육과정 관리

어린이집의 보육과정은 국가 차원에서 제시하고 있는 표준보육과정이나 누리과정뿐만 아니라 어린이집과 교사가 가지고 있는 교육관, 개별 영유아의 특성, 부모의 요구 등에 따라서 그에 적합하게 구성되고 관리되어야 한다. 이러한 다양한 요구를 충족시키는 보육프로그램을 운영하기 위해서는 보육프로그램을 계획하고, 계획에 맞추어 실행한 후 더 나은 방향을 모색하기 위하여 평가하는 것이 중요하다. 이 장에서는 어린이집의 보육과정을 관리하는 구체적인 방법으로 보육프로그램을 계획하기 위하여 연간 계획, 월간 계획, 주간 계획, 일일 계획을 수립하는 방법과 그에 따른 실행과 보육과정 평가기준에 대하여 알아본다.

1. 보육프로그램의 계획

보육프로그램을 계획할 때 교사는 어린이집 표준보육과정 또는 누리과정에서 다루고 있는 발달 영역인 기본생활, 신체운동 · 건강, 의사소통, 사회관계, 예술

경험, 자연탐구의 세부내용을 중심으로 영유아가 각 영역의 지식, 기술, 가치 및 태도를 고루고루 그리고 다각적으로 경험하도록 보육계획을 수립해야 한다. 각 보육계획안을 작성하기 위해서는 표준보육과정 및 누리과정 이외에도 어린이집 또는 교사가 가지고 있는 교육관, 개별 영유아의 특성, 학부모의 요구, 지역의 특성을 반영하는 것이 필요하다. 그리고 담임교사의 실행 능력, 기관이 속해 있는 지역사회와의 연계, 시설 및 설비의 활용가능성 등의 여러 요인을 고려하여 계획이 수립되어야 한다. 보육계획안은 교사가 담당하는 영유아들과 어떤 시간을 보내게 될지를 계획하는 것으로 신중하게 계획을 작성하고 재검토하여 실제 실행이 가능하도록 수정하는 작업을 반복하게 된다.

보육계획안을 작성할 때 효과적인 프로그램 실행이 가능하도록 날씨 및 주변 상황, 보육프로그램 운영에 도움을 줄 수 있는 보조 인력의 인적 자원을 고려하여 계획을 수립하는 것이 좋다(임승렬, 김연미, 이은정, 2014). 계절과 날씨를 고려한 계획을 수립하기 위해서는 우선 연간 계획에서 우리나라와 각 지역의 기후 특성을 반영한 계획이 필요하다. 예를 들어, 우리나라에서도 봄철 각 지역마다 꽃이 피는 시기가 조금씩 다르므로 이를 고려하여 월간 주제를 선정하는 것이 좋다. 또 주간 보육계획안, 일일 보육계획안을 수립할 때 일기예보 정보를 활용하는 것이 좋다. 실외활동을 계획하였는데 활동에 방해가 되는 날씨라면 계획을 미리 변경하는 것이 좋다. 날씨뿐만 아니라 견학 및 실외활동을 계획하였다면 언제 그곳을 방문하는 것이 가장 좋은지, 또는 활동이 예정된 날에 그 장소를 사용하는 것이 가능한지 그리고 그날의 이용자 수는 어떠할지를 예상해 보고 상황에 맞는 적절한 시기를 선택하여 해당 장소를 방문하는 것이 좋다. 또한 프로그램을 실제 운영하기 위해서는 담임교사 이외에 도움을 줄 수 있는 보조 인력의 활용 가능 여부를 확인하는 것이 필요하다. 보조 인력으로는 부담임, 보조교사, 실습교사 또는 학부모 자원봉사 등을 활용할 수 있다. 만약 소집단활동을 계획해야 한다면 보조 인력을 활용할 수 있는 시기에 해당 활동이 진행되는 것이 적절하다. 그리고 김치담그기와 같은 요리활동에 학부모를 초대하여 함께 활동을 하고자 한다면 미리 학부모 공지를 통하여 자원봉사자를 모집하고 봉사가 가능한 시기를 조율하여 계획을 세우는 것이 적절하다.

2. 보육계획안 작성

1) 보육계획안 작성 원칙

보육계획안을 작성하기 위해서는 먼저 영유아들의 전인발달을 도모할 수 있도록 신체, 인지, 언어, 표현 활동이 모두 포함하도록 계획해야 한다. 그리고 각 영역별 활동이 균등하게 계획되어 있는지 또는 특정 영역의 활동에 치우쳐 있는지 여부를 살펴보아야 한다. 일반적으로 교사들은 자신이 선호하지 않는 영역의 활동을 꺼려 하는 측면이 있어 그 영역의 활동은 잘 계획하지 않게 된다. 이와 같이 교사 개인의 선호에 의해 프로그램이 편중되지 않도록 선호하지 않는 영역의 활동에도 관심을 가지고 시도할 필요가 있다.

그리고 보육계획안을 작성할 때에는 각 세부 활동들이 전체 주제나 교육 목표를 향해 통합될 수 있도록 연계성을 가지고 있어야 한다. 지식을 구축하는 과정에서 분절된 세부 활동을 구성하여 경험하는 것보다는 연계성 있는 활동들을 통한 경험이 총체적으로 반영되는 것이 더 효과적이다. 따라서 보육프로그램은 하나의 주제를 다양한 영역을 통하여 서로 다른 방식으로 접할 수 있도록 계획되어야 한다. 그리고 보육프로그램을 계획하기 위해서는 교사가 담당하고 있는 영유아의 연령과 개별 특성이나 성향을 고려하는 것이 필요하다. 이를 위해서는 보육계획안을 작성하기에 앞서 영유아의 특성을 미리 파악하고, 영유아들과 함께 프로그램의 진행방향과 주제에 대해서 이야기를 나누어 보는 것도 의미 있는 작업이다. 보육프로그램의 계획은 보육프로그램이 실시되는 주기와 기간에 따라서 연간 보육계획안, 월간 보육계획안, 주간 보육계획안, 일일 보육계획안으로 나눌 수 있다. 다음에서 각각의 보육계획안을 작성하는 방법에 대해서 살펴본다.

2) 연간 보육계획안 작성

연간 보육계획은 1년 동안 어린이집에서 이루어지는 프로그램에 대한 포괄적인 계획이다. 연간 보육계획안에는 각 월별로 진행될 주제의 개요를 작성하고 그에 따라 필요한 사항을 계획하게 된다. 현재 표준보육과정이나 누리과정에서 제시하고 있는 연간 보육계획은 주제로 묶어 제시되고 있으며 계절, 유아의 경험과 흥미, 관심 등을 반영하여 전국에서 활용이 가능한 보편적 주제를 제시하고 있다. 누리과정의 예를 들면 연간 보육계획으로 15개의 주제와 52개의 소주제로 구성하여 제시하고 있다(보건복지부, 2014a). 실제 운영에 있어서는 개별 어린이집과 교사가 담당한 반의 특성에 맞게 적절히 수정, 보완하여 사용할 수 있도록 권고하고 있다. 따라서 누리과정에서 제시하고 있는 연간 보육계획안은 연간 주제 및 소주제가 총 15개의 주제로 한 주제에 2~5주로 구성되어 있으나 각 주제는 개별 어린이집의 행사나 유아의 흥미, 계절의 변화 등을 고려하여 상황에 따라 5주를 4주로 줄이거나, 3주를 4주로 늘리는 등 소주제를 조정하여 활용할 수 있다. 예를 들어, '추석과 놀이' 소주제의 경우 추석명절이 언제냐에 따라 소주제를 바꾸어 진행할 수 있는 것이다. 누리과정에 기초하여 3세 반의 연간 보육계획안을 작성한 연간 보육계획의 예시는 〈표 9-1〉과 같다.

표 9-1   연간 보육계획안(3세)

월	주 제	소주제	비고
		소주제명	
3월	어린이집과 친구	어린이집의 환경, 어린이집에서의 하루, 어린이집에서 만난 친구, 함께 놀이하는 어린이집	
4월	봄	봄의 날씨, 봄의 풍경	

5월	동식물과 자연	궁금한 동식물, 동물과 우리생활, 식물과 우리생활, 자연과 더불어 사는 우리	
6월	나와 가족	나의 몸과 마음, 소중한 나, 소중한 가족, 행복한 우리 집	
7월	우리 동네	우리 동네 모습, 우리 동네 생활, 우리 동네 사람들	
8월	여름	여름의 날씨, 여름 꽃과 과일	
9월	교통기관	여러 가지 육상 교통기관, 항공, 해상 교통기관, 즐거운 교통생활	
10월	우리나라	우리나라 사람들의 생활, 우리나라의 놀이와 예술, 우리나라의 역사와 자랑거리	
11월	가을과 열매	가을 풍경, 가을의 변화, 풍성한 가을, 추석과 놀이, 가을 나들이	
12월	겨울과 놀이	겨울 날씨, 겨울 풍경, 사랑을 나눠요, 건강한 겨울나기, 눈과 눈사람	
1월	생활도구	다양한 생활도구, 생활도구를 움직이는 힘, 생활도구로서의 미디어	
2월	형님이 되어요	많이 컸어요. 동생들에게 알려 주어요. 형님이 될 준비를 해요. 즐거웠던 우리 반	

출처: 보건복지부(2014c). 3세 누리과정에 기초한 어린이집 프로그램.

3) 월간 보육계획안 작성

월간 보육계획안은 연간 계획에 근거하여 각 월별로 어떠한 활동이 이루어질 것인지를 구체적으로 작성하는 것으로 주간 및 일일 교육계획을 수립하는 데 나침반 역할을 하게 된다. 월간 보육계획안에는 월간 주제의 세부 프로그램 계획뿐만 아니라 견학, 영유아의 생일과 같은 특별한 행사계획이 구체적으로 포함되어 있다. 그리고 월간 보육계획안은 부모들에게 해당 월의 초에 발송되어 그 달에 이루어질 프로그램과 행사에 대해서 미리 알리고 필요한 경우 협조를 구할 수 있도록 한다. 따라서 월간 보육계획안은 해당 월이 시작되기 전에 계획이 수립되고 미리 검토되어야 한다.

월간 보육계획안의 구성은 하루 일과를 중심으로 등원, 오전 자유선택활동, 대·소집단활동, 실외활동, 점심 및 휴식, 오후 자유선택활동, 귀가 및 가정과의 연계 순으로 제시할 수 있다. 보통 하루 일과의 순서와 관련이 없는 '기본생활'과 '비고'는 맨 위쪽과 아래쪽에 나누어 기록하게 된다.

월간 보육계획안은 영아와 유아의 발달 특성에 따라 세부항목에 차이가 있다. 이 중 유아반의 월간 보육계획안 양식을 기준으로 각 항목별로 작성하는 내용은 다음과 같이 구성된다.

- '기본생활'은 하루 일과의 순서와 관련 없이 1주일간 강조할 기본생활습관 관련 내용으로 제시하되, 해당 소주제와 관련한 내용으로 기술한다.
- '등원'은 교사가 유아를 맞으면서 상호작용할 수 있는 내용으로 제시하되, 해당 소주제와 관련한 내용으로 기술한다.
- '오전 자유선택활동'은 쌓기놀이 영역, 역할놀이 영역, 미술 영역, 언어 영역, 수·과학 영역, 음률 영역 등 흥미 영역으로 구분하여 활동을 제시한다. 특히 수·과학 영역의 경우 수 활동과 과학 활동을 균형 있게 제시하되, 수 활동을 먼저 제시하고 그다음에 과학 활동을 제시한다. 이때 수 활동과 과학 활동을 구분하기 위해 활동의 종류를 표시한다.
- '대·소집단활동'은 1주일간 이루어질 활동을 요일 순으로 제시하기보다는 활동의 종류별로 제시한다. 활동의 종류는 이야기 나누기, 동시, 동화, 동극, 언어, 음악, 신체, 미술, 조사, 과학, 게임, 요리, 통합활동 등의 순서로 제시한다.
- '실외활동'은 해당 소주제와 관련한 활동으로 구성하고, 날씨와 놀이터 상황에 따른 대체활동은 단위 활동계획안의 참고사항에 명시한다.
- '점심 및 휴식'은 식습관에 관련한 내용과 음악감상 등의 내용으로 제시한다.

- '오후 자유선택활동'은 실내 또는 실외에서 이루어질 수 있는 활동으로 실외활동인 경우에만 활동의 종류를 표시한다. 오후 자유선택활동은 오전 자유선택활동과 연계하여 반복, 확장, 심화할 수 있는 활동 등으로 제시하되, 반복 활동일 경우에는 별도로 활동명을 표기하지 않는다.
- '귀가 및 가정과의 연계'는 해당 소주제와 관련하여 가정에서 실천하거나 가정에서 가져와야 할 준비물 등에 대해 제시한다.
- '비고'는 하루 일과의 순서와 관련 없이 한 달 동안 활동을 진행하면서 활용하거나 참고할 수 있는 도서 목록을 제시한다. 이때 해당 소주제를 진행하면서 실제 활용할 도서를 먼저 제시하고 그 외에 참고할 도서를 그 이후에 제시한다. 어린이집에 해당 도서가 없을 경우 소주제와 관련한 다른 도서로 대체할 수 있다.

표 9-2 월간 보육계획안(영아반: 1세)

실시기간: 5월

주제	느낄 수 있어요.	
소주제	만져 보아요.	살펴보아요.
목표	촉감을 이용한 놀이를 반복하여 즐거움을 느낀다. 촉감놀이와 관련된 어휘를 익힌다.	시각을 이용한 놀이를 반복하고 즐거움을 느낀다. 시각놀이와 관련된 어휘를 익힌다.
등원 및 맞이하기	부모와 교사가 반갑게 인사하기	
기본생활 및 안전	혼자서 양말을 벗어요.	
일상생활	점심 및 간식	즐겁게 먹어요.	
	낮잠	내 이불, 내 베개를 찾아요.	
	기저귀 갈이/ 배변활동	친구들도 기저귀가 있어요.	

	신체	둥근 고리 끼우기 놀이해요.	촉감신발 신고 걸어요.	굴러가는 공을 따라가요.	데굴데굴 색깔 물병
실내자유놀이	언어	내 이름을 부르면 대답해요.	울퉁불퉁 종이에 끼적여요.	이게 뭐야?	물로 끼적인 그림을 보아요.
	감각·탐색	선생님과 로션을 발라요.	친구 기저귀를 만져 보아요.	색깔판으로 보아요.	신문지로 놀아요.
	역할·쌓기	소꿉그릇에 밀가루 반죽을 담아요.	촉감블록으로 놀이해요.	원통블록으로 놀이해요.	가방을 메고 다녀요.
실외놀이		모래로 놀아요.		색안경으로 공원을 보아요.	
귀가 및 가정과의 연계		놀이 사진을 함께 보아요.			
비고					

출처: 보건복지부(2013). 어린이집 표준보육과정에 기초한 영아보육프로그램 1세.

4) 주간 보육계획안 작성

주간 보육계획안은 매주 진행될 소주제 관련 활동을 한 주간에 걸쳐 요일별, 시간대별, 실내외 공간별, 흥미 영역별로 어떻게 배분하여 진행할 것인가에 대해 구체적으로 수립한 계획이다. 주간 보육계획안을 통해 교사는 한 주 동안 진행되는 모든 활동을 한눈에 파악할 수 있다. 교사는 주간 보육계획안을 작성하면서 교사 도움이 많이 필요한 활동인지, 미리 준비해 둘 것은 무엇이 있는지 등을 고려하여 요일별로 적절히 활동을 안배하도록 한다. 그리고 소집단활동과 대집단활동, 실내 및 실외 활동, 정적 활동과 동적 활동을 균형 있게 배치하도록 해야 한다.

주간 보육계획안을 작성할 때에는 다음과 같은 점을 염두해 두어야 한다. 먼저 주간 보육계획안에 배치된 활동은 소주제 간 활동들이 연계되도록 구성한다. 이 때 보육활동은 표준보육과정이나 누리과정의 내용에 적합하며 여러 발달 영역

중 어느 하나에 치우치지 않도록 선정하는 것이 필요하다. 보육활동은 영유아의 흥미와 능력에 따라 여러 날에 걸쳐 지속될 수도 있고, 매일 다른 활동이 제시될 수도 있으며, 교사가 계획한 활동을 영유아가 하지 않고 다른 활동으로 변경될 수 있다는 유연성을 가지고 계획을 대하는 것이 필요하다. 자유선택활동이 월요일부터 시작하여 점진적으로 확장 또는 심화되도록 배치하고 각 요일별로, 흥미 영역별로 균형 있게 안배한다. 일주일을 진행하며 흥미 영역 간, 오전 · 오후 간, 자유선택활동과 대 · 소집단 간, 실내외 간 활동이 연계, 확장, 심화되도록 배치한다.

표 9-3　주간 보육계획안(유아반)

주 제: 나와 가족　　　　　　　　　　　　　　　　　　　소주제: 소중한 가족
실시 기간: 5월 2 주

활동＼요일		월	화	수	목	금	토
기본생활		부모님께 감사하기					
등원		엄마, 아빠 "사랑해요" 안아 주며 헤어지기					
오전 자유 선택 활동	쌓기놀이 영역	할아버지, 할머니 집을 지어요　　부엌을 만들어요					
	역할놀이 영역	가족놀이 하기　　　빨래 개기					
	미술 영역		가족 명화 감상	우리 가족 그림 만들기	감사카드를 꾸며요		
	언어 영역	우리 가족을 찾아요　가족 이름 말하기　나를 얼마나 사랑하는지 알아요					
	수 · 과학 조작 영역	과학: 오이 마사지를 해요		수: 밥상에 수저를 놓아요		과학: 하트 샌드위치	
	음률 영역	〈내 동생〉 노래를 악기로 연주해요　　　누구일까?					
대 · 소집단 활동		이야기 나누기: 우리 가족을 소개해요	동화: 말 안 듣는 청개구리	이야기 나누기: 부모님을 기쁘게 해 드려요	현상체험: 할아버지, 할머니를 초대해요	신체: 재미 있는 안마 놀이	

실외활동	빨래하기	자연물을 이용한 소꿉놀이
점심 및 낮잠(휴식)	밥 먹은 후 휴지로 입 주위 닦기	
오후 자유선택 활동	인형 목욕시키기	가족사진 보고 이야기하기
귀가 및 가정과의 연계	가족사진 가지고 오기	

출처: 보건복지부(2014a). 3세 누리과정에 기초한 어린이집 프로그램.

더 알아보기

• 교사가 계획한 주간 보육계획안에 있는 활동에 유아가 참여하지 않고 자신의 흥미에 따라 다른 놀이에 몰두할 수 있다. 교사는 계획하지 않은 활동이라 하더라도 유아가 스스로 선택한 활동이나 놀이에 참여하여 유아와 상호작용하며 이를 적극 지원하도록 한다.

• 오후 자유선택활동은 새로운 활동으로 계획할 수 있으나, 오전 활동 중 활동방법을 부분적으로 변화하거나 추가 자료를 제공하여 연계하는 방법도 가능하다. 경우에 따라서는 오전 자유선택활동을 반복하여 진행할 수도 있다.

---

5) 일일 보육계획안 작성

일일 보육계획은 주간 보육계획안에 기초하되 시간대별로 하루 일과 활동 순서를 정리하여 활동계획과 필요한 준비물 등을 기록하는 것이다. 따라서 교사는 일일 보육계획안을 통해 하루 동안 진행되는 모든 활동을 한눈에 파악할 수 있다. 일일 보육계획안은 하루의 생활에 대한 구체적인 내용들로 실행 후 일일평가를 하여 매일매일의 활동을 평가하고 다음 활동을 계획하는 데 도움이 되도록 한다.

일일 보육계획안의 구성방향은 다음과 같다. 먼저 일일 보육계획에는 등원, 오전 자유선택활동, 정리정돈, 손 씻기, 화장실 다녀오기, 대 · 소집단활동, 실외활동, 점심과 낮잠, 오후 자유선택활동, 귀가 등의 활동명을 기준으로 작성하게 된다. 각 활동은 동적 활동과 정적 활동, 실내와 실외활동, 개별 활동과 대 · 소집단활동, 교사주도활동과 유아주도활동을 균형 있게 배치하도록 계획한다. 또한 동일한 활동이라도 활동시간(오전, 오후), 장소(실내외, 보육실), 시기(학기 초, 중, 말), 보조 인력의 유무 등을 고려하여 일과 계획을 수립하도록 한다.

여기에서는 〈표 9-4〉와 같이 3세 반 일일 보육계획안을 예로 살펴본다. 실제 어린이집에서의 일과 운영시간은 기관의 상황이나 계절, 유아의 발달 특성, 지역적 특성 등을 고려하여 융통적으로 운영하므로 예시에 제시된 시간 및 세부내용은 각 기관에 따라 다를 수 있다.

더 알아보기

- 유아는 놀이에 열중하면 자신의 생리적 욕구를 적절히 조절할 수 없으므로, 일일 일과 계획에 간식, 배변, 휴식, 낮잠, 점심 등 일상 양육에 대한 계획이 충분히 포함되도록 한다.
- 실외활동은 매일의 일과에 포함하여 계획하고, 오전이나 오후 중 1시간 이상 계획되어야 하며, 실외활동을 통해 주제와 연관된 다양한 활동 및 자유놀이가 진행되도록 계획한다.
- 규칙적인 일과 운영은 유아에게 안정감을 주며 유아가 다음 활동에 대한 예측을 가능하게 하여 주도적인 참여가 가능하다.

표 9-4 ○○반 보육일지(3세)

주 제: 나와 가족
소주제: 사랑하는 우리 가족
목 표: 나의 가족에 대해 알아보고, 가족의 소중함을 안다.

현원	출석	결석

결 재	담임	원장

년   월   일(   ) 날씨 :

일과 (실시시간)	활동 계획 및 실행
등원 (7:30~9:00)	• 등원하는 영유아를 반갑게 맞이하며 인사한다. • 스스로 옷과 신발 등을 정리한다. • 투약의뢰서 및 가정 전달사항의 유무를 확인한다.
오전간식 (9:00~9:30)	• 간식 먹기 전 차례대로 손을 씻는다. • 맛있게 간식을 먹은 후, 접시와 컵을 정리한다.
오전 자유선택활동 (9:00~10:00)	• 개별적 혹은 소집단으로 원하는 영역에서 놀잇감을 가지고 자유롭게 놀이한다. • 놀이 후 스스로 놀잇감을 제자리에 정리한다. ◇언어: 엄마, 아빠 이름 알아보기 (○) 　- 나를 사랑해 주시는 엄마, 아빠의 이름을 알아보고 불러 본다. 　- 엄마, 아빠 이름을 따라 쓴다. ◇수・조작 영역: 가족의 수를 세어 보기 / 가족 퍼즐 맞추기 (○) 　- 가족사진 속에 있는 가족 구성원 수를 세어 본다. 　- 가족사진으로 만든 16조각 퍼즐을 맞춘다. ◇과학: 씨앗 관찰하기 (×) → 나무 열매 관찰하기(도토리, 솔방울을 관찰하고 비교한다.) 　- 해바라기씨, 호박씨를 관찰하고 비교한다. ◇음악 및 동작: 사과 같은 내 얼굴 (○) 　- 〈사과 같은 내 얼굴〉을 부르며 악기연주를 한다. 　- 노랫말에 맞추어 율동을 만든다. ◇미술: 가족 얼굴 꾸미기 (○) 　- 수수깡, 색종이, 모루, 눈알 등을 종이접시에 붙여 가족 얼굴을 만든다.

오전
자유선택활동
(9:00~10:00)
	◇ 역할: 엄마, 아빠에게 전화하기 (○)
	  – 놀잇감 전화기를 자유롭게 탐색하며 엄마, 아빠에게 전화하는 놀
	    이를 한다.
	◇ 쌓기: 우리 집 짓기 (○)
	  – 벽돌블록, 와플블록을 이용하여 여러 가지 모양, 크기의 집을 구성
	    한다.

오전 실외활동
(10:00~10:30)
	• 엄마, 아빠에게 달려가기 (○)
	  – 엄마, 아빠 얼굴이 붙어 있는 목표물까지 달려간다.
	• 모래성 쌓기 (○)
	  - 모래와 물, 모종삽, 컵을 이용하여 모래성을 쌓는다.
	• 자전거 타기 (○)
	  - 친구들과 함께 순서대로 자전거를 탄다.
	• 배추 크기 재 보기 (○)
	  - 우리가 심은 배추가 얼마큼 자랐는지 줄자로 길이와 둘레를 잰다.

전이 및
대 · 소집단활동
(10:30~11:30)
	• 〈꽃밭에서〉 손유희하기 (○)
	  – 모든 유아들이 쌓기 영역에 모일 때까지 〈꽃밭에서〉 손유희를 함께
	    한다.
	• 우리 가족 소개하기 (○)
	  – 가족사진을 보며 우리 가족을 친구들에게 소개한다.

점심 (11:30~14:00)	• 점심 먹기 전, 차례대로 손을 씻는다. • 맛있게 점심을 먹은 후, 양치질을 한다.
낮잠 및 휴식 (14:00~15:30)	• 화장실을 다녀온다. • 〈자장가〉를 들으며 낮잠을 잔다. • 개인 이불을 스스로 정리한다. • 낮잠을 자지 않은 영아는 교실에서 조용한 놀이를 하거나, 휴식을 취한다.
오후간식 (15:30~16:00)	• 간식 먹기 전, 차례대로 손을 씻는다. • 맛있게 간식을 먹은 후, 접시와 컵을 정리한다.
오후 자유선택활동 (16:00~16:30)	• 개별적 혹은 소집단으로 원하는 영역에서 놀잇감을 가지고 자유롭게 놀이한다. • 놀이 후 스스로 놀잇감을 제자리에 정리한다.

특별활동
(16:30~17:10)
	• 튼튼체육교실: 칼라 유니바 뛰어넘기 (○)
	  – 두 발 모아 뛰어넘기, 한 발로 뛰어넘기 등 다양한 방법으로 균형을
	    잡으며 뛰어넘는다.
	  – 유니바를 높이를 다양하게 하여 뛰어넘는다.

오후 실외활동
(17:10~18:00)
	• 우리 집에 친구 초대하기
	  - 모래 영역에 우리 집을 구성하여 소꿉놀이를
	    한다.
	  - 친구들을 우리 집에 초대하여 함께 놀이한다.
	• 자전거 타기
	  - 친구들과 함께 순서대로 자전거를 탄다.
	• 배추 크기 재 보기
	  - 우리가 심은 배추가 얼마큼 자랐는지 줄자로
	    길이와 둘레를 잰다.
		(×)
		실내놀이(볼풀공
		→ 놀이, 훌라후프
		돌리기)

통합보육/귀가 (18:00~19:30)	• 각 흥미 영역에서 개별적 혹은 소집단으로 원하는 놀이를 한다. • 부모님이 오시면 아이의 일과를 부모님께 전한 후 교사, 친구들과 인사 하며 귀가한다.	
평가 (일일평가)	• 아이들은 오전 실외활동 중 '가족사진이 붙어 있는 목표물까지 달려가 는 활동'에 많은 흥미를 보였으나, 아이들이 한꺼번에 목표물로 달려 가 서로 부딪히는 경우가 발생하였다. 다음에는 규칙을 세워 게임으로 진행하는 것이 더욱 효과적일 것 같다. • 아이들이 가져온 가족사진을 이용하여 '우리 가족 소개하기' 활동을 진행하였다. 프로젝터로 가족사진을 확대하여 제시함으로써 더욱 많 은 흥미를 유발시킬 수 있었다. • 과학 영역에서 '씨앗 관찰'을 계획하였으나, 아이들은 ○○이가 집에 서 가져온 도토리와 솔방울에 더 많은 관심을 보여 관찰대상을 변경하 였다. 아이들은 도토리와 솔방울의 생김새를 비교하며 적극적으로 활 동에 참여하였다. • 꽃샘추위로 오후 기온이 많이 낮아 오후 실외활동은 실내 유희실에서 '볼풀공 놀이' '훌라후프 돌리기'로 변경하여 진행하였다.	

※(○)는 실행한 활동이며, (×)는 실행하지 못하거나 다른 활동으로 대체된 활동임

※ 보육일지에 추가 기재 가능 사항

신입원아 적응절차 실시/원아관찰	
안전교육/소방훈련	
영유아 관찰 기록	
기타 원 상황에 맞게 추가 작성 가능	

출처: 보건복지부(2014c). 2014 어린이집 평가인증 안내-40인 이상 어린이집(부록), pp. 435~437.

3. 보육계획의 평가

어린이집의 상황과 특성에 따라서 보육현장에서 시행하는 프로그램에는 차이가 있을 수 있으나 각 어린이집에서 시행하고 있는 프로그램을 국가수준의 표준보육과정이나 누리과정에 근거해서 살펴볼 필요가 있다. 이를 통하여 해당 연령의 영유아들이 보편적으로 습득해야 하는 내용들을 잘 습득할 수 있도록 계획과 실행에 반영하였는지 여부를 살펴보아야 하기 때문이다. 이와 같이 보육계획을 평가하기 위해서는 활동일지를 적으면서 자신이 교사로서 실시한 프로그램을 표준보육과정의 내용과 비교하여 보는 것이 좋다. 자신이 실시한 프로그램을 활동일지에 구체적으로 기술하고 그 옆에 표준보육과정이나 누리과정과 비교할 수 있는 난을 만들어 기술함으로써 자신의 교육활동이 영유아들의 전인적 발달을 도모하는 데 부족함이 없는지를 평가해 볼 수 있다. 일반적으로 보육계획의 평가는 주로 일일보육계획에 대해서 이루어지며, 매 학기 말 또는 1년에 1회 어린이집 자체적으로 진행되는 보육활동 평가 시 이루어진다. 일일 보육계획에 대한 평가는 정기적 보육 평가에 있어 가장 기초적인 과정이므로 매일 이루어지는 것이 바람직하다. 일일 보육계획 평가는 다음과 같은 다양한 준거를 고려하여 일일보육일지에 기록하고 평가한다. 일일 보육계획에 대한 평가는 매일 일과 후 시간을 이용하여 작성하고, 그날 평가된 내용은 다음날 일일 보육계획에 반영하도록 한다.

일일 보육계획을 평가하기 위해서는 다음과 같은 점을 고려할 수 있다.

- 일일 보육활동은 영유아 발달과 흥미에 적절하였는가?
- 일일 보육활동들의 목표가 표준보육과정 또는 누리과정의 세부내용과 관련되었으며, 여러 영역을 고루 포함하는 활동들로 구성되었는가?
- 일일 보육활동들은 놀이 중심으로 통합적으로 진행되었는가?
- 하루 일과 구성이 영유아의 신체 리듬과 특성을 고려하였는가?

- 하루 일과 중 활동 및 놀이 시간, 일상 양육이 적절하게 배분되었는가?
- 하루 일과에서 영유아는 실내외, 여러 흥미 영역에서 다양한 상호작용을 할 기회가 충분히 있었는가?
- 교사는 하루 일과에서 영유아 모두와 고루 긍정적인 상호작용을 하였는가?
- 교사는 영유아가 활동이나 놀이, 일상 양육에서 나타내는 개별적인 반응에 민감하게 대처하고 이를 지속적으로 관찰하여 기록하였는가?
- 영유아의 개별적 요구를 반영하여 활동 내용과 자료, 시간을 융통성 있게 조절하였는가?
- 특별한 요구나 개별적 관심이 다른 영유아를 배려하였는가?

> **더 알아보기**
>
> ### 보육과정과 보육프로그램 간의 관계
>
> 보육과정은 보육/교육기관에서 영유아가 보호받고 학습해 가는 과정, 즉 보육과 관련된 목표를 성취하기 위한 일련의 포괄적이며 전반적인 기준이며 보육프로그램은 특정 이론을 토대로 제시된 구체적인 하나의 보육과정 모델이다. 보육과정이 보다 큰 틀을 제시하는 것이고 보육프로그램은 그중에 속한 것이다. 특정 프로그램을 시행하고 있는 경우에도 교사는 항상 국가수준의 표준보육과정과 누리과정에 근거하여 보육프로그램의 적절성을 살펴보아야 한다.

교사는 일일 보육계획안에 근거하여 하루 일과 중 일어나는 상황을 융통성 있게 고려하였는지, 매일 실시한 보육활동을 평가하고 기록한다. 보육활동의 계획, 실행 및 평가에는 누리과정에 제시된 내용을 바탕으로 교사가 보육활동을 계획, 구성하고 진행하였는지, 유아의 수준과 적절한 방식으로 상호작용하였는지, 또한 융통적으로 하루 일과를 운영하면서 가정과 연계하여 유아의 전인적 발달을 위해 노력을 기울이는지 여부가 평가되어야 한다. 이와 같은 평가를 기반으로 하여 보육일지를 작성하는 것은 그날 실시된 보육활동의 내용을 정리하고 분석하여 보육활동 및 하루 일과를 평가하며, 다음날 보육활동을 계획하는 데 반영하는 구체적인 자료가 된다. 앞에서 제시한 일일 보육계획안이 어떻게 실시되었는지 평가를 포함한 보육일지의 예를 제시하면 〈표 9-5〉와 같다.

표 9-5 일일 보육일지를 통한 일일 보육계획 평가(4세 반)

일시	년 월 일 요일	날씨	흐림
주제	생활도구	소주제	다양한 생활도구
시간 및 구분	활동 내용		평가
기본생활	〈절약〉 전기 아껴 쓰기 하루 일과 속에서 유아들이 전기 절약에 대해 생각할 수 있도록 카세트, 컴퓨터 등을 사용한 후에는 반드시 전원을 끄도록 함. 또한 교실 이동 시 소등을 습관화하여 유아들이 전기 절약에 대해 인식할 수 있도록 지도함.		실외 자유선택활동이나 간식 및 점심시간 교실 이동 시 불을 켜 놓고 가는 경우가 있었는데, 이제 유아들 스스로 "불 꺼야지."라고 소등을 챙기는 모습이 나타나 격려함.
7:30~9:00 등원 및 통합 보육	반갑게 맞이하며 유아의 건강·심리상태를 파악하기 - 통합보육실에서 놀이하기 - 옷, 가방 및 소지품을 스스로 정리할 수 있도록 함.		자신의 소지품을 다시 한 번 확인하고, 분실되지 않도록 주의함.
9:00~10:30 오전 자유선택 활동	언어 영역: 놀이계획하기 - 영역표시 그림을 보고, 하고 싶은 영역에 색칠하여 오늘의 놀이를 계획하여 봄.		원하는 놀이의 종류와 순서에 대해 생각하지 않고 습관적으로 놀이 영역에 색칠을 하던 모습이 줄어들었으며, 지속적인 교사와의 일대일 상호작용을 통한 격려와 지도가 필요하겠음.
	오전간식: 바르게 앉아 간식을 먹고 그릇 정리함(9:20~9:40).		
	역할놀이 영역: 부엌놀이를 해요 - 영역 내에 있던 놀잇감 외에 실제 부엌에서 사용하는 다양한 도구를 제공하여 충분히 탐색해 볼 수 있도록 하였으며, 도구를 사용하여 요리하는 놀이를 해 봄.		영역 내에 있던 놀잇감 외에 새롭게 제시된 실물자료에 큰 관심과 흥미를 보였음. 첫날이라 자료의 용도보다는 도구 자체를 탐색하느라 다소 소란스러웠으나, 충분한 탐색 시간이 지나자 점차 자신이 봤던 경험을 이야기하며 도구의 용도에 알맞게 사용하며 자연스럽게 요리하여 밥 차리기 놀이로 진행됨.

출처: 보건복지부(2014b). 4세 누리과정에 기초한 어린이집 프로그램.

9:00~10:30 오전 자유선택활동	미술 영역: 비밀 그림을 만들어요 - 양초로 흰 도화지에 그림을 자유롭게 그려보고, 붓과 물감을 사용해 도화지에 색칠해 봄.	양초그림 위에 물감을 칠하며 나타나는 그림의 형태에 매우 흥미로워 하였음. 물감의 농도가 짙어 양초그림이 잘 나타나지 않는 경우가 있었으며, 매번 물감 농도 조절을 하는 데에 교사의 도움이 많이 필요하여 내일은 농도를 맞추어 물감을 통에 여분으로 준비해 두어야 하겠음.
	언어 영역: 도구의 이름을 찾아요 - 2~3명의 유아가 모여 순서를 정하고, 한 유아가 도구 그림 카드를 보며 수수께끼를 냄. 다른 유아들은 수수께끼에 맞는 도구 이름 카드를 찾으며, 카드를 찾은 유아가 다음 수수께끼를 내어 봄.	도구의 특징을 말로 설명하는 데 어려움을 느끼는 유아가 있어 언어적 단서 외에 도구를 사용할 때 나는 소리나 사용하는 모습의 움직임 등을 이용하여 수수께끼를 내어 보도록 제안하고 격려함.
	수·과학·조작 영역: 〈조작〉 어떤 도구로 잴까요? - 교실 안에서 책상의 길이를 잴 수 있는 물건을 유아 스스로 찾아 모아 본 후, 유아들이 고른 다양한 도구를 이용하여 책상의 길이를 재어보고 친구의 것과 비교해 봄.	다양한 도구를 이용하여 책상의 길이를 재어 보는 데 관심이 높았으나, 측정 시작 지점의 선정 및 측정 과정이 명확치 않아 동일한 도구를 이용해도 유아 간 측정에 약간의 차이가 나타남. 자로 재 볼 것을 제안한 유아가 있어 내일은 오늘 기록해 둔 활동지에 이어서 자로 측정한 길이도 함께 기록해 보기로 하였음.
	음률 영역: 신기한 자석 - 〈여우야 여우야〉 노래에 맞추어 자석에 물건을 붙여보는 실험을 함께 하며 붙는 물건과 붙지 않는 물건을 발견해 봄.	자석에 붙이기 전 붙을지 안 붙을지 예측해 보는 과정에 매우 흥미로워하였음.
10:30~10:50 정리정돈 및 화장실 가기	쌓기·역할·미술 영역 등 정리 시간이 오래 걸리는 영역부터 정리를 시작하고 전체 정리하기 - 정리가 끝난 유아부터 화장실에 다녀온 후 모여 앉기	
10:50~11:20 대·소집단 활동	대·소집단활동: 〈신체〉 꽁꽁 감아라, 술술 풀어라. - 2명의 유아가 마주 서서 양쪽 끝에 있는 고리를 허리에 검. 한 명은 그대로 힘을 주며 서 있고, 다른 한 명은 줄을 잡고 몸에 감으면서 돔. 다 감기면 반대 방향으로 돌아서 줄을 풀고, 역할을 바꾸어 다시 해 봄.	친구와 함께 몸에 줄을 감아보는 활동에 매우 큰 관심을 나타내었으나, 다소 흥분하여 줄을 감고 푸는 속도를 빨리 함에 따라 다소 위험한 모습도 나타남. 유아 간 간격 조절 및 줄을 감고 푸는 속도에 대한 안전에의 주의가 요구되었음.

11:20~12:20 실외활동/ 손씻기	실외활동: 받아라 바톤 - 바톤을 머리 위, 다리 사이, 옆으로 마지막에 서 있는 사람에게까지 전달해 봄. - 오후 활동이 실외로 계획되어 실내 유희실에서 활동함.	바톤을 빠른 속도로 전달하는 것에 치중하여 지나친 경쟁이 발생함에 따라 게임 중간 평가가 함께 이루어짐. 전달 과정에서 떨어질 경우 다시 처음 유아부터 전달하자는 의견에 따라 다시 진행이 되었으며 보다 신중하고 천천히 전달하는 모습이 나타남.
12:20~13:20 점심식사/ 이닦기	점심 및 이 닦기 - 좋아하는 음식과 싫어하는 음식 함께 먹어 보기	참나물을 먹기 힘들어하는 유아가 있었으며, 부드러운 잎 부분으로 골라 향을 맡아보고, 맛보기 정도로 소량만 먹어 보는 경험이 이루어지도록 지도함
13:20~14:00 조용한 활동, 정리정돈 및 낮잠 준비	조용한 놀이하며 낮잠 준비하기 - 양치가 끝난 유아들은 입었던 옷을 벗어서 정리하고, 교실에 있는 책 보기 - 책을 본 유아부터 정리 후 천천히 화장실 다녀오기 - 자신의 이불과 베개를 찾아 이불 덮고 눕기	
14:00~15:30	동화 듣고 낮잠 및 휴식하기	오전 동적인 활동량이 많아 전반적으로 일찍 잠들었으나, 기침하는 유아가 2명 있어 중간에 미지근한 물을 먹고 다시 잠들었음.
15:30~16:00 낮잠 깨기 및 정리정돈	- 먼저 일어난 유아들은 화장실을 다녀온 후 다른 유아가 일어날 때까지 책보기 등의 정적인 놀이하기 - 낮잠 침구 장에 정리하기	
16:00~16:30 오후간식	오후간식: 약식, 과일 - 놀잇감 정리 후, 손을 씻고 감식을 들고 자리로 이동함. 바르게 앉아 간식을 먹고 다 먹은 뒤, 그릇을 정리함.	약식을 먹기 힘들어하는 유아가 많아 배식할 때 양을 조금씩 줄여주고 원하는 유아에 한하여 더 받아서 먹을 수 있도록 함.
16:30~17:40 오후 자유선택활동	실외: 모래와 실이 만나면? - 모래 속에 실을 묻어 실 끝을 잡고 당겨 모래 위에 나타나는 모양을 살펴 봄. 실의 가닥 수, 잡아당기는 속도, 방향 등을 달리하여 다양한 모양을 만들어 봄. - 화장실 다녀오기 및 손 씻기	실을 한 줄로 할 때는 모래에 덮여 형태가 잘 나타나지 않아 여러 줄을 합친 후 모래 속에서 당겨 봄. 젖어 있는 모래 쪽에서는 형태가 더 잘 나타나 높은 흥미를 보였으며, 내일은 유아들이 모래 위에 만든 그림을 카메라로 담아 공유할 예정임.

17:40~18:00
귀가 준비
	귀가 준비: 세안 및 옷 단정히 입기
	– 자신의 몸을 스스로 단장할 수 있도록 격려
	  후 자신의 물건을 혼자 챙길 수 있도록 하면
	  서 서랍 정리도 함께 이루어질 수 있도록 함.	

18:00~19:30
귀가 및
가정과의 연계
(통합보육)
	귀가 및 가정과의 연계–통합보육
	– 통합 보육실에 가서 놀이를 하다 부모님이
	  오시면 통합보육 선생님께 인사를 하고 하
	  원함.	

총평가	역할 영역에서 실제 다양한 부엌도구를 이용한 요리에 높은 관심을 보임에 따라 내일은 밀가루 반죽을 함께 제공해 주어야 하겠음. 바톤을 이용한 게임에 지나치게 경쟁적인 모습을 보이는 유아들이 자신의 팀이 질 경우 친구 탓을 하며 강하게 불만을 표현하는 모습이 나타나 상대방의 기분을 배려하고 친구와 힘을 합쳐서 즐겁게 놀이를 할 수 있는 것에 초점을 맞추어 지도와 격려가 필요했음. 도구에 대한 수수께끼에서 언어적 단서를 이용한 설명으로 문제를 내는 것이 어려운 유아의 경우 도구를 사용할 때의 모습이나 소리로 문제를 내어 보았는데, 흥미가 높아 내일도 이어서 두 가지 방법으로 수수께끼 맞히기 놀이가 진행될 예정임. 기침하는 유아들이 있어 규칙적인 교실 환기와 습도조절이 필요함.	

보건복지부(2014). 4세 누리과정에 기초한 어린이집 프로그램.

참 고 문 헌 ──●

보건복지부(2013). 어린이집 표준보육과정에 기초한 영아보육프로그램 1세.
보건복지부(2014a). 3세 누리과정에 기초한 어린이집 프로그램.
보건복지부(2014b). 4세 누리과정에 기초한 어린이집 프로그램.
보건복지부(2014c). 2014 어린이집 평가인증 안내-40인 이상 어린이집(부록).
임승렬, 김연미, 이은정(2014). 영유아 교사를 위한 보육교사론. 경기: 파워북.

보건복지부(2015). http://mw.go.kr.

10
교수방법 운영관리

보육교사는 영유아에 대한 일상 양육과 보육활동을 수행하는 중요한 인적자원이다. 보육교사가 개별 영유아의 특성과 흥미를 얼마나 잘 파악하고 있는지, 그리고 교사가 영유아의 특성에 적합한 경험을 바람직한 상호작용을 통해 지속적으로 제공하는지 여부는 보육의 질을 높일 뿐만 아니라 영유아의 삶의 질에도 영향을 미친다. 보육교사가 적절하고 민감하게 반응을 해 주는 경우 보육실의 분위기는 전반적으로 안정감을 느낄 수 있게 되고, 개별 영유아의 자존감이 높아지며 긍정적인 상호작용이 활발하게 일어날 것이다. 이 장에서는 어린이집의 교수방법 운영관리를 영유아와 교사의 상호작용 방법을 중심으로 살펴본다.

1. 교사와 영유아의 상호작용의 중요성

1) 교사와 영유아의 상호작용의 의미

교사와 영유아의 상호작용은 교육의 효과에 영향을 미치는 교수학습과정에서 일어나는 교사와 영유아 간의 의사소통으로 정의할 수 있다. 보육교사는 교수학습과정을 통해 다양한 질과 형태로 영유아와 상호작용을 주고받으며, 보육의 질을 결정짓는 매우 중요한 인적 환경이다. 보육교사는 영유아의 학습 안내자 및 촉진자로서 교사와 영유아 간 상호작용을 통하여 영유아의 전반적인 발달에 커다란 영향을 준다. 특히 교사의 적절한 언어자극이나 질문을 통한 정교화는 전반적인 영유아의 발달에 긍정적인 영향을 주는 것으로 알려져 있다. 교사는 교수목표와 관련된 교육내용을 전달하고, 유아의 학습과 발달을 돕기 위해 토론, 설명, 확장 등 다양한 언어전략을 사용해야 한다. 그리고 교사의 의도적이고 목표지향적인 언어사용은 영유아의 사고력 발달에 긍정적인 영향을 준다. 어린이집에서 교사가 무엇을 가지고 어떻게 가르치는가는 교사와 영유아 간의 상호작용에 의해 이루어지므로 교사와 영유아 간의 상호작용은 교수학습과정의 핵심적인 요소로 강조되고 있다. 더 나아가 교사와 영유아 간 상호작용은 교사와 영유아 간의 양방향적 과정으로 이해되어야 한다. 실제 보육현장에서 교사와 영유아의 상호작용 과정에서는 보육교사의 지원과 영유아 반응의 상호교류가 역동적으로 이루어진다. 그러므로 보육교사는 고정적이거나 단편적인 수업기술을 습득하려는 노력보다는 교사의 사고를 변화시켜서 순간순간 펼쳐지는 역동적인 장면마다 사회적·개별적 요구를 반영하여 교육 및 일상생활 지도를 적절하게 실천하려는 노력이 필요하다.

그리고 우리 사회의 변화로 인하여 영유아가 어린이집에서 교사와 머무르는 시간이 점차 증가함에 따라 교사와의 긍정적인 상호작용을 맺을 수 있는 방안을 찾는 것이 매우 중요해지고 있다. 이와 같은 측면에서 교사와 영유아의 상호작용은 어린이집에서 일어나는 모든 상황에서, 즉 교사가 영유아를 보호하고 교육하는 일련의 과정에서 나타내는 전반적 태도 및 행동이라고 폭넓게 이해하는 것이 필요하다. 따라서 교사와 영유아의 상호작용이란 교사와 영유아 간의 정서적·언어적·행동적 의사소통을 전반적으로 포괄하는 의미다. 긍정적인 정서적 상호작용은 교사와 영유아가 서로를 대할 때 따뜻하고 친절하게 대하는 것을 의미하고, 긍정적인 언어적 상호작용은 영유아에게 부정적 표현보다는 긍정적 표현을 사용하고, 영유아가 이해할 수 있으며 적합한 언어를 사용하는 것을 의미한다. 긍정적인 행동적 상호작용은 교사가 영유아에게 보여 주는 긍정적인 신체표현을 의미한다. 어린이집에서의 활동은 등원에서 귀가까지 대부분 교사와 영유아의 상호작용에 의하여 이루어진다. 영유아는 어린이집에 등원하여 집으로 돌아가기까지 전 과정에서 교사가 질문하는 방법, 따뜻함과 격려를 보내는 방법, 도움을 제공하는 방법, 영유아의 사고를 자극하는 방법이 어떠한가에 따라서 느끼는 의미가 달라진다.

보육의 질은 구조적인 측면과 과정적인 측면으로 구분할 수 있는데, 시설과 설비, 교재교구, 교직원의 수, 교사의 학력, 교사 대 영유아 비율은 구조적 측면의 질에 포함되고, 교사와 영유아 간 상호작용의 질과 발달적으로 적합한 활동을 제공하는 것은 과정적 질에 포함된다(Howes & Rubenstein, 1985). 과정적 질에 포함되는 영유아와 교사 간의 상호작용은 매우 일상적으로 일어나면서 영유아의 발달 및 행복감에 큰 영향을 미치기 때문에 많은 관심을 가질 필요가 있다. 따라서 교사는 보육의 질을 높이고, 영유아의 발달을 촉진하기 위해 긍정적으로 상호작용하는 것이 중요하다. 교사는 영유아에게 웃는 얼굴로 대하고, 자세를 낮추어 영유아와 눈을 맞추면서 이야기를 하며, 긍정적인 언어를 자주 사용하여 상호작용해야 한다.

2) 교사와 영유아의 상호작용 평가척도

우리나라뿐만 아니라 미국, 영국, 캐나다 등의 국가에서 적용하고 있는 유아교사의 핵심역량에는 영유아의 성장과 발달, 유아관찰과 평가, 학습환경과 교육과정, 프로그램 계획과 개발 등과 함께 영유아와의 상호작용이 포함된다. 우리나라의 현직교사와 예비유아교사가 생각하는 좋은 유아교사의 전문적 자질에도 교사의 상호작용 능력은 중요한 지표로 평가된다(이경하, 석은조, 2010). NAEYC의 '발달적으로 적합한 실제(DAP: Development Appropriate Practice)'에는 영유아와의 적절한 상호작용 지침이 소개되어 있고(Gestwicki, 2011), Portfolio and Performance Assessment에도 교사와 영유아 상호작용을 프로그램 효과를 평가하는 방법 중 하나로 포함하고 있다(Farr & Tone, 1994). 이는 교육과정 운영에서 평가에 이르기까지 모두 교사와 영유아 상호작용을 염두에 두어야 한다는 의미다.

영유아는 상호작용의 질이 높을 때 안정감과 편안함을 느끼게 되며, 활동에 자발적이고 주도적으로 참여할 수 있다. 또한 이러한 과정을 경험하면서 형성되는 영유아의 자아존중감은 바람직한 대인관계를 형성할 수 있도록 한다. 이러한 중요성에 근거하여 누리과정의 교수학습방법에도 영유아와 교사 간의 능동적 상호작용이 영유아와 영유아, 영유아와 환경 간의 상호작용과 함께 명시되어 있다(교육과학기술부, 보건복지부, 2013). 어린이집을 대상으로 실시되고 있는 평가인증 항목에서도 상호작용과 교수법 영역을 포함하고 있다(보건복지부, 2014). 평가인증 항목 중 교사의 상호작용을 평가하는 문항은 상호작용과 교수법이라는 항목으로 평가하고 있으며 상호작용을 다각적으로 평가하고 있다. 일상 양육, 교사의 상호작용, 교수법의 세부항목으로 나누어 영유아의 식사, 간식, 낮잠 및 화장실 사용 시 교사의 상호작용과 영유아를 존중하는 태도 및 영유아의 요구나 질문에 대한 반응, 다툼이나 문제 상황에서 교사의 개입, 보육활동에서 교수법의 효과적인 사용 등에 대해서 평가하고 있다. 구체적인 평가 문항 중에서 교사의 상호작용을 직접적으로 평가하고 있는 문항은 〈표 10-1〉과 같다. 각 항목은 영유아를 존중하고 평등하게 대하기, 영유아의 요구와 질문에 대해 민감하게 반응하기, 긍정적인 방법으로 행동지도하기, 또래 간 긍정적 상호작용을 격려하기, 자유놀이에 교사가 참여하기, 영유아 간의 다툼이나 문제 상황에서 적절하게 개입하기의 내용으로 구성되어 있다. 실제 어린이집 평가인증 척도에서는 각 항목에 따라 시행 정도를 우수(3점), 부분적 우수(2점), 미흡(1점)으로 나누어 평가하고 있으나 여기에서는 교사의 바람직한 상호작용의 예로 우수에 해당하는 내용을 제시하였다.

표 10-1 어린이집 평가인증 항목 중 교사의 상호작용 평가 문항

항목	설명
영유아를 존중하고 평등하게 대하기	보육교사는 영유아를 존중하고 평등하게 대한다.
영유아의 요구와 질문에 대한 민감한 반응	보육교사는 영유아의 요구와 질문을 잘 알아차리고 적절하게 반응한다.
긍정적인 방법의 행동지도	보육교사는 영유아의 행동지도에 긍정적인 방법을 사용한다.
또래 간 긍정적 상호작용의 격려	보육교사는 나누기, 협동하기, 도와주기, 사이좋게 지내기, 배려하기 등 또래 간 긍정적 상호작용을 자주 격려한다.
자유놀이에 교사 참여	보육교사는 영유아의 놀이 상대로 참여하고, 놀이를 활성화시킨다.
영유아 간의 다툼이나 문제 상황 개입	영유아 간의 다툼이나 문제 발생 시, 보육교사는 영유아가 원인을 서로 이해하고 스스로 해결하도록 지도한다.

출처: 보건복지부(2014). 2014 어린이집 평가인증 안내.

또 다른 평가척도 중 교사와 영유아 간의 상호작용이 포함된 것으로는 Abbott-Shim와 Sibley(1987)가 개발한 유아교육프로그램 평가척도인 APECP(Assessment Profile for Early Childhood Programs)이 있다. 여기에서는 〈표 10-2〉와 같이 상호작용의 구성을 교사와 영유아 간의 긍정적인 상호작용, 반응적인 교사, 긍정적인 영유아 행동지도, 즐거운 분위기 속에서의 활동경험으로 나누어 평가척도를 세분화하고 있다.

표 10-2 | APECP 평가척도 중 상호작용 평가 문항

구분	교사와 영유아 상호작용
교사와 영유아 간의 긍정적인 상호작용	• 교사는 영유아에게 미소 짓기, 안아 주기 등 긍정적인 신체표현을 자주 한다. • 교사는 영유아와의 언어적 상호작용에서 칭찬, 인정, 격려 등 긍정적인 표현을 자주 한다. • 교사는 영유아와의 언어적 상호작용이나 다양한 활동과정에서 웃음, 미소 짓기 등의 표현을 자주 한다. • 교사는 일과활동에서 제공되는 의미 있는 경험을 통해 영유아가 인간적인 정서와 경험을 나눌 수 있도록 격려한다.
반응적인 교사	• 교사는 영유아가 느낌이나 생각을 자유롭게 이야기할 수 있도록 격려한다. • 교사는 영유아와 이야기를 나눌 때 유아의 눈높이에 맞춰 자세를 낮춘다. • 교사는 영유아의 질문이나 요구에 대해 언어적, 신체적으로 항상 민감하게 반응한다. • 교사는 영유아의 다양한 정서표현에 대해 유아의 느낌을 존중하고 민감하게 반응한다. • 교사는 영유아의 등원과 귀가 시 개별적으로 많은 관심을 가진다.
긍정적인 영유아 행동지도	• 교사는 영유아의 부적절한 행동을 보다 효과적으로 지도하기 위해 체벌보다 언어적 제재의 방법을 사용한다. • 교사는 영유아의 부적절한 행동에 대해 비평하기보다는 모델링, 바람직한 행동 격려, 교정, 명백한 제한 설정 등의 긍정적인 지도방법을 사용한다. • 교사는 영유아의 부적절한 행동에 대해 긍정적인 지도방법을 일관성 있게 실행한다. • 교사는 바람직하지 못한 행동이 나타날 때 영유아의 행동을 지적하기보다는 바람직한 행동으로 영유아의 주의를 돌리도록 한다. • 교사는 비판하기, 꾸짖기, 협박하기, 고함치기 등의 부정적인 언어사용을 피한다. • 교사는 때리기, 잡아당기기 등의 부정적인 신체적 행동표현을 피한다. • 교사는 지나치게 공격적이거나 불안정한 영유아를 잠시 격리시키는 등의 방법을 사용하여 적절하게 지도한다.
즐거운 분위기 속에서의 활동 경험	• 영유아는 항상 미소 짓고 웃는 즐거운 분위기에서 자유로이 활동에 참여한다. • 교사는 나누기, 협동하기, 양보하기 등 영유아의 친사회적 행동을 격려한다. • 충분한 수의 교재교구가 준비되어 영유아들이 무리 없이 활용한다. • 다양한 질문을 할 수 있는 허용적인 분위기 속에서 하루 일과가 진행된다. • 영유아의 표정이 밝고 놀이에 즐겁게 참여하며, 자유로이 이야기를 나눈다. • 교사 권위를 최소화하여 영유아가 적극적으로 활동에 참여, 스스로 정리한다. • 자유선택활동의 여러 활동 중 영유아 스스로 동기화된 활동을 선택, 참여한다.

출처: Abbott-Shim & Sibley(1987). *Assessment Profile for early childhood programs.*

이와 같은 프로그램 평가에 포함된 교사의 상호작용 평가 문항 이외에도 〈표 10-3〉과 같이 교사가 스스로 자신의 상호작용을 평가해 볼 수 있다. 교사가 자신의 교육지식과 기술을 갖추기 위하여 노력한 후 자신감을 가지고 자율적으로 영유아와의 활동을 진행하며 스스로 만족감을 갖는 과정을 통해 보육교사로서 전문성을 갖추는 것은 결국 교사와 영유아 간에 발생하는 상호작용과 관련이 있게 된다. 따라서 자신의 상호작용 유형을 살펴보고 반성적으로 성찰하는 것은 긍정적인 상호작용을 위한 좋은 계기가 된다.

표 10-3 교사 유아 상호작용 검사

다음 문항을 읽고 자신에게 해당되는 곳에 표시해 보세요.

번호	문항	전혀 그렇지 않다	그렇지 않다	보통 이다	그렇다	매우 그렇다
1	유아에게 항상 웃는 얼굴로 대한다.					
2	유아가 생각을 자유롭게 이야기할 수 있도록 긍정적인 언어를 사용한다.					
3	유아와 이야기할 때 유아의 눈높이를 맞춰 자세를 낮춘다.					
4	유아의 질문과 요구에 귀 기울이고 언어적으로 민감하게 반응한다.					
5	유아의 부적절한 행동에 대해 비평하기보다는 모델링을 보여 준다.					
6	유아의 다양한 정서표현에 대해 느낌을 존중하고 민감하게 반응한다.					
7	유아와 이야기할 때 긍정적이고 예의 바른 태도를 유지한다.					
8	유아에게 언제나 도움을 줄 수 있고 요구와 감정에 능동적으로 반응한다.					
9	유아에게 칭찬하고 격려할 때 긍정적인 언어를 자주 사용한다.					
10	유아의 개별적인 욕구와 감정에 능동적으로 반응한다.					
11	유아에게 꾸짖거나 고함치기 등의 부정적인 언어로 대응하지 않는다.					

12	유아의 부정적인 행동에 대해 바람직한 행동으로 주의를 돌리도록 한다.					
13	유아와 편안하고 안정감 있는 목소리로 이야기 나눈다.					
14	유아에게 안아 주기 등 긍정적인 신체 표현을 자주한다.					
15	유아가 활동에 참여하도록 정서적으로 격려한다.					
16	유아에게 활동을 지시하기보다는 먼저 시범을 보인다.					
17	유아에게 따뜻하고 친절히 대한다.					
18	유아의 의견을 존중하면서 의사소통을 시작하고 유지한다.					
19	유아가 다양한 질문을 할 수 있는 분위기가 허용된 가운데 활동을 진행한다.					
20	유아에게 단순한 답을 요구하는 질문보다 개방적인 질문을 한다.					
21	유아가 활동에 몰입하지 못할 때 도와주기 위해 행동으로 참여한다.					
22	유아의 생각에 부연하거나 추가 정보를 언어로 제공해 준다.					
23	유아의 양보하거나 협동하는 행동에 대해 긍정적인 강화물을 사용한다.					
24	유아가 활동 중에 편안하고 행복하도록 한다.					
25	유아가 손 잡기, 매달리기 등 관심을 받고자 할 때 스킨십 행동으로 반응한다.					
26	유아의 느낌이나 생각을 자유롭게 표현할 수 있는 분위기를 만든다.					
27	유아로 하여금 확산적인 사고를 유발하는 질문과 대화를 한다.					
28	교실에서는 즐거운 대화와 웃음과 유아들의 목소리가 있도록 한다.					
29	유아의 부적절한 행동에 대해 체벌보다 언어적 제재의 방법을 사용한다.					
30	유아가 지켜야 할 규칙이나 예절에 대해서 모범을 보인다.					

출처: 이정숙(2003). 교사경력과 유아연령에 따른 교사-유아 상호작용.

2. 교사와 영유아 간 상호작용의 원칙

교사와 영유아 간의 상호작용은 상호관계에 기반을 두고 이루어진다. 교사와 영유아의 관계는 영유아의 입장에서 보면 교육기관에 얼마나 잘 적응하는지와 관련되어 있으며, 교사 입장에서 보면 영유아와 겪게 되는 불필요한 갈등으로 인한 훈육과 일방적인 의존에 치중하지 않고 영유아와의 상호작용을 충실하게 하는지와 관련이 있다. 따라서 교사와 영유아 간의 관계의 질이 높을수록 교사는 아동의 발달과 성취에 필요한 역할을 수행할 수 있다. 교사가 영유아에게 자신의 역할을 효율적으로 하기 위해서는 교사와 영유아 간의 관계의 질이 매우 중요한 것이다(박은혜, 2013). 만약 영유아가 교사에게 부정적인 느낌을 갖게 된다면 아무리 재미있고 유익한 내용이라고 하더라도 교사의 지도를 외면하게 된다. 그러므로 교사는 영유아와의 좋은 관계 유지에 일차적인 관심을 두어야 하는데, 이와 같은 관계성을 유지하기 위해서는 의사소통기술이 중요하다. 교사가 따뜻하고 반응적일 때, 언어적 칭찬과 함께 적절하게 아동의 자신감을 북돋아 줄 때 영유아의 집중도와 태도는 최대화된다. 교사와 영유아 간 관계의 질이 높을 때 교사는 영유아의 요구에 민감하고, 영유아는 교사가 제시하는 내용에 대해 거부감 없이 능동적으로 참여할 수 있다. 교사는 영유아가 어떠한 문제를 쉽게 해결할 수 있도록 재구성해 주고, 영유아에게 스스로 문제를 해결할 기회를 준다. 뿐만 아니라, 영유아는 교사에게 도움을 청하며 교사는 영유아의 수준에 맞게 문제를 해결할 수 있는 기회를 주는 상호관계가 형성된다. 이와 같은 상호관계가 형성되면 영유아는 교사로부터 필요한 도움을 받을 준비가 되며, 도움을 받아 문제를 잘 해결할 수 있게 되는 것이다.

1) 적절한 목소리로 대화하기

교사와 영유아의 상호작용에서 말로 전해지는 내용 이외에도 목소리 자체도 중요한 메시지를 전달하는 매개체가 된다. 교사 목소리의 높낮이, 속도 등을 통해서 목소리에서 느껴지는 느낌이 영유아에게 전달된다. 교사는 목소리를 통해 영유아에게 교사의 마음과 특정 상황을 전달할 수 있다. 조용히 책을 읽는 활동에서 나지막하게 글을 읽어 주는 교사의 목소리와 바깥 활동에서 신나게 함께 게임을 하는 상황에서는 높고 큰 목소리를 통해서 상황의 분위기가 전해지는 것이다. 따라서 교사는 상황에 따라서 자신의 목소리를 조절하여 말하는 연습을 하는 것이 필요하다. 예를 들어, 아직 어린이집에 적응하기 힘들어 하는 수줍음이 많은 영유아에게는 낮고 부드러운 목소리로 다정하게 말을 건네며, 친구와 싸우거나 규칙을 어긴 아이들에게는 천천히 낮은 목소리로 단호하게 말하는 것이 필요하다.

그리고 교사가 영유아와 상호작용하는 데 있어서 정확한 발음으로 대화하는 것은 매우 중요하다. 영유아들은 교사의 말을 듣고 언어발달이 진행되는 과정에서 교사의 어투와 단어를 금세 배우게 된다. 따라서 아직 말을 정확하게 하지 못하는 영유아와 대화를 하더라도 교사는 정확한 발음과 표준어를 사용하여 이야기를 하는 것이 영유아의 언어발달에 긍정적인 영향을 미친다. 때때로 교사들이

유아의 말투를 따라 하여 단어를 정확하게 말하지 않거나, 유행어를 사용하거나, 말끝을 얼버무리는 좋지 않은 습관을 보이는 경우도 있다. 교사는 영유아들에게 언어습득의 모델이 되므로 정확하고 또렷한 발음으로 문장을 완전하게 말하는 것을 보여 줄 필요가 있다(이순형, 권기남, 김진욱, 민미희, 김정민, 김은영, 이성옥, 정현심, 심도현, 안혜령, 2013a).

2) 적절한 신체적 반응 보이기

교사와 영유아가 개방적이고 온전한 상호작용을 하기 위해 교사의 언어적 표현뿐만 아니라 신체적 반응을 적절하게 보이는 것이 좋다. 교사와 영유아는 안아주기, 쓰다듬기, 토닥이기와 같은 긍정적인 신체접촉뿐만 아니라 신체동작을 통해서 정서적 상호교류를 할 수 있게 된다. 교사와 영유아 간의 상호작용의 목적은 정서적 교감을 기반으로 한다는 점에서 적절한 신체반응을 보이는 것은 매우 중

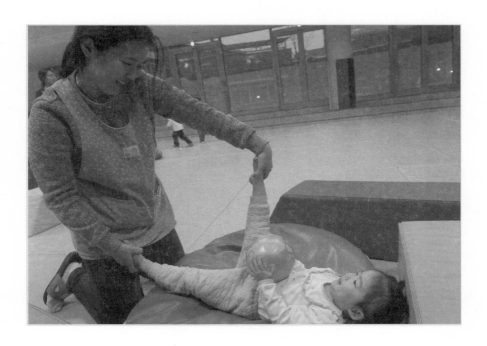

요하다. 특히 어린 영유아들은 언어 사용이 미숙하여 언어만으로 의사소통하기
에는 부족한 경우가 있다. 이때 교사가 적절한 행동과 얼굴표정으로 반응을 보이
고 영유아의 상호작용을 촉진해 준다면 상호 정서적 유대관계뿐만 아니라 영유
아의 상호작용을 풍부하게 할 수 있다.

이때 교사가 과도한 손동작이나 과장된 신체동작을 사용하여 도리어 영유아의
관심을 분산시켜 정확한 의사소통이 어려운 경우가 있으므로 적절한 의사소통을
위한 수단으로 신체를 사용하는 것이 필요하다. 그리고 목소리로 전달되는 내용
과 교사의 얼굴표정과 같은 신체적 반응이 서로 불일치하는 경우 영유아는 의사
소통에서 혼란을 느끼게 되므로 교사는 자신의 말과 행동이 일치하는지 여부를
반드시 살펴보아야 한다.

3) 영유아의 신호에 민감하게 반응하기

우리 사회의 변화로 인하여 영유아들이 어린이집에 머무는 시간이 길어짐에
따라서 유아들은 정서적으로 힘들어하는 부분이 더 발생할 수 있다. 교사는 언어
로 모든 것을 표현하지 못하는 영유아들의 요구와 상태표현을 민감하게 알아차
려야 한다. 이를 위해서는 우선 지속적으로 영유아들에게 관심을 가지고 관찰하
는 것이 필요하다. 영유아기는 자신의 정서나 감정을 정확하게 표현하는 데 어려
움을 가지고 있는 시기다. 따라서 교사들은 영유아의 마음을 충분히 이해하고 이
에 대해 적절하게 대처하는 데 한계를 가지고 있을 수 있다. 영유아가 보내는 신
호는 개별 영유아의 특성을 담고 있으므로 해당 영유아와 아무 관련이 없는 사람
들이 알아차리기는 어렵다. 그러므로 평소에 관심을 가지고 그들이 하는 모든 행
동, 그들이 짓는 모든 표정들을 관찰하고 이해하도록 노력해야 한다.

영유아들의 마음을 이해하는 것은 쉬운 일이 아니다. 해당 영유아를 완전하게
이해하기 위해서는 학부모와 묻고 대화하는 과정이 반드시 필요하다. 아이가 성
장과정에서 겪었던 경험, 아이가 평소에 보이는 표정의 의미, 행동 습성을 부모에

게 묻고 어린이집에서의 생활 모습을 전달하는 것이다. 그 과정에서 학부모들은 내 자녀를 이해하려는 교사의 노력에 대해서 감사하게 생각할 것이다. 그리고 동료교사들과 이야기하면서 이전에 그 아이를 담당했던 교사나 다른 동료교사 또는 선배교사들에게 물어보는 적극적인 태도는 문제해결에 큰 도움이 된다. 처음에 교사가 해당 영유아를 이해하지 못하는 것은 어쩌면 당연할지도 모른다. 중요한 것은 함께 상호작용하면서 서로의 관계를 돈독하게 만들어 가고 의사소통을 원활하게 해 나가도록 노력하는 과정이다.

4) 일관성 있는 반응 보이기

영유아들에게 반응하는 것이 항상 긍정적 신호나 영유아들의 적절한 상호작용에 대해서만 이루어지는 것은 아니다. 영유아들의 부정적 행동에 대해서도 반응을 해야 할 때가 있다. 특히 부정적 행동이나 신호, 언어에 대한 반응은 일관적이어야 한다. 일관성은 한 영유아에 대한 반응과 모든 영유아들에 대한 반응에서 동일하게 유지되어야 하는 요소다. 일관적이지 않은 반응은 영유아들에게 교사의 권위를 잃게 하고 때로는 상호 신뢰하는 관계를 형성하지 못하게 하는 요인이 된다.

교사가 영유아에게 일관성 있는 반응을 보이는 것은 진실성 있는 태도와 개방적인 마음가짐에서 비롯된다. 진설성은 교사가 영유아를 대할 때 언어적 표현과 비언어적 표현이 일치되는 것을 의미한다. 또 교사가 영유아와 대화를 나누는 과정에서 교사 개인의 생각과 느낌, 경험을 영유아에게 솔직하고 적절하게 표현하는 개방성은 교사와 영유아가 신뢰감을 쌓는 데 중요하다. 때로 교사들은 자신의 교육철학은 구성주의를 추구하고 있지만 실제 교수행동은 유아의 사고를 유발하거나 확산적으로 지식을 구성할 수 있도록 상호작용하지 못하기도 한다. 예를 들어, 유아들의 질문에 단순히 반응해 주거나 단답형의 질문이나 형식적인 대답에 그치고 마는 것이다. 이러한 모습은 유아들이 만든 작품에 대해서 그저 "이것은 뭐야?"라고 묻고 "멋지다" "최고야!" "잘했어"라고 형식적으로 반응하고 마는

것이다. 유아들에게 어떻게 하면 확산적인 사고를 촉진하게 하는 상호작용을 할
수 있을지 고민하기 위해서 교사는 유아에게 진실성과 개방성을 가지고 상호작
용을 하여 일관된 모습을 보일 수 있도록 해야 한다.

3. 긍정적인 상호작용

교사와 영유아가 긍정적 관계를 형성하기 위해서는 교사와 영유아 사이에 공
감대를 형성하고 조화로운 상호작용을 맺을 수 있는 노력이 필요하다. 교사와 영
유아 간 관계가 상호 신뢰를 바탕으로 할 때 영유아는 보다 편안하게 자신의 이야
기를 할 수 있게 된다. 이러한 편안한 관계를 이루기 위한 라포 형성 방법으로는
교사가 기본적으로 영유아를 긍정적으로 수용하고, 공감적으로 이해하며 진실성
을 가지고 대하며 교사 자신의 경험과 생각도 영유아에게 개방적으로 보여 주는
것이 필요하다. 이를 위하여 교사가 영유아를 긍정적으로 수용하고, 공감적으로
이해하며, 진실성을 갖추기 위한 구체적인 방법은 다음과 같다.

1) 긍정적 수용

교사가 영유아를 따뜻한 마음으로 대하고 영유아의 필요와 욕구를 충족시키
며, 영유아를 존중하는 것, 영유아의 인격은 존중하고 영유아의 행동에 대해서 문
제제기 하는 것, 비언어적인 얼굴표정, 제스처, 말하는 자세, 목소리, 몸짓을 통해
효과적으로 전달된다. 긍정적 수용을 위해서는 교사의 비언어적인 면도 영유아
에게 전달된다는 것을 고려하여야 한다(이순형, 김유미, 김은영, 김진경, 김태연, 서
주현, 안혜령, 2013b).

즉각적이고 긍정적인 반응의 예는 다음과 같다. 영유아에게 상호작용할 때, 영
유아와 눈을 맞추며 웃으면서 바라본다. 그리고 아이가 원하는 것이 무엇인지 잘

이해되지 않는다면 아이에게 다시 묻고 아이의 말과 행동에 주의를 기울여 살핀다. 만약 아이의 요구를 즉각적으로 들어줄 수 없는 상황이라면 구체적으로 교사의 상황을 설명하고 아이의 양해를 구해야 한다. 예를 들어, "선생님이 지금 ○○이가 종이접기 하는 것을 도와주고 있어. 선생님이 종이접기 도와주고 바로 갈게."라고 이야기할 수 있다. 이처럼 구체적으로 지금 바로 아이의 의사를 수용할 수 없다는 점을 이야기하는 것이 좋다. 이때 주의해야 할 점은 종이접기를 마치고 바로 교사의 약속을 지켜야 한다는 점이다. 아이에게 "기다려." 하고 자신의 말을 잊어버린다면 일관성 없는 모습으로 비춰지며 긍정적 상호관계를 맺기 어려워진다.

교사가 영유아를 긍정적으로 수용하기 위해서는 교사 자신을 먼저 돌아보는 것이 필요하다. 자신이 가지고 있는 기본적인 태도와 습관 등을 돌아보고 반성하며, 보다 긍정적으로 다가가기 위한 노력을 통해 교사와 영유아 간 관계의 질이 좋아질 것이다. 이를 위한 구체적인 방법은 다음과 같다.

- 첫째, 교사가 먼저 자기 자신을 수용하고 존중하는 것을 배워야 한다. 교사 자신의 잠재력과 한계, 장점과 단점, 밝은 면과 어두운 면, 능력과 무능력이 무엇인지를 객관적으로 이해하고, 자신을 있는 그대로 수용하며, 또한 자신을 있는 그대로 개방하는 훈련을 쌓아야 한다.
- 둘째, 교사 자신의 가치관이 주관적이라는 사실, 그리고 시간, 장소, 대상에 따라 자신의 가치관이 달라질 수 있음을 인정하고 영유아에게 자신의 기준을 강요하지 않아야 한다.
- 셋째, 영유아에 대한 존중과 친절을 부드러운 얼굴표정, 몸짓, 다정하고 따뜻한 목소리를 통해 표현해야 한다.
- 넷째, 개별 영유아의 있는 그대로의 상태, 영유아의 생활과 삶, 서로 다른 차이점에 대해 깊이 존중해야 한다.
- 다섯째, 교사가 영유아를 수용할 때 자신의 한계점을 인정하며 모든 것을 받아들을 수 없다는 사실을 수용해야 한다. 만약 영유아가 가진 면을 수용할

수 없을 경우에는 그 점을 솔직하게 표현해야 한다.

- 여섯째, 영유아와 대화할 때, 습관적으로 '그러나' '그런데'라는 단어로 대화를 시작하지 않도록 유의해야 한다. 왜냐하면 그러한 표현에는 상대방에 대한 반대와 거부가 숨어 있고 수용과 존중은 거의 전해지지 않기 때문이다.

2) 공감적 이해

공감이란 상대방의 경험이나 감정, 사고, 신념 등을 상대방의 관점에서 듣고 이해하는 것을 의미한다. 특히 상대방이 경험한 감정과 기분에 초점을 두어 듣고 있으며, 상대방의 감정과 기분을 이해한다는 사실을 상대방에게 말로 표현하여 전달하는 것이 좋다. 상대방의 이야기를 듣고 상대의 말이나 행동에서 나타나는 심리상태를 상대방의 입장에서 이해하고 수용하는 것은 쉽지 않지만 공감적 이해를 바탕으로 신뢰관계를 형성하면 보다 깊이 있는 대화가 가능하게 된다. 교사는 영유아의 입장에서 영유아의 문제를 공감하고 이해하여 영유아가 자신이 교사에게 이해받고 있다는 느낌을 갖도록 하는 것이 필요하다. 공감은 상대방이 느끼는 감정을 그대로 받아들이는 것이 아니다. 상대방의 심리상태를 상대방의 입장이 되어 이해하지만 객관적 자세를 유지하여 상대방이 스스로 자신이 처한 어려움에 대해서 통찰하고 문제를 직면하게 도와줄 수 있는 자세를 갖추어야 한다. 효과적인 공감적 이해를 위해서 교사는 영유아의 감정에 민감하게 반응하여야 하며, 짧지만 구체적이고 정확하게 의사를 전달하는 것이 필요하다.

교사가 유아에게 공감을 보여 주는 것은 다음과 같은 인정하기와 용서하기를 통해 이루어질 수 있다.

(1) 인정하기

영유아들은 자신이 그린 그림, 자신이 한 행동, 자신의 모습에 대해서 교사나 또래 친구들에게 인정받고 싶어 하는 욕구가 있다. 보육실에서 영유아들이 교사에게 보내는 많은 언어적 · 비언어적 신호는 자신을 인정받고 싶어 하는 것이다. 교사는 이러한 영유아의 반응에 "네가 해냈구나." "이렇게 높이 쌓은 적은 처음 인데, 정말 잘했다."와 같이 영유아의 행동을 구체적으로 인정하고 긍정적으로 강화할 수 있어야 한다.

(2) 용서하기

보육실에서 일어나는 갈등 상황에서도 야단쳐야 하는 상황만 있는 것은 아니다. 다른 친구가 쌓은 블록을 실수로 무너뜨린 경우에 무조건 "왜 그랬어? 친구가 쌓은 것을 무너뜨리면 어떻게 하니?"라고 비난하는 것은 적절하지 않을 수 있다. 이러한 방법보다는 "○○이도 놀랐겠구나, 근데 친구도 쌓은 블록이 무너져서 속 상하겠지? 같이 다시 쌓아 줄까?"라고 서로의 마음을 이해하고 공감할 수 있는 기회를 주는 것이 더 효과적일 때가 있다.

더 알아보기

어린이집에서 하루의 일과시간은 정해져 있으므로 정해진 활동 시간 내에 모든 유아와 상호작용을 해야 하므로 교사 입장에서는 개별 유아와의 상호작용이 실제로 충분하게 이루어지기에는 시간이 부족하다고 느낄 때도 있다. 그리고 여러 명의 유아들이 동시 다발적으로 상호작용을 원하는 순간이 있다. 이때 어떤 유아와 의사소통해야 최선인지 선택하는 것은 어려운 일이다. 한 유아 하고 상호작용하고 있는데 동시에 다른 유아가 상호작용을 시도할 때에 이전 유아와 충분하게 상호작용을 해 줘야 하는지, 새로 상호작용을 원하는 유아와 상호작용을 해야 하는지 판단해야 하기 때문이다. 이와 같이 여러 명의 아이들이 동시에 교사에게 상호작용을 요구한다면 어떻게 대처하는 것이 좋을까?

이때에는 한 명의 교사가 모든 아이들과 동시에 상호작용을 할 수는 없으므로 순간적으로 우선순위를 결정하는 것이 필요하다. 누구에게 어떤 반응을 먼저 보일 것인지를 결정하기 위해서는 다음과 같은 점을 고려할 수 있다. 그리고 반응은 보육실마다 상황이 다르고, 담당하는 영유아의 연령에 따라 다르므로 참고는 하되 자신의 보육실에 맞게 조정하여 적용하는 것이 바람직하다(민성혜, 신혜원, 김의향, 2013).
① 보육실의 안전을 위협하거나 안전 문제와 관련된 것에 먼저 반응을 보인다.
② 영유아가 문제를 해결할 수 있는 방법을 모르거나, 교사의 중요한 도움이 필요한 경우, 생리적인 문제해결과 같이 교사의 적극적인 개입이 필요한 것부터 반응을 보인다.
③ 스스로 문제를 해결하기에 자존감이 부족하거나, 기본 능력의 발달이 더딘 영유아에게 먼저 반응을 보인다.

☆ 보육실에는 교사 이외에 도움을 줄 수 있는 사람이 또 있다.
만약 교사의 도움이 필요한 경우가 동시에 발생한다면 보육실 안의 친구에게 다른 친구를 도와줄 수 있는 기회를 제공해 주자. 친구를 도와주는 도우미는 성취감과 만족감을 경험할 수 있게 된다. 친구의 도움을 받은 친구 역시 친구 관계에 대해 긍정적인 감정을 갖게 되고, 자신이 받은 경험을 토대로 타인을 돕는 것을 스스로 즐길 수 있는 효과가 있다.

4. 피해야 할 상호작용

1) 지나치게 영유아의 의견을 수용하거나 과도하게 교사의 권위 내세우기

보육실에서 갖는 교사의 권위는 영유아들이 지켜야 할 생활습관 및 규칙과 많은 관련이 있다. 그렇기 때문에 교사가 영유아를 자신과 동등한 인격체로 존중한다고 하여 무조건 영유아들의 의견을 수용하고 교사가 통제해야 할 행동까지도 수용하는 것은 바람직하지 않다. 이는 보육실 내 안전사고와도 직결되는 문제이므로 적절하게 행동을 통제하는 것이 필요하다. 이와 비교하여 영유아와 상호작용하면서 '~해' 또는 '~하지 마'라고 교사가 단편적으로 지시하는 것은 부정적 행동이 발생하지 않도록 하는 권위 있는 교사의 모습으로 보일 수 있다. 그러나 장기적으로 보았을 때 교사와 영유아 간의 정서적 유대관계에 부정적 영향을 주고, 영유아가 자조능력을 습득하는 데에도 도움이 되지 않는다. 따라서 교사는 영유아와의 관계에서 영유아의 발달에 도움이 될 수 있도록 적절한 수준의 권위를 가지고 영유아를 존중하는 모습과 조화를 이루도록 노력해야 한다.

■ 긍정적인 방법으로 행동을 지도할 때 고려해야 할 점
- 보육교사는 영유아의 행동을 칭찬, 격려, 이유 설명하기, 대안 제시하기와 같은 긍정적 방법으로 지도한다.
- 보육교사는 영유아와 함께 규칙이 필요한 이유에 대해서 이야기를 나누고 함께 지킬 규칙을 정하며 영유아의 자율적인 행동을 격려한다.
- 보육교사는 다른 사람이 어떻게 느낄지에 대해 생각해 볼 기회를 자주 갖도록 한다.
- 보육교사는 매일의 일상적인 상호작용에서 영유아에게 바람직한 행동을 보

여 주어야 한다.

- 유아가 가지고 있는 문제행동이 가족 상황과 관련이 있는 경우 부모와 협력하여 문제행동의 원인을 파악하고 적절한 방법으로 지도한다.

2) 일관성 없는 말 · 행동하기

교사들은 유아들과 상호작용하는 순간에 그 상황에서 어떤 상호작용이 각 유아들에게 더 좋을지 갈등하게 되고, 효율적인 상호작용을 실천하기 위하여 여러 가지 상황에 대하여 순간적으로 판단을 하게 된다. 이때 교사가 냉담한 얼굴로 반응하거나 영유아의 의사를 무시하는 반응을 하면 상호관계에 부정적인 영향을 준다. 영유아를 일관성 있게 대하는 것은 매번 반복되는 사건에 대해서 동일한 태도와 관점을 유지하는 것과 말과 행동이 일치하는 것을 의미한다. 일반적으로 교사는 일관성 있게 행동하기 위하여 모든 영유아에 대해 동등하게 대하려고 노력하고, 일관된 태도로 행동을 지도하려고 할 것이다. 그런데 실제적인 문제는 교사의 언행이 일치하지 않은 경우에서도 발생한다. 교사가 유아에게 말로는 긍정적으로 표현했다고 하더라도 냉담한 얼굴로 대했다면 무시하는 반응과 동일하게 영유아들에게 충분히 부정적인 느낌을 갖게 한다. 특히 교사가 확연하게 부정적인 표현을 하지 않았고 말과 표정이 일치하지 않기 때문에 영유아들은 그런 경우 교사의 눈치를 살피게 되고 불안감을 느끼게 된다.

3) 정해진 답만 요구하기

교사가 영유아에게 하는 발문의 형태는 다음과 같이 수렴적 질문과 확산적 질문으로 나누어 볼 수 있다. 수렴적 질문은 단답식의 '예' '아니오' 등의 간단한 긍정 또는 부정의 답을 요구하는 질문이다. 확산적 질문은 폭넓은 사고와 다양한 지식을 촉발하여 특정한 정답을 요구하기보다는 응답의 범위가 넓게 확장되는 형태의 질문이다.

아래는 영유아와 산책길에서 메뚜기를 발견하고 관찰을 하는 상황에서 발생할 수 있는 수렴적 질문과 확산적 질문의 사례다. 수렴적 질문의 사례에서 교사는 곤충의 이름을 묻고 메뚜기가 무엇을 먹는지 궁금해하는 유아의 질문에는 적절한 대답을 하지 않은 채로 곤충의 수를 세어 보기를 요구하고 있다. 이 경우 교사는 영유아에게 곤충의 이름을 알려 주고, 수를 세어 보게 하는 교육적 효과에만 주목적을 두고 있었을 것이다. 이와 비교하여 확산적 질문의 사례에서는 유아가 우연히 질문한 내용에 대해서 교사가 바로 답을 말해 주지 않고 어떤 방법으로 메뚜기 먹이를 알아볼 수 있을지를 물어 유아의 사고를 확장시키고 있다. 유아들은 책에서 찾아보기 방법과 직접 풀을 먹여 보는 실험적인 방법을 고안해 내었다. 이 경우 산책길에서 발견한 메뚜기에 대해서 보다 적극적인 자세로 탐구해 새로운 점을 발견할 수 있는 좋은 기회가 될 것이다.

수렴적 질문의 사례

교사: 얘들아, 이 곤충들 보자. 이 곤충은 이름이 무엇일까?

유아 1: 메뚜기요. 근데 메뚜기는 뭘 먹어요?

교사: 글쎄, 이 곤충은 몇 마리니?

유아 2: 두 마리요.

확산적 질문의 사례

교사 : 얘들아, 이 곤충들 보자, 이 곤충은 이름이 무엇일까?

유아 1: 메뚜기요. 메뚜기는 근데 뭘 먹어요?

교사: 글쎄, 무엇을 먹을까? 메뚜기는 무엇을 먹는지 어떻게 알아볼 수 있을까?

유아 2: 우리 교실에 있는 곤충책에서 찾아봐요.

유아 1: 선생님, 우리 메뚜기한테 이 풀잎을 한번 줘 봐요.

이와 같이 정답이 있는 질문만을 하는 교사는 긍정적 상호작용을 이끌어 내기가 어렵다. 따라서 교사는 단편적인 답이나 정답이 있는 수렴적 질문보다는 정답을 알아내기 위한 방법을 생각해야 하는 개방적이고 확산적인 질문을 할 필요가 있다. 하지만 보육실에서 교사가 계획하지 않은 질문을 하였을 때나 유아가 예상하지 못한 질문을 할 때 교사는 적절한 상호작용을 하기 어려울 수 있다. 교사가 상호작용에 대한 일정한 고정관념을 가지고 정해진 패턴대로 상호작용하는 데 익숙해진다면 우연하고 다양한 질문에 대하여 적절하게 반응해 주지 못하게 된다. 따라서 영유아의 다양한 생각에 적절히 반응하기 위해서는 교사의 사전 계획과 연습만으로는 부족하다. 유아들의 다양한 생각을 받아들이고 이끌기 위하여 교사들 역시 개방적이며 창의적으로 다양하게 생각하면서 유아들의 다양한 생각에 맞게 상호작용할 수 있어야 한다. 매일 일상적으로 이루어지는 상호작용이지만 교사들은 좀 더 효율적이고 유아들의 잠재능력을 최대한 발현시켜 줄 상호작용이 어떤 것인지 고민해야 한다. 이를 위해서는 교사가 개인적인 경험을 통한 성찰과 자기반성, 그리고 교사연수나 세미나를 통해 다양한 접근을 모색하는 것이 도움이 될 것이다.

5. 적절한 상호작용을 위한 보육실 환경 구성

보육실에서 적절한 상호작용이 이루어지기 위해서 고려해야 할 요인 중 하나로 보육실 환경을 들 수 있다. 채광이 잘되어 밝고, 환기가 잘되며 온도와 습도가 적절한 환경은 그렇지 못한 환경에 비해 기분이 좋아지며 긍정적인 반응이 빈번하게 이루어질 수 있다. 따라서 보육실이 너무 춥거나 덥지는 않은지와 같은 기본적인 상태를 확인해야 한다. 그리고 보육실로 들어오는 입구가 지나치게 좁지 않고 보육실 내에 영유아들의 작품이 보기 좋은 높이에 게시되어 있는 경우 심리적 안정감을 느낄 수 있게 한다. 그리고 보육실은 자신의 작품을 보면서 스스로 만족감을 느끼는 데 그치지 않고 교사 또는 또래와 긍정적인 대화를 이끌어 내는 환경 요인이 된다. 또한 적당한 넓이의 보육실 환경은 상호작용에 영향을 미친다. 영유아의 수에 비해 비좁은 공간에 있다면 놀이를 하다 서로 부딪치거나 놀이를 확장하기에 공간이 너무 좁아서 활동에 제약을 받거나 좌절감을 느낄 수 있다. 이러한 경우는 긍정적 상호작용이 발생하기 어렵다고 볼 수 있다. 반대로 보육실 공간이 지나치게 넓은 경우에도 뛰어다니는 아이들로 인하여 방해를 받거나, 서로 간의 거리가 멀어져서 상호작용이 일어나지 않는 상황이 발생하기도 한다. 따라서 보육실의 공간과 영역 구성은 영유아에게 너무 좁거나 혹은 지나치게 넓게 배치된 것은 아닌지를 점검해 보아야 한다.

더 알아보기   **보육실에서 영유아와 효과적으로 상호작용하는 방법**

영유아가 또래보다는 교사하고만 상호작용을 시도하려고 할 경우 보육교사는 또래 간의 상호작용을 어떻게 촉진할 수 있을까?

보육교사가 일방적으로 행동을 지시하거나 보육교사가 직접 개입하여 문제를 해결하는 것은 또래 간 긍정적 상호작용을 제한하게 한다. 예를 들어, "○○야, 친구에게 놀잇감을 나눠 주자."라고 하거나 또는 ○○이가 가지고 있는 놀잇감을 선생님에게 주면 선생님이 직접 친구에게 나누어 주는 방법은 제한적인 방법이다. 이와 같이 상호작용에서 문제가 발생할 때마다 보육교사가 해결해 준다면 어떠한 문제가 발생할까? 영유아는 스스로 문제를 해결하도록 노력하지 않고 보육교사에게 도움을 요청하거나 보육교사의 지시에만 따르려고 하는 수동적인 태도를 갖게 된다. 그러므로 또래 간 긍정적인 상호작용을 격려하기 위해서 보육교사는 영유아가 스스로 자신의 행동을 결정하고 해 볼 수 있도록 기회를 제공하는 것이 좋다. 만약 교사가 영유아에게 행동을 제안하는 경우에는 일방적인 지시로 그치지 않도록 다음과 같이 행동의 결과에 대한 또래의 반응과 마음상태를 설명해 주는 것이 좋다.

"○○야, 친구에게 놀잇감을 나눠 줄 수 있겠니?"

"아주 잘했어. 친구에게 놀잇감을 나누어 주니 친구가 참 좋아하는구나."

"○○이도 놀잇감을 나누어 주니까 기분이 어떠니?"

참고문헌

교육과학기술부, 보건복지부(2013). 3~5세 누리과정 해설서.
민성혜, 신혜원, 김의향(2013). 보육교사론(3판). 경기: 양서원.
박은혜(2013). 유아교사론(4판). 서울: 창지사.
보건복지부(2014). 2014 어린이집 평가인증 안내.
이경하, 석은조(2010). 예비교사와 현직교사가 생각하는 좋은 유아교사의 자질. 열린유아
    교육연구, 15(5), 167-187.
이순형, 권기남, 김진욱, 민미희, 김정민, 김은영, 이성옥, 정현심, 심도현, 안혜령
    (2013a). 보육교사론. 경기: 양서원.
이순형, 김유미, 김은영, 김진경, 김태연, 서주현, 안혜령(2013b). 아동생활지도. 서울: 학
    지사.
이정숙(2013). 교사경력과 유아연령에 따른 교사-유아 상호작용. 계명대학교 석사학위
    청구논문.

Abbott-Shim, M., & Sibley, A. (1987). *Assessment profile for early childhood
    programs*. Atlanta, GA: Quality Assist.
Gestwicki, C. (2011). *Developmentally appropriate practice: Curriculum and
    development in early education*. Belmont, CA: Wadsworth, Cengage Learning.
Howes, C., & Rubenstein, J. L. (1985). Determinants of toddlers' experience in day
    care: Age of entry and quality of setting. *Child Care Quarterly, 14*(2), 140-151.
Farr, R., & Tone, B. (1994). *Portfolio and portfolio assessment*. New York: Harcourt
    Brace.

11 부모 및 보육교직원 간의 상호작용

보육교사직을 수행하는 데 중요한 영향을 미치는 상호작용으로는 영유아와의 상호작용 이외에 교사와 다른 성인 간의 상호작용으로서 학부모와의 상호작용, 그리고 시설장 및 동료 교사, 기타 보육교직원 등 시설 내 성인들과의 상호작용이 있다. 보육교사직은 인간을 대상으로 하는 직무이기 때문에 이러한 다양한 대인 간 상호작용을 어떻게 이끌어 가느냐 하는 것이 효율적인 직무 수행에 필수적이다. 이 장에서는 부모 및 교직원 간의 상호작용의 중요성과 효율적인 상호작용을 위해 갖추어야 할 태도에 대해 알아본다.

1. 부모와의 상호작용

보육교사가 영유아를 보육하는 데 있어서 필수적인 것이 부모와의 원활한 상호작용이다. 부모는 영유아에 대해 가장 잘 이해하고 있는 성인 중 하나이며, 영유아에 대한 깊은 애정을 가지고 있고, 영유아의 발달을 돕고자 하는 목표를 교사와 공유하고 있는 매우 유용한 인적 자원이다. 또한 부모와의 관계에서 상호 신뢰가 형성되지 못하면 영유아를 사이에 두고 서로 간의 오해가 생기거나 갈등이 생기는 사례가 많이 발생하여 영유아를 보육하는 데에 악영향을 끼치기 때문에 부모와 교사 간에 상호 신뢰를 바탕으로 하는 협력적 관계를 구축해야 한다. 이러한 협력적 관계는 영유아의 발달을 촉진하고, 부모에게는 심리적 안녕감을 주며, 교사에게는 부모의 지원을 통해 교육 프로그램을 더욱 발전시킬 수 있는 효과를 지니기 때문에(Decker & Decker, 2005) 성공적인 보육을 위한 첫걸음이 된다(임승렬, 김연미, 이은정, 2014).

교사와 학부의 신뢰를 바탕으로 한 협력적 관계는 교사와 부모의 상호작용을 통해 형성된다. 교사와 부모의 상호작용은 공식적으로 주로 개별 및 집단 면담을 통해 이루어지며 개별 등하원을 하는 어린이집의 경우에는 매일 행해지는 등하원 시의 상호작용이 큰 역할을 한다.

그림 11-1 등하원 시 상호작용의 예

1) 등하원 시 상호작용

차량을 운행하여 등하원 시 담임교사와 학부모가 상호작용을 하지 못하는 어린이집도 있지만 개별적으로 등하원을 하는 어린이집에서는 매일의 영유아 등하원 시 교사와 부모의 상호작용이 반복적으로 이루어진다. 등하원 시 상호작용은 매일 반복적, 지속적으로 행해진다는 특징이 있다.

보육교사는 등하원 시에 자연스럽게 이루어지는 상호작용을 잘 활용하여 부모와 신뢰 있고 친밀한 관계를 맺을 필요가 있다.

■ 등원 시 상호작용

영유아를 등원시키는 학부모와의 상호작용에서 교사가 꼭 확인해야 하는 것은 영유아의 건강상태다. 영유아의 건강상태를 살피고 다치거나 상처가 난 곳은 없는지를 살펴 아동의 건강상태에 대해 부모와 이야기를 나누고 관련된 정보를 공유하는 것은 사후에 발생할 수도 있는 영유아의 컨디션 난조나 상처의 원인 등에 대한 논쟁과 갈등을 미연에 예방할 수 있기 때문이다. 또한 전날 하원 이후 등원 시간 전까지 영유아에게 일어난 일이나 특이사항에 대해 부모와 이야기를 나눔으로써 교사가 함께하지 못한 영유아의 가정생활에 대한 이해를 높일 수 있다. 이는 교사와 영유아, 교사와 부모의 경험의 공유를 증진시킴으로써 더욱 친밀한 관계를 형성하는 데 도움이 된다. 등하원 시 부모와 보육교사가 직접 만나지 않는 경우 보육수첩을 통한 의사소통이 이러한 기능을 대신할 수 있으므로 교사는 성설히 보육수첩을 기재하여야 하며, 부모에게 질문을 하는 등 상호작용을 이끌어 낼 수 있도록 노력해야 한다.

등원 시 교사는 영유아를 진심으로 환영하는 태도를 보여 주어야 한다. 이는 교사에 대한 부모의 신뢰를 높이는 데 일조할 수 있다. 영유아를 어린이집에 맡기고 나오는 부모의 입장을 생각해 보면 부모의 불안감을 쉽게 이해할 수 있다. 교사는 부모가 편안한 마음으로 아이를 어린이집에 맡길 수 있도록 신뢰관계를 구축하기 위해 노력해야 한다.

2) 집단면담

보육교사와 학부모가 공식적으로 상호작용하는 첫 기회는 주로 집단면담을 통해서다. 집단면담은 주로 학기 초에 실시하기 때문이다. 오리엔테이션 행사가 첫 대면을 하는 자리가 되는 경우가 많으나 오리엔테이션은 주로 원장이 진행하는

표 11-1 **집단면담 자료의 예**

---

1. 일과 운영

1) 등하원
- 유아가 지속적으로 주제탐구표현활동에 참여할 수 있도록 등원시간(늦어도 10시까지는 등원)을 지켜 주세요.
- 담임교사와 부모님의 상호작용은 등하원 시간에 충분히 이루어지고 있다고 생각됩니다. 부모님이 등하원을 시키시지 않는 등의 이유로, 혹은 더 상호작용하실 부분이 있으시면 개별 쪽지나 전화를 이용해 주십시오. 단, 일과시간 중에는 담임교사와 직접 통화가 어려우니 교사실로 연락해 주시면 담임교사에게 내용을 전달하겠습니다.

2) 낮잠 및 오후 휴식시간
- 일생 중 가장 발달 속도가 빠른 영유아기에는 쉬지 않고 주변 자극을 통해 자신의 이전 경험과 연관하여 이에 대한 정보를 해석하고 저장하고 산출해 내는 뇌 활동이 쉬지 않고 일어나고 있습니다. 뇌가 원활하게 이러한 활동을 수행할 수 있기 위해서는 저녁에 자는 잠 이외에 중간에 뇌가 쉴 수 있는 휴식이 필요합니다.
- 신체활동 역시 이와 마찬가지로 가정에서 혼자나 형제들과 있을 때와 달리 여러 명의 친구들과 생활하는 것은 신체활동을 매우 증가시키는 요인이 됩니다. ○○반의 일과에도 유아의 적당한 휴식이 보장되어야 합니다.

2. 생활지도

본원에서는 다른 사람을 배려하고 존중하기, 바른 자세로 인사하기, 어른에게 존댓말 쓰기, 공공질서 지키기, 나와 친구의 차이를 인정하기 등의 교육이 이 시기부터 이루어질 수 있도록 교육합니다.
특히 아이들은 자기에게 의미 있는 타인인 교사나 부모님의 행동을 보고 그대로 모방하려는 경향이 강합니다. 부모님들께서도 이를 유념하셔서 아이들의 좋은 모델이 되어 주시기를 부탁드립니다.
- 일일 도우미
  - 일일 도우미를 매일 2명씩 정합니다(5월 이후).
    (도우미가 하는 일, 친구들 자리에 도시락과 수저통 나눠 주기)
  - 도우미 활동을 통해서 리더십과 책임감, 봉사정신을 배울 수 있습니다.

3. 부탁드립니다.

1) 주제탐구표현활동에 가정에서도 많이 관심 가져주세요.

주제탐구표현활동은 가정과의 연계가 매우 중요합니다. 해당 주제에 대한 활동이 시작되면 아이와 이야기를 많이 나눠 주시고, 준비물 준비 등에서 많은 협조 부탁 드립니다.

2) 보육일지를 확인해 주세요.

보육일지는 가정과 어린이집의 생활을 연결해 주는 매개체입니다. 교사들은 보육일지를 통해 하루 동안 아이의 생활과 건강상태 등을 전달하고 있습니다. 항상 보육일지를 확인해 주시기 바랍니다.

3) 아토피피부염이 있는 다른 유아를 고려하여 초콜릿, 사탕과 같은 간식을 가지고 오지 않도록 협조 부탁드립니다.

4) 분실위험과 다툼의 소지가 있는 개인물품(놀잇감, 문구류 등)을 어린이집에 가지고 오지 않도록 협조 부탁드립니다.

(낮잠시간에 안고 자는 인형은 소리 나지 않는 적당한 크기의 부드러운 것으로만 보내 주세요.)

5) 이불은 2주에 한 번씩 가정으로 보내드립니다.

이불은 2주에 한 번, 금요일에 가정으로 보내드립니다. 세탁 후 다음 월요일에 어린이집으로 다시 보내 주세요. 이불은 아이들 스스로 접을 수 있는 적당한 크기와 무게의 것으로 보내 주시고, 이불가방과 이불, 베개에 아이들의 이름을 꼭 써 주세요.

4. 논의안건

1) 식당봉사건

이에 각 학급별로 참여도 등을 고려하여 식당봉사의 존/폐 여부를 결정하려 합니다.

2) 반대표 선정

올 1년 동안 수고해 주실 대표 어머님을 추천받아 뽑겠습니다.

출처: ○○어린이집(2012). 해님반 집단면담 자료.

반면, 집단면담은 주로 학급단위로 이루어지기 때문에 보육교사가 주체가 된다. 집단면담에서는 학부모들에게 자신을 소개하고 학급의 운영계획 등을 설명하며, 학부모들의 건의사항이나 질문을 받아 이에 응답하는 형식으로 이루어진다. 학급별 학부모 대표를 선출하기도 한다. 집단면담은 학부모와 보육교사가 서로에 한 학부모들에게 좋은 인상을 남기도록 노력해야 하는데, 따뜻하고 온정적이면서 영유아를 잘 이해하는 전문적인 교사의 인상을 남길 수 있도록 노력해야 한다.

3) 개별면담

단체로 진행되는 학급단위 집단면담과 달리 개별면담은 일대일 면담으로 진행되며 시기도 주로 한 학기를 마친 이후에 진행되는 것이 일반적이다. 그러나 개별면담의 시기 및 횟수는 어린이집별로 다르게 진행되며, 특별히 학부모와의 개별면담이 필요한 특정 영유아의 경우 별도의 계획에 의해 개별면담이 진행되기도 한다. 개별면담은 해당 영유아에 대해 교사가 이해하고 있는 것과 영유아의 어린이집에서의 생활상 및 특이사항 등을 학부모에게 이야기하고, 가정에서의 생활에 대한 정보를 얻는 시간이다. 이때 교사는 영유아의 장점을 부각시켜 학부모가 방어적 태도를 갖지 않도록 하여 협력적인 방향으로 이끌어 나가야 한다.

학부모와 면대면으로 직접 면담을 하지 못할 때 전화를 이용하기도 한다. 전화통화를 이용하는 개별면담은 시간과 공간의 제약을 덜 받는다는 장점이 있지만 서로 얼굴표정을 볼 수 없기 때문에 서로 간의 의사소통에 있어서 왜곡될 확률이 매우 높아진다. 따라서 전화를 통한 개별면담을 할 때에는 교사가 전달하고자 하는 내용을 최대한 상세하고 부드럽게 이야기할 필요가 있다. 만약 면담의 내용이 오해의 소지가 많거나 심각한 상황이라고 판단되면 가급적 전화 면담을 하지 않고 직접 만나서 이야기 나눌 수 있도록 면담을 계획한다.

개별면담 시 영유아에 대한 교사의 관찰기록이나 영유아의 활동 결과물로 구성된 포트폴리오 등을 준비하면 어린이집에서의 영유아의 생활상이나 교사가 전

개별면담을 성공적으로 이끌기 위한 Tip

1. 교사로서의 권위와 전문성을 나타내는 복장과 용모를 갖춘다.

2. 첫 만남에서 환한 표정으로 부모를 맞는다.

3. 면담 장소는 독립된 장소로 다른 사람의 출입이 신경 쓰이지 않는 곳을 정한다.

4. 영유아의 장점을 먼저 부각시킨다.

5. 영유아의 문제점을 이야기할 때에는 해결 방안을 함께 제시한다.

6. 학부모의 이야기를 경청하고 공감한다.

7. 학부모가 나름대로의 문제해결책을 내놓을 때 이를 최대한 존중하되 바람직한 방향으로 이끈다.

8. 학부모는 영유아에 대한 어떠한 이야기에도 예상보다 훨씬 민감하게 반응한다는 것을 기억한다.

달하고자 하는 메시지가 더 명확히 전달될 수 있다.

4) 문제 상황에서의 상호작용

보육교사와 학부모의 상호작용이 늘 상호 지지적이지는 않다. 오히려 서로의 생각이나 상대방에게 바라는 부분이 일치하지 않아 불만이 생기는 경우도 많다. 그리고 이러한 불만은 상호작용을 통해 공식적으로나 비공식적으로, 개인적으로나 집단적으로 표현된다. 공식적이거나 집단적으로 불만이 제기되는 부분은 대개 사안이 더 중요하거나 학급 내의 더 많은 영유아의 안녕과 배치되는 경우가 많다. 따라서 보육교사가 단독으로 이를 처리하려 하지 말고 원장선생님과 상의하여 적절한 해결책을 강구하는 것이 바람직하다.

이러한 상황이 발생했을 때 보육교사도 본능적으로 방어적이 되기 쉽다. 그러나 방어적인 태도는 문제해결에 도움이 되지 않는다. 보육교사는 부모님의 입장에서 생각해 보려고 노력하고, 이해하려고 노력해야 하며, 실제 상호작용에서도 최대한 학부모의 의견을 받아들이고 일부라도 수용하는 태도를 보여 주는 것이 좋다. 만약 학부모의 요구가 터무니없거나 다른 영유아의 이익에 배치되어 전혀 받아들여질 수 없을 때에는 이러한 상황에 대해 차근차근 설명하고 학부모의 의견이 부분적으로라도 반영된 수용 가능한 대안을 제시하는 것이 좋다. 이때 가장 중요한 것은 이러한 부정적인 상호작용으로 인해 기본적인 신뢰관계가 깨어지지 않도록 하는 것이다. 일시적인 불만이나 갈등은 해결할 수 있고, 해결 과정에서 서로를 더 잘 이해하는 계기가 될 수도 있지만 이로 인해 기본적인 관계가 손상된다면 이후의 모든 상호작용에 악영향을 끼치게 되기 때문이다.

더 알아보기 ▶ **학부모 불만처리의 예**

■ 영아의 배변처리에 대한 불만

영아가 배변관련 실수를 했을 때, 대개의 어린이집에서는 오물이 묻은 속옷을 가정으로 보내 세탁하도록 한다. 그러나 계절적으로 여름이거나 오물이 묻은 정도가 심한 경우, 가방 안에 음식물이 함께 들어 있는 경우 등 여러 가지 다른 상황과 혼재될 때 학부모의 불만수준이 높아지고 이에 대한 불만이 접수되는 예가 많다. 배변과 관련된 이러한 문제는 특히 영아들에게서 많이 발생하는데, 이를 보육교사의 애정 및 헌신도와 연관지어 해석하는 경우가 많아, 기본적인 신뢰관계에 악영향을 미칠 수 있기 때문에 유의하여야 한다.

■ 유아의 또래관계에 대한 불만

또래관계가 본격적으로 형성되는 유아기 초기에 유아들은 아직 또래관계 형성 및 상호작용에 있어 미흡한 발달수준을 보이는 반면, 부모의 또래관계에 대한 관심이나 요구도가 높기 때문에, 또래관계에서 발생하는 사소한 갈등이나 언어적 공격 등에 대해 보육교사보다 학부모가 더 민감하게 반응하는 경향이 있다. 보육교사가 이를 사전에 숙지하여 집단 면담을 통해 학부모를 대상으로 관련 지식을 전달하면 불만을 줄일 수 있다. 불만이 제기되었을 경우를 대비하여 교사는 영유아의 상호작용을 면밀히 관찰하여 전체 상황을 파악하고 있어야 하며, 확인되지 않은 상황에 대해 일방적인 문제제기자의 주장만 인정하지 않고 전체적인 상황과 영유아들 간의 관계를 고려하여 대처해야 한다.

2. 교직원 간의 상호작용

보육교직원은 어린이집 영유아의 보육, 건강관리 및 보호자와의 상담, 그 밖에 어린이집 관리 · 운영 등의 업무를 담당하는 자로서 어린이집의 원장 및 보육교사를 비롯하여 사무교사, 취사부, 관리인, 위생원 등 어린이집에서 영유아를 위해 활동하는 모든 사람을 뜻한다(「영유아보육법」 제1장 제2조).

보육교직원 간의 상호작용은 어린이집의 전반적인 분위기를 조성하고, 보육교사의 직무만족도에 직접적인 영향을 미치는 중요한 요인이다. 따라서 동료교사, 원장, 기타 조리사 등 보육교직원과의 원만한 관계 형성과 효율적 상호작용이 가능하도록 노력해야 한다.

1) 동료교사와의 상호작용

어느 직장에서나 동료와의 관계는 중요한 요인이다. 특히 보육교사는 일일 근무시간이 길어 기본적으로 함께하는 시간이 길고, 행사 준비 등 공동으로 준비하는 업무가 많다. 또한 해가 바뀌어 반이 바뀌면, 담임하는 학급이 서로 바뀌기 때문에 같은 영유아를 보육하게 되는 교사들 간의 협력이 필수적이라는 점에서 업무 수행과 동료관계가 직접적인 영향을 미친다.

더욱이 어린이집은 일반적인 회사와 비교했을 때 교사의 수로만 보면 소규모에 해당하는 경우가 많기 때문에 서로가 주고받는 영향력이 매우 강하다. 긍정적인 영향력이나 부정적인 영향력 모두 파급효과가 크기 때문에 가급적 부정적인 영향력을 미치지 않고 서로 긍정적인 영향력을 미치도록 함께 노력해야 한다.

그림 11-2　교사회의 모습

■ **선후배 교사 관계**

　동료교사지만 보육교사 경력에 따라 위계적인 특성도 지닌다. 특히 공동담임제로 운영하는 학급에서 선배교사와 후배교사가 짝지어진 경우, 후배교사는 정교사임에도 보조교사와 같은 역할을 수행하게 되는 경우도 있다. 이런 경우, 직무만족도가 떨어지고 궁극적으로는 이직의 원인이 되기도 한다. 이러한 부정적 관계를 형성하지 않기 위해서는 선후배 교사 간의 서로에 대한 이해가 선행되어야 한다. 후배교사는 선배교사의 현장경험과 지식을 인정하고 존중하는 태도가 필요하고 선배교사는 후배교사의 패기와 학교에서 배운 것을 현장에 적용해 나가는 과정을 격려하며 잘 이끌어 나갈 수 있어야 한다.

■ **동료장학**

　보육교사의 동료관계가 다른 업무와 구별되는 특징 중 하나가 동료장학이다. 보육교사는 동료교사와 교육활동의 계획, 실행 및 평가에 대한 의견을 나누는 과정을 통해 새로운 지식이나 정보를 얻고, 발생 가능한 문제를 사전에 예방할 수도 있으며, 발생한 문제를 해결하는 지혜를 모으기도 한다. 동료교사의 활동 계획을 보거나 실제 활동 진행을 참고하여 교수능력을 향상시킬 수도 있다. 특정 주제를 정해 교사 워크숍을 개최하기도 하고 큰 행사 후에는 평가회를 열어 동료교사와 활동 수행에 대한 정보를 공유하고 평가과정을 통해 서로에게 도움이 되는 지식을 공유하며 동료장학을 통해 전문성을 발달시켜 나가야 한다.

■ 업무분장

보육교사는 각 학급을 맡아 독자적인 운영을 하지만 담임교사로서의 업무 이외

표 11-2 보육교직원 업무분장표의 예

1. 운동회 업무분담
   -원장: 전체 진행 보조
   -교사: 행사 준비 및 아이들 인솔, 반별 사진 촬영, 달리기 때 개인 컷 찍기

2. 일정별 업무분담

시간	담당업무	담당교사	
12:30~13:00 식전 게임	게임 보조	권○○, 허○○, 이○○	
	이름표 작성 및 배부	윤○○, 강○○, 김○○, 이○○	
개회식	원아 인솔	담임교사(반별 피켓 들 교사 정하기)	
달리기	진행 보조 및 원아 인솔	달님	대기 권○○/출발 허○○/도착 윤○○
		해님	대기 윤○○/출발 이○○/도착 강○○
		별님	대기 윤○○/출발 서○○/도착 김○○
		은하수	대기 윤○○/출발 서○○/도착 이○○
계주	달리기	허○○, 강○○, 김○○, 이○○(순서 정하기)	
폐회식	원아 인솔	담임교사	

3. 개회식 태극기 입장 및 부모님 응원 및 계주 선수 등 선정(즉석)

4. 당일 및 전일 운동회 준비 일정
   -당직 선생님 11시 출근(책상, 의자, 식수, 구급약 등 물품 내놓기)
   -12시까지 출근. 카메라 등 필요 물품 들고 이동 후 12시 반부터 현장에서 진행 시작

출처: □□어린이집(2012). 교사회의 자료.

에도 어린이집 전반에서 수행되어야 하는 안전관리, 행사 준비 등 여러 가지 공동 업무가 있다. 어린이집에서는 이러한 업무들을 업무분장을 통해 개별 교사들에게 책임을 분산하여 처리한다. 일회적인 업무는 교사회의를 통해 업무를 분장하기도 하고, 연중 수행되어야 하는 업무는 연초에 업무를 분장하여 1년 동안 지속된다. 이처럼 유기적으로 구성되어 있는 업무를 수행하는 데 있어서 본인이 자신에게 주어진 책임을 다하지 못함으로 인해 동료교사에게 피해가 가지 않도록 해야 한다.

2) 원장과의 상호작용

어린이집 원장은 어린이집을 총괄하고 보육교사와 그 밖의 직원을 지도 · 감독하며 영유아를 보육하는 직책이다(「영유아보육법」제3장 제18조). 동료교사와의 관계가 그러했던 것처럼 원장과 보육교사와의 관계는 보육교사의 직무만족도에 직접적인 영향을 미치는 요인이다. 특히 동료교사보다 원장이 가지고 있는 업무상 권한이 훨씬 강력하며 보육교사의 업무에 직접적 영향을 미치기 때문에 원장과 원활한 상호작용을 통해 서로를 이해하는 과정이 필요하다. 또한 원장의 교사에 대한 평가는 교사의 직무효능감에도 영향을 미친다.

■ 수직적 관계

어린이집에서 보육교사와 원장의 관계는 수직적인 관계로서 원장이 보육교사에 대해 상대적으로 우월한 지위를 갖는다. 이는 어린이집 원장이 보육교사에게 미치는 영향력이 매우 크다는 것을 의미한다. 보육교사와 원장의 바람직한 관계를 위해 원장은 보육교사를 존중하고 보육교사의 특성을 파악하여 적재적소에 배치하며 전체적인 교사의 업무 수행을 관리하여 교사의 능력을 끌어올릴 수 있어야 한다. 보육교사는 자신에게 주어진 업무를 최선을 다해 수행하되, 원장의 교육적 방침을 존중하고 원장의 지시에 따라 원만한 관계를 유지하는 것이 좋다. 원장은 또한 교사의 직무수행능력을 평가할 수 있는 지위에 있는데, 원장의 교사에 대한 긍정적 평가와 지지는 교사의 교수효능감 및 직무만족도를 높이는 요인이 므로 원장은 긍정적 평가와 지지를 잘 활용할 필요가 있다.

■ 운영방침 따르기

보육교사는 원장의 교육관과 어린이집의 운영방침에 따라야 한다. 보육교사는 자신이 근무하는 어린이집의 기본적인 교육 프로그램이나 교육적으로 추구하는 바를 인정하고 함께 협력해야 한다. 원장이 어린이집 전체의 교육 프로그램이나 교육적인 방향을 설정하면 이를 구체적인 활동으로 계획하고 실행하는 것은 교사가 담당할 업무이기 때문에 원장과 교사의 교육활동에 대한 의견은 공유되어야 한다. 이를 위해 원장은 교사들을 대상으로 하는 연수 프로그램을 실행하거나 워크숍 등의 기회를 적극 활용하여 원장이 추구하는 교육 프로그램이나 방향 등에 대해 적극적으로 교사들에게 이해시키고, 그것이 제대로 실현되고 있는지를 점검하는 과정을 지속적으로 실행해야 한다.

■ 적정한 거리 유지하기

보육교사와 원장은 적절한 거리감을 유지하는 것이 바람직하다. 너무 가깝거나 격이 없는 관계도 좋지 않고 너무 멀어서 서로에 대한 이해가 부족한 관계도 적절치 않다. 서로 간에 적정한 거리를 유지하고 서로를 존중하며 예절을 지키는 선에서 긍정적이고 협조적인 관계를 유지하는 것이 중요하다.

■ 업무보고

보육교사는 업무와 관련된 여러 사항을 원장에게 보고해야 한다. 출퇴근 및 보육일지, 교육활동계획 및 평가, 가정통신문 작성 등 여러 가지 업무관련 사항은 물론 학급 운영 시 발생되는 문제나 학부모와의 관계에서 발생하는 문제 등은 궁극적으로 원장의 책임하에 있다. 따라서 업무와 관련된 사항에 대해 지속적으로 원장에게 보고하고 함께 의논하며 해결해 나가야 한다.

더 알아보기 **직장 내 의사소통 유형**

1. 쇠사슬형: 의사소통이 공식적 명령계통에 따라 아래로만 흐르는 고층 조직에서 흔히 발견되는 유형으로 권한집중도가 높다.
2. Y형: 작업집단에서 여러 작업자들이 한 관리자에게 모든 것을 의사소통하게 되는 유형으로 문제해결 속도가 빠르다.
3. 수레바퀴형: 라인과 스태프의 혼합집단으로 조정하는 중심인물이 있는 것이 특징이다.
4. 원형: 태스크포스나 위원회 등에서 이루어지는 상호작용 의사소통 유형으로 권한집중도가 낮다.
5. 완전연결형(상호연결형): 비공식적 의사소통 네트워크로 리더가 없고 누구든 의사소통을 주도할 수 있으며 집단 만족도가 높다.

구분	쇠사슬형	Y형	수레바퀴형	원형	완전연결형
정보의 정확도	낮음	높음	낮음	낮음	높음
정보의 신속성	느림	빠름	빠름	느림	빠름
문제해결 속도	느림	빠름	빠름	빠름	느림
권한집중도	높음	높음	높음	낮음	낮음
구성원 만족도	낮음	낮음	낮음	높음	높음

3) 기타 교직원과의 관계

어린이집에는 원장과 보육교사 이외의 교직원으로서 사무교사, 조리사, 취사부, 관리인, 위생원과 같이 조리와 위생, 행정 등을 담당하는 교직원들이 있다. 이들은 담당업무에서는 보육교사와 많은 차이가 있지만 궁극적으로 어린이집 운영을 위해 필요한 업무들을 담당하고 있고, 직접적으로 보육을 담당하지는 않지만 보육교사가 보육을 행하는 데 꼭 필요한 업무를 담당하며 간접적인 영향을 미치고, 어린이집 내에서 지속적으로 상호작용하여 서로 영향을 주고받는 관계이기 때문에 서로 원만한 관계를 유지하는 것이 바람직하다.

■ 이해하기 위해 힘쓰기

동료 보육교사나 원장과의 관계와 달리 기타보육교직원들은 어린이집에서 담당하는 업무가 보육교사와 다르고 근무 장소나 근무시간도 다르기 때문에 서로에 대한 이해도나 친밀도가 떨어질 수 있다. 이러한 관계를 원만하게 유지하기 위해서는 의식적인 노력이 필요하다. 그냥 지나치지 않고 인사를 꼭 나눈다거나 경조사에 참여하고 가능한 상황에서는 서로 일을 돕기도 하면서 친밀하고 긍정적인 관계를 형성, 유지하도록 힘써야 한다.

■ 서로 존중하고 예의 지키기

담당업무가 다르고, 보수에서도 차이가 나지만 같은 어린이집에 근무하며 함께 협력하는 관계로서 서로의 업무를 존중해야 한다. 또한 대개 조리사, 취사부, 위생원 등 기타보육교직원에 속하는 분들은 보육교사보다 나이가 많은 경우가 많으므로, 예의를 지키고 연륜을 인정하는 태도가 필요하다.

더 알아보기	보육교직원과 보육교사 협력의 예

조리사 선생님과 함께하는 요리교실

1. 김장하기
보육시설에서 김장하기 행사를 할 때, 보육교사 단독으로는 행사가 진행될 수 없으므로 조리사 선생님과 협의하여 진행하여야 한다. 급식 일정과 연계하여 조리사 선생님과 일정을 맞추고, 각 반의 연령별로 영유아가 할 수 있는 간단한 활동들(무 썰기, 버무리기 등)을 제외한 기본 준비를 협력하여 준비한다.

2. 조리사 선생님의 영양교실
영유아의 편식 습관을 개선하고 영양가 높은 식품을 섭취하도록 돕는 영양교육은 담임교사가 진행하는 것보다 조리사 선생님이나 영양사 선생님이 진행하면 효과가 월등히 높다. 조리사, 영양사 선생님과 연계하여 별도의 일정을 선택하여 특별수업으로 진행하거나 정례화하여 진행한다.

3. 전문적인 요리교실

담임교사와 간단한 요리를 하는 요리활동 외에 특별한 활동으로서 조리사 선생님과 함께 하는 보다 전문적인 제빵 등의 요리활동을 계획하면 영유아의 흥미와 활동에의 몰입도를 높일 수 있다.

참고문헌

임승렬, 김연미, 이은정(2014). 영유아 교사를 위한 보육교사론. 서울: 파워북.

○○어린이집(2012). 해님반 집단면담 자료.

□□어린이집(2012). 교사회의 자료.

Decker, C. A., & Decker, J. R. (2005). *Planning and administering early childhood programs* (8th ed.). NJ: Merrill-Prentice Hall.

법제처 국가법령정보센터(2015). http://www.law.go.kr

제4부 보육교사 역량 개발

보육교사도 성장하고 발달하기 때문에 전문성을 향상시키기 위해서는 발달 단계에 맞추어 교사교육과 지원이 이루어져야 한다. 따라서 법정 의무교육인 보수교육뿐 아니라 어린이집 원내 및 외부 교육 참여를 통해 전문성 향상을 위한 노력을 하는 것이 필요하다. 보육교사직은 그 직무의 다양성과 보육 대상이 어린 영유아라는 특성으로 인해 높은 수준의 직업윤리가 요구된다. 제4부는 보육교사 역량 개발에 대한 내용으로 구성하였다. 보육교사의 관심사 발달과 현직교육에 대해 알아보고, 우리나라와 미국 NAEYC의 윤리강령을 실제 사례를 통해 살펴본다.

12
보육교사의 관심사 발달

보육교사도 영유아와 마찬가지로 성장과 발달과정을 경험한다. 보육교사가 자신의 역할과 직무를 원활하게 수행하기 위해서는 보육교사의 관심사 발달에 적합한 교사교육과 지원이 요구된다. 보육교사가 어린이집에 처음으로 임용되어 이후 어린이집을 그만두기까지의 발달과정은 보육교사가 그 이전에 어떠한 교육과정을 이수하였는지, 자신의 영유아기 경험은 어떠하였는지 등으로 인해 개별 보육교사마다 다양한 양상을 보인다. 예비보육교사가 보육교사의 관심사 발달 단계에 따른 과업을 정확하게 인식하는 것은 전문성을 지닌 보육교사가 되기 위한 첫걸음이라고 볼 수 있다.

1. 보육교사 관심사 발달의 개념과 영향 요인

어린이집 현장에서 근무하고 있는 다양한 연차의 보육교사들 중 초임교사는 초임교사대로의 고민과 기대가 있고, 주임교사는 주임교사대로, 원감은 원감대로 고민과 기대가 있다. 이들의 고민과 기대는 서로 다르지만 각자의 위치에서 가장 어려운 고민이고 가장 큰 기대라고 볼 수 있다(민성혜, 신혜원, 김의향, 2013). 이처럼 보육교사의 관심사 발달은 어린이집 근무경력에 따라 세분화될 수 있다.

보육교사의 관심사 발달의 개념은 학자들의 관심 영역에 따라 다르게 규정되고 있다(이순형, 권기남, 김진욱, 민미희, 김정민, 김은영, 이성옥, 정현심, 심도현, 안혜령, 2013). 인간이 태어나서 죽을 때까지 성장, 발달, 퇴화하는 것처럼 교사도 양성과정에서부터 시작하여 전체 교직 기간 동안 지속적으로 성장, 발달, 변화한다는 점에 근거하여 보육교사의 관심사 발달에서 '발달'이라는 용어를 사용하고 있다. 보육교사의 관심사 발달이란 보육교사로서 근무하는 전체 기간 동안 보육교사의 가치관, 신념, 지식, 기술, 태도, 행동 등이 양적 및 질적 측면에서 어떻게 변화하고 발달하는지를 설명하는 개념으로 관심사 발달, 교직발달, 교사 사회화, 교직 사회화 등의 용어로 규정되기도 한다(Burden, 1983).

보육교사의 관심사 발달이 시작되는 시점은 좁은 의미에서는 초임교사로 근무하기 시작하는 순간부터라고 할 수 있으나, 넓은 의미에서는 보육교사 양성교육기관에서 교육을 받는 시기부터라고 할 수 있다(조부경, 백은주, 서소영, 2001). 예비보육교사는 아직 보육교사로서 근무를 시작하지는 않았으나 교직에 대한 나름대로의 신념과 가치를 가지고 보육교사 양성교육과정을 이수하면서 교직에 필요한 지식, 기술, 태도 등을 배우고 발전한다는 측면에서 보육교사 관심사 발달의 출발점이라고 볼 수 있다.

보육교사의 발달을 지원하기 위해서는 기관의 설립 목적이나 지역에서 요구되는 바를 달성하기 위한 노력과 동시에 보육교사 개인의 관심사에 적합한 지원이 필요하다. 또한 보육교사 자신의 노력이 있어야 하지만, 이러한 개인적인 노력을 뒷받침해 줄 수 있는 기관과 국가적인 차원에서의 지원도 함께 이루어져야 한다(문혁준, 안효진, 김경회, 김영심, 김정희, 김혜연, 2014).

보육교사의 관심사 발달에 영향을 미치는 요인은 크게 개인적 요인과 조직적 요인으로 구분된다. 먼저 개인적 요인이란 보육교사 자신의 경험과 가족에 관련된 요인을 의미하는데, 가정배경, 긍정적ㆍ부정적 사건, 과거 경험, 직업 외 관심사, 개인의 성향 등이 이에 해당한다. 다음으로 조직적 요인이란 보육교사가 속한 조직이 교사의 발달에 영향을 주는 것을 의미하는데, 기관의 규정 및 제도, 기관의 경영형태, 사회적 신뢰, 사회적 기대, 전문단체 등이 있다. 이와 같이 보육교사의 관심사 발달과정에 영향을 미치는 개인 및 조직 요인은 보육교사들 간의 개인차를 고려한 성장과 발달의 개념을 수용하는 시대적 흐름과 연관되어 있다(임승렬, 김연미, 이은정, 2014).

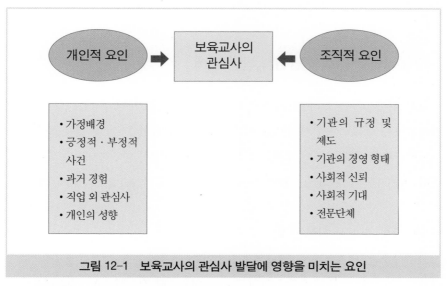

그림 12-1 보육교사의 관심사 발달에 영향을 미치는 요인

출처: 임승렬 외(2014). 영유아 교사를 위한 보육교사론.

2. 보육교사의 관심사 발달 단계

보육교사의 관심사 발달에 대한 관점

관심사 발달과정은 어떤 기준에 따라 개념화하느냐에 따라 달라질 수 있는데, 보육교사의 관심사 발달이 자신의 경력과 연령에 따라 한 가지 방향으로 이동한다는 관점인 단순 · 직선 모형과 개인의 환경적 조건과 조직적 환경을 고려하여 복합적이고 역동적인 관점에서 바라본 복합 · 순환모형으로 구분된다. 단순 · 직선모형은 보육교사의 연령, 경력, 관심사에 대한 요구 및 지각 등의 변화가 하나의 방향으로 순서대로 이동한다는 것으로, 단순 · 직선모형을 주장한 학자로 풀러(Fuller), 카츠(Katz), 버든(Burden) 등이 있다(임승렬 외, 2014).

1) 풀러와 케이스의 관심사 발달 단계

교사의 관심사는 풀러(Fuller, 1969)에 의해 처음으로 개념화되었는데, 풀러는 예비교사와 현직교사를 대상으로 이들의 관심사에 대한 면접 및 설문을 실시하고, 그 결과를 토대로 하여 교사 관심사의 모델을 관심사 이전 단계, 초기 관심사 단계, 후기 관심사 단계의 3단계로 제시하였다(문혁준 외, 2014; 조부경 외, 2001).

(1) 1단계: 관심사 이전 단계

관심사 이전 단계(pre-teaching phase)는 아직 교직에 대해 특별한 관심이 없는 단계로 보육실습을 통해 영유아와의 접촉을 처음으로 경험한 예비보육교사 시기에 해당된다. 영유아를 가르쳐 본 경험이 없는 예비보육교사들은 아직 보육교사로서 뚜렷한 관심사를 가지기 어려우며, 보육현장에서의 실습을 통하여 영유아들을 가르치는 경험을 함으로써 비로소 보육교사로서의 관심사를 형성하게 된다. 이 시기에는 가르치는 것 자체에 관해서는 구체적인 관심이 없으며 교직에 관심을 가지고 있다고 하더라도 겉으로 드러나는 관심사는 조직적이지 못하고 모호하며 막연한 기대에 머무른다. 따라서 보육교사로서의 관심사를 발달시키기 위해서는 보육실습 경험이 필수적이다.

(2) 2단계: 초기 관심사 단계

초기 관심사 단계(early teaching phase)는 영유아보다는 보육교사 자신에 대해 관심이 집중되어 자신이 보육교사로서 보육현장에서 생존할 수 있는지, 그리고 교실에서 발생하는 다양한 상황을 제대로 통제할 수 있는 능력을 갖추고 있는지에 가장 많은 관심을 보이는 시기다. 이 시기에 보육교사는 영유아의 개별적 요구를 반영하는 역할과 교실 상황을 통제하는 역할 사이에서 갈등을 경험하게 된다. 영유아가 문제행동을 보이거나 특이한 행동양식을 나타낼 때 교사로서 어떻게 대처해야 할지에 대한 관심이 높아지나 이에 대한 대처 능력이 부족하다고 스스로 느낄 경우 자존감이 낮아지는 부정적인 경험을 하기도 한다. 따라서 이 시기에 해당하는 보육교사는 영유아의 문제행동 지도방법이나 특수한 요구를 지닌 영유아를 돕는 방법에 대한 교육을 받을 필요가 있다.

(3) 3단계: 후기 관심사 단계

후기 관심사 단계(late teaching phase)는 보육현장에서의 경험이 풍부한 보육교사들에게 해당되는 시기로 자기 자신보다는 영유아에 대해 관심을 갖게 되는 시기다. 또한 이 시기는 보육교사로서 가장 성숙한 관심사 단계에 해당되며 다른 사람의 평가뿐만 아니라 보육교사 자신의 반성과 평가가 중요하게 작용하는 시기다. 초기 관심사 단계에서 보육교사의 주된 관심사가 자신의 존재에 대한 것이었다면, 후기 관심사 단계에서는 자신에 대한 관심에서 벗어나 영유아에 대한 관심으로 관심사가 변화한다. 보육교사의 경우 담당 학급 영유아의 학습과 발달에 필요한 적절한 지원을 하고 있는지, 효과적인 교수학습방법이 무엇인지, 영유아의 성장과 발달이 잘 이루어지고 있는지 평가할 수 있는 방법이 무엇인지, 보육교사가 계획한 대로 영유아들이 실제로 잘 배우고 성장하고 있는지 등에 대한 관심을 가지게 된다. 따라서 이 시기에는 효과적인 교수학습방법에 대한 세미나와 워크숍 그리고 영유아의 학습과 발달을 평가할 수 있는 일화기록, 그림 분석, 포트폴리오 평가, 수업 상황을 촬영한 동영상 분석 등의 평가방법에 대한 교육이 요구된다(임승렬 외, 2014).

보육교사로서의 관심사는 교직 경험의 정도에 따라 발달하므로 각 단계별 관심사를 적절하게 반영하여 교사교육을 제공해야 한다. 예를 들면, 교실 상황 통제에 대한 관심이 높은 단계에 해당하는 보육교사에게는 정서적으로 불안정한 영유아, 화가 났을 때 스스로 통제를 잘하지 못하는 영유아, 정상적인 발달 경로를 벗어난 영유아, 주의가 매우 산만하거나 집중을 하지 못하는 영유아 등 독특한 사례에 대한 집중적인 분석과 탐구, 문제해결방법에 대한 브레인스토밍 등이 포함된 교사교육이 효과적이다. 이와 달리 영유아의 학습과 발달에 관심이 집중된 단계에 해당하는 보육교사에게는 영유아의 시각에서 교수학습 상황을 이해하고 영유아의 학습과 발달을 효과적으로 평가하기 위하여 일화기록, 그림 분석, 포트폴리오 평가, 영유아와의 대화 녹음 및 분석, 수업 상황을 촬영한 동영상 분석 등의 방법이 포함된 교사교육이 도움이 된다(문혁준 외, 2014).

표 12-1 풀러와 케이스가 제안한 보육교사 관심사 발달에 따른 교사교육방법

단계	1단계: 관심사 이전 단계	2단계: 초기 관심사 단계	3단계: 후기 관심사 단계
관심사	보육실습 경험을 통해 영유아를 가르치기 이전에는 보육교사로서의 뚜렷한 관심사가 없음	영유아를 가르치는 경험을 시작한 초기에는 보육교사 자신에게 관심이 집중됨	보육교사로서의 경력이 쌓이면 교사 자신에 대한 관심에서 영유아의 성장과 발달에 대한 관심으로 옮겨 감
교사교육방법	보육실습 경험을 제공함	교실 상황 통제 능력, 영유아의 문제행동 지도방법 및 보육교사로서의 자신감 향상을 위한 교육을 제공함	효과적인 교수학습방법, 영유아의 학습과 발달 평가방법 등 교수능력 향상을 위한 교육을 제공함

출처: 문혁준 외(2014). 보육교사론.

| 더 알아보기 | 풀러와 브라운의 보육교사 관심사 단계 |

풀러와 브라운(Fuller & Brown, 1975)은 교사가 실제적인 수행보다는 어디에 관심이 있는지를 중심으로 보육교사의 관심사 단계가 구분된다고 보았다. 풀러와 브라운은 풀러의 관심사 발달 3단계 모형을 수정하여 교직 이전 관심사 단계, 생존에 대한 초기 관심사 단계, 교수 상황 관심사 단계, 학생에 대한 관심사 단계의 4단계 모형으로 제시하였다.

2) 카츠의 관심사 발달 단계

보육교사는 교직 생활 초기에는 교실 통제 및 유지, 교사의 기본 역할 숙달, 교사로서 인정받기 등의 생존적 측면에 주로 관심을 보이다가 교직에 어느 정도 자신감을 갖게 되면 영유아에 대해 보다 융통적이고 개방적인 태도를 보이고, 자신감이 확고해진 후에는 교직에 권태감을 느끼고 떠나는 교사도 있지만 교직을 지키는 교사 중 발전적인 경우는 성숙 단계로 나아가 영유아, 어린이집, 교사 자신에 대해 가장 완벽한 기능을 하는 시기에 이른다(이순형 외, 2013). 이는 카츠(Katz)의 관심사 발달 단계를 요약한 내용이다. 이처럼 카츠(Katz, 1972)는 풀러(Fuller)의 교사 관심사 발달 단계를 확장하여 보육교사의 관심사 발달 단계를 생존 단계, 강화 단계, 갱신 단계, 성숙 단계의 4단계로 구분하고 보육교사들이 이러한 단계에 따라 변화하고 발달한다고 제시하였다.

(1) 1단계: 생존 단계

생존 단계(survival stage, 보육교사 1년차)는 보육교사가 교직 생활을 시작한 첫해, 즉 최초의 교직 1년에 해당하는 시기다. 이 시기에 교사는 생존에 대한 관심사를 가지는데, 자신이 교사로서 어린이집 현장에서 부딪히는 문제를 잘 처리할 수 있을지 걱정하며 어린이집 현장에 적응하기 위해 고민하는 모습을 보이므로 경력교사의 지원, 이해, 격려, 확신, 위로 등이 필요한 시기에 해당한다(이순형 외, 2013).

이처럼 보육교사가 된 후 첫 1년 동안 교사의 최대 관심은 교직 생활에서 생존

할 수 있을 것인가 여부에 집중되어 있다. 초임보육교사들은 영유아들과 하루를 무사히 잘 지낼 수 있을 것인가, 과연 이 일이 자신에게 적합한 것인가, 동료교사들과 부모들에게 잘 받아들여질 것인가 등 보육교사로서 교실 상황에서 생존하는 것에 대해 걱정하게 된다. 이 과정에서 실제 교실에서 매일매일 직면하게 되는 당면 과제를 잘 해결하지 못할 경우 스스로 보육교사로서의 자질을 의심하고 자신감을 상실할 수도 있다(문혁준 외, 2014).

생존 단계에서 모든 보육교사가 어려움을 겪는 것은 아니다. 어떤 초임교사는 다른 초임교사보다 어려운 시기를 수월하게 지나가고, 어떤 초임교사는 다른 초임교사보다 어려운 시기를 더 어렵게 지나게 된다. 어떤 교사는 3~4개월만에 경력교사처럼 교실을 운영하나, 어떤 교사는 경력이 5년 이상이 되어도 초임교사와 같은 모습을 보이는 경우가 있다. 이처럼 개별 보육교사의 특성에 따라 생존 단계에서 경험하게 되는 어려움의 정도에는 차이가 있다. 초임교사들이 경험하게 되는 여러 문제들을 잘 처리해 나가고 보다 빠른 시기에 극복하도록 돕기 위해서 주위의 관심과 지원이 필요하다(민성혜 외, 2013).

생존 단계에 있는 보육교사에게 적절한 지도방법은 지원, 이해, 격려, 확신, 위로 등의 심리적 안정을 제공하고, 교수방법이나 교실 운영에 대해서 보다 구체적으로 지도하는 것이다. 생존 단계 교사의 경우에 자신과 성향이 비슷하고 자신이 의지할 수 있는 원내 혹은 원외 지지자를 스스로 찾아서 그 지지자에게 어려움을 이야기하고 지원을 받는 것도 현명한 방법이다. 생존 단계의 보육교사라고 해서 격려와 인정, 위로만으로 성장하는 것은 아니므로 생존 단계의 보육교사도 적절한 지도를 받아 보다 빠르게 직무에 적응할 수 있어야 한다. 따라서 생존 단계의 보육교사는 자기가 생존 단계에 해당하는 교사임을 인정하고 자신에게 구체적 도움을 줄 수 있는 지원자를 찾거나 관련 매체를 찾으려고 노력해야 한다(민성혜 외, 2013).

양성교육기관에서 보육교사 자격 관련 교과목을 이수하고 보육교사 자격증을 취득하여 어린이집에 취직을 한 첫해에 담임교사라는 중책을 맡게 되면서 여러 가지 당황스러운 경험을 하게 된다. 이 시기를 무사히 넘어가기 위해서는 우선 예비보육교사 과정, 즉 대학교의 보육관련 학과에서 이론과 실제에 대한 경험을 쌓는 것이 우선된다.

(2) 2단계: 강화 단계

강화 단계(consolidation stage, 보육교사 2~3년차)는 교직경력이 2~3년 정도가 되는 시기로 강화 단계에 이르면 교사들은 어느 정도 안정감과 자신감을 갖게 되며 지금까지 배운 것들을 확고히 할 수 있고 다른 업무나 기술을 숙달하며 개별적인 문제 유아와 상황에 초점을 두기 시작한다. 이 시기의 교사에게는 동료교사와의 감정적 공유, 경력교사의 풍부한 경험 및 전문가의 도움이 필요하다(임승렬 외, 2014).

보육교사로서의 첫 1년을 무사히 지내고 나면 대부분의 보육교사들은 자기 자신을 교실 상황에서의 위기를 잘 극복하고 생존할 수 있는 능력이 있는 존재로 여기게 되고, 교직 생활 2년 혹은 3년차가 되면 어느 정도의 안정감을 갖게 된다. 강화 단계에 해당하는 교사는 어느 정도 안정감과 자신감을 가지게 되고 어린이집의 1년 운영에 익숙해지게 된다. 일상적인 업무처리에 익숙해지고 개별적인 유아의 문제나 상황에 관심을 가지고 그것을 적극적으로 학부모와 상담하면서 해결한다. 이처럼 강화 단계에서는 생존에 대한 즉각적인 관심에서 벗어나 개별 영유아와 특정한 문제 상황에 관심을 가지게 된다. 부모와 떨어지기 힘들어하는 영유아를 어떻게 도와줄 수 있을 것인지, 자신의 감정을 잘 조절하지 못하는 영유아들을 어떻게 지도하는 것이 좋을지, 집단생활에서 어려움을 경험하거나 또래의 활동을 방해하는 영유아들을 도울 수 있는 효율적인 방법이 무엇인지 등 영유아들을 잘 지도할 수 있는 방법에 관심을 두게 된다(문혁준 외, 2014). 따라서 강화 단계의 교사는 자신이 어느 정도 어린이집에서의 생활에 익숙해졌다고 판단될 경우 교육활동에서 자기만의 특성을 살리고, 전문적인 교사의 모습을 갖출 수 있도록 노력해야 한다.

강화 단계의 보육교사에게 가장 적절한 장학은 동료장학이다. 현장에서 경험이 많은 교사와 짝을 이루어 유아의 문제행동에 대한 경험 나누기나 정보 제공을

해 주거나, 수업에서의 융통성이나 조직화에 대해 지도하여 보육교사라는 직업에 대해서 좀 더 전문적인 시각을 가질 수 있도록 지도하는 것이 필요하다. 강화 단계에는 동료 및 상담자의 충고가 도움이 되는데, 동료장학을 통해 평가에 대한 특별한 부담을 갖지 않고 자신의 수업의 질을 높일 수 있도록 지원해야 하며, 이제 생존 단계를 벗어난 교사들이므로 정서적 지원과 격려 역시 아끼지 않아야 한다(민성혜 외, 2013).

(3) 3단계: 갱신 단계

갱신 단계(renewal stage, 보육교사 3~5년차)는 교직경력이 3~5년 정도가 되는 시기로 보육교사로서 자신감을 확고히 하는 한편, 새로운 변화를 모색하는 시기다. 이 시기에 이르면 교사는 반복되는 일에 새로운 변화를 추구하면서 자신의 관심을 보육 전반으로 확장하게 된다. 이렇게 확장된 관심사를 충족하기 위해 보육과 관련된 협회에 가입하거나, 상위의 학위를 취득하거나, 폭넓은 독서를 하거나, 다양한 분야의 전문가를 접촉하는 등의 과정을 거친다(이순형 외, 2013).

보육교사가 된 지 3년 또는 4년이 지나면서 보육교사는 어린이집의 보육교사로서 반복되는 일상에 싫증을 느끼게 되고, 기존에 자신이 사용하던 교수방법에 대해 뒤돌아보면서 개선할 사항이나 새로운 교수방법을 찾기 위해 노력하므로 이 시기는 자신에게 익숙한 교육적 접근 외에 새로운 아이디어를 찾게 되는 시기다. 다양한 프로그램에 대한 정보, 동료교사와의 만남, 수업참관, 전문가와의 상담 등을 통해 교사발달에 대한 요구가 생긴다.

갱신 단계는 과거와 같은 일을 반복하기보다는 무엇인가 새로운 것을 시도해 보고자 하는 시기다. 이전 강화 단계에서 정규적인 일상에 익숙해지고 보육교사의 직업을 지속하기로 결정한 교사들은 이제 새로운 정보와 도움을 얻고자 적극적인 모습을 보이게 된다. 갱신 단계의 보육교사들은 자기장학의 방법으로 전문서적도 읽고, 강습회와 연수에도 많이 참가하고, 대학원에 등록하는 경우도 많으며, 협회와 전문단체, 저널, 잡지, 시범 프로젝트, 교사센터 방문 등의 보다 적극적인 방법을 취한다.

(4) 4단계: 성숙 단계

성숙 단계(maturity stage, 보육교사 5년차 이상)는 교직경력이 5년 이상인 보육교사들이 해당하는 시기로 보육교사로서 자신감을 가지고 교사로서의 유능감을 형성하게 되는 시기다. 이전 갱신 단계에서는 보육교사로서 매일매일 직면하는 실제적인 교실중심의 상황에 관심이 집중되었다면, 성숙 단계에서는 보다 근본적이고 철학적인 질문들에 의미를 두게 되어 일상적인 관심사에서 벗어나 좀 더 근본적인 질문을 하게 된다. 예를 들면, 보육교사로서 자신이 지니고 있는 아동관이 무엇인지, 영유아들이 궁극적으로 어떤 성인으로 성장하길 바라는지, 영유아의 학습과 발달의 원동력이 무엇인지 등에 대해서 보다 깊은 관심을 가지게 된다(문혁준 외, 2014).

성숙 단계의 교사들은 교사로서 완전한 자신감과 경험을 갖추게 되므로 교사로서 자신을 인정하고 자아 갱신을 위한 전략과 방법을 개발하며, 철학, 성장과 학습의 본질, 학교와 사회의 관계 등 교직 전반에 걸쳐 나름대로의 안목과 관점을 갖게 된다. 따라서 이들에게는 직접적 지원방식보다는 보다 심층적인 지식을 탐구하기 위한 전문가협회나 세미나 참석, 대학원 학위 취득의 기회 등을 통하여 자신들의 요구가 만족될 기회를 제공한다(임승렬 외, 2014).

일반적으로 성숙 단계는 교직경력이 5년 이상 되었을 때 도달하는 시기이지만, 경력 연수가 5년 이상 되었다고 해서 반드시 성숙 단계에 이르는 것은 아니며, 보육교사의 관심사가 성숙 단계에 해당되는 관심사에 도달했느냐에 따라 성숙 단계에 해당하는지 여부가 결정된다. 보육교사는 성숙 단계에 이르면 교사로서 완전한 자신감과 경험을 갖추게 되어 자신을 인정하게 되고, 부족한 부분에 대해서는 자율적으로 채워 나갈 줄 알게 되며 자신의 경험을 조직화하여 다른 교사들을 지도하고 지원하는 데 사용할 수 있다. 또한 자신의 철학을 견고히 할 수 있고 모든 관계에 대해 나름대로의 안목을 가지며 문제해결도 원만하게 할 수 있게 된다(민성혜 외, 2013).

　　보육교사가 가진 관심사는 교직 경험에 따라 달라지기 때문에 각 단계에 맞는 효과적인 교사교육방법도 달라진다. 카츠는 보육교사의 발달 단계에 따른 교사교육방법을 제안하였는데, 먼저 생존 단계의 보육교사들은 일상적인 교실 상황에서의 생존 여부에 관심이 많으므로 특정한 상황에 맞는 교수 전략과 영유아들의 행동에 대한 구체적인 대처방법들을 알려 주는 상황중심의 교육이 필요하다(문혁준 외, 2014). 둘째, 강화 단계의 보육교사들은 특정한 문제를 지닌 개별 영유아와 문제 상황에 관심이 많으므로 경력보육교사와 함께 특정한 문제 상황을 해결해 나가거나 특정한 영유아를 돕기 위한 방법을 탐구하는 과정에 참여하는 교사교육이 필요하다. 셋째, 갱신 단계의 보육교사들은 자신의 교육방법에 대해 뒤돌아보고 새로운 교육적 접근에 관심이 많으므로 학술세미나에 참석하거나 동료보육교사들의 수업을 참관하는 교사교육이 필요하다. 마지막으로 성숙 단계의 보육교사들은 아동관이나 보육의 목적 등 근본적인 질문에 관심이 많으므로 워크숍이나 학술세미나에 참여하는 기회를 제공하고, 동료보육교사들과의 깊이 있는 토론을 제공하는 교사교육이 필요하다.

표 12-2　카츠가 제안한 보육교사의 관심사 발달에 따른 교사교육방법

단계	1단계: 생존 단계	2단계: 강화 단계	3단계: 갱신 단계	4단계: 성숙 단계
관심사	일상적인 교실 상황에서의 생존 여부에 관심을 가짐	특정한 문제를 지닌 개별 영유아와 문제 상황에 관심을 가짐	자신의 교육방법에 대해 뒤돌아보고 새로운 교육적 접근에 관심을 가짐	아동관과 보육의 목적 등 근본적인 질문에 관심을 가짐
교사 교육 방법	구체적인 상황중심의 조언이 필요함	경력이 많은 선배 보육교사와 함께 특정한 문제 상황을 해결하는 방법에 대해서 탐구하는 과정이 필요함	새로운 보육프로그램에 대한 학술세미나에 참석하거나 자신의 수업에 대한 평가 및 동료보육교사의 수업참관을 통해서 도움을 받음	학술 대회나 세미나 참석, 대학원 진학, 폭넓은 독서, 혹은 동료보육교사들과의 깊이 있는 토론이 필요함

출처: 문혁준 외(2014). 보육교사론.

더 알아보기　　**보육교사의 관심사 발달에 대한 단순·직선모형의 한계점**

　　단순·직선모형은 다음과 같은 측면에서 한계를 가진다. 먼저 한 단계에서 다음 단계로 변화하는 연속적인 과정에 대한 설명이 부족하고, 변화의 원인이나 발생 기제에 대한 설명도 부족하며, 상위 수준의 발달 단계와 효과적인 교수활동 간의 관계가 명확하지 않다. 또한 교직경력 초기 5년 정도에 한정할 경우 그 기간 내에 성숙 단계에 도달한다고 규정하므로 교사의 전생애 동안의 발달 특성에 대해 규명하지 못하였고, 교사발달을 연령별로 접근하여 장기적으로 설명하는 경우 그 해당 연령을 지나치게 넓게 규정하고 있어 발달 단계별 특성을 구체적으로 제시하지 못하였다(노길영, 2000). 마지막으로 외부 환경의 영향력을 간과하였는데(이정현, 2010), 이러한 한계점으로 인해 보육교사의 전문성 발달에서 역동성을 강조한 모형이 등장하게 되었다.

출처: 노길영(2000). 경력 유치원 교사를 통해 본 교사발달의 제요인 및 유형; 이정현(2010). 어린이집 교사의 발달을 저해하는 요인에 관한 연구.

　　복합·순환모형은 단순히 교직경력이나 연령에 따라 보육교사가 유형화되는 것이 아니라, 교사 개개인의 특성과 환경 요인에 따라 교사의 전문성 발달이 이루어지기 때문에 복합적이고 순환적인 주기를 갖는다는 입장이다. 복합·순환모형은 교직발달이 한 단계 다음에 반드시 다음 단계를 거쳐야 한다거나 모든 단계를 다 거치는 것이 아니라, 다음 단계를 건너뛰거나 이전 단계로 되돌아갈 수도 있으며, 여러 단계의 특성이 특정 단계에서 동시에 복합적으로 나타날 수 있음을 보여 준다. 이러한 복합·순환모델의 대표적인 예로 버크와 동료들(Burk, Christensen, & Fessler, 1986)의 교직순환모델과 휴버먼(Huberman, 1993)의 복합주기모델이 있다.

3) 버크와 동료들의 교직순환모델

　　버크와 동료들(Burk, Christensen, & Fessler, 1986)은 보육교사의 관심사 발달과정을 역동적이고 순환적인 것으로 간주하고 순환적·역동적 관점에서 보육교사의 관심사 발달에 접근하여 교직경력의 시기를 구별하지 않는 교직순환모델

(TCCM: Teacher Career Cycle Model)을 제안하였다. 이들은 교사 발달 이론에 성인 발달 이론을 종합하여 교직순환모델을 제시하였고, 발달에 영향을 미치는 개인적 요인과 조직적 요인이 보육교사의 생애 주기에 영향을 미침으로써 교사 발달 단계가 순환된다고 주장하였다. 교직순환모델의 개인 영역에는 가족 경험, 발달 단계, 긍정적 경험, 위기적 사건이 포함되며, 조직 영역에서는 전문가 단체, 운영 스타일, 정책, 공공적 신뢰, 사회적 기대 등이 포함된다(염지숙, 이명순, 조형숙, 김현주, 2014). 교직순환모델에서는 보육교사의 발달을 교직 이전 단계, 교직 입문 단계, 능력 구축 단계, 열중ㆍ성장 단계, 교직 좌절 단계, 안정ㆍ침체 단계, 교직 쇠퇴 단계, 교직 퇴직 단계의 8단계로 구분하였다.

표 12-3 버크와 동료들의 교직순환모델 단계별 내용

단계	내용
교직 이전	보육교사가 되기 위한 준비 기간
교직 입문	교직에 입문하여 보육교사 3년차까지의 기간
능력 구축	교수 행위와 관련된 기술 증진에 초점을 두는 기간
열중ㆍ성장	높은 수준의 직업만족도를 가지고 교직을 수행하는 기간
교직 좌절	교수 행위에 대해 좌절감과 환멸을 느끼는 기간
안정ㆍ침체	보육교사에게 기대되는 최소한의 역할만을 하며 안정을 추구하는 기간
교직 쇠퇴	은퇴를 준비하는 기간
교직 퇴직	은퇴를 하거나 교직에 대한 대안을 찾는 기간

출처: Burke, Christensen, & Fessler(1986). *Teacher career stage: Implications for staff development.*

(1) 교직 이전 단계

교직 이전 단계(Preservice stage)는 보육교사로서의 직업적 역할을 준비하는 시기로 대학교, 보육교사교육원의 양성교육기관에서 보육교사가 되기 위한 교육을 받는 기간에 해당된다. 예비보육교사뿐만 아니라 경력교사도 주임교사, 원감 등 새로운 역할을 수행하기 위한 준비 단계에 있는 경우 교직 이전 단계에 해당한다.

예비보육교사의 경우에는 보육교사가 되고자 필요한 전문적 지식과 기술을 습득하기 위해 교육받는 시기이며, 경력교사의 경우에는 고등교육기관에 진학하거나 보육교사로서 근무 중 교사 발달의 일부분으로서 새로운 역할이나 업무를 재훈련 받는 시기다.

(2) 교직 입문 단계

교직 입문 단계(Induction stage)는 교직 입문 초기의 몇 해 동안 일상적인 활동에 익숙해져 가는 기간으로 자신이 속한 어린이집 시스템에 적응하고 사회화되는 단계다. 즉, 영유아, 동료교사, 원장으로부터 인정을 받으려고 하거나 근무기관 등을 바꾸면서 보육교사로서 생존하고자 노력하는 시기에 해당한다. 초임교사의 경우 어린이집 현장에서의 일상생활에 익숙해져 가며 보육교사로서 생존하려고 노력하고, 경력교사의 경우에는 주임교사, 원감 등 새로운 역할 수행을 위해 노력한다. 보육교사 개인의 특성과 어린이집의 분위기 등에 따라 교직 입문 단계의 기간은 차이가 있다.

(3) 능력 구축 단계

능력 구축 단계(Competency building stage)는 보육교사가 수동적인 적응의 시기를 벗어나 자신의 교수기술과 능력을 향상시키기 위해 새로운 교수자료, 교수방법, 교수전략을 보다 적극적으로 탐색하는 시기에 해당한다. 자신에게 주어진 역할을 수행하기 위해 요구되는 능력과 기술을 향상시키고자 적극적이고 능동적으로 노력하는 단계로 새로운 교수자료와 교수방법 등을 습득하기 위해 워크숍, 세미나, 학술대회 등에 자발적으로 참여하거나 대학원 진학도 추진한다. 워크숍이나 학술대회에 적극적으로 참여하고 자기주도적으로 대학원에 입학하는 등 자신의 노력이 성공적으로 달성되면 성장의 단계로 이동하지만 성공하지 못할 경우에는 오히려 좌절의 단계로 이동하게 된다(박은혜, 2013).

(4) 열중 · 성장 단계

열중 · 성장 단계(Enthusiastic and growing stage)는 보육교사가 자신의 직무상 높은 수준의 능력을 갖추며 전문가로서 지속적인 발전을 추구하는 단계다. 이 단계에 해당하는 보육교사들은 교직 수행에 필요한 전문적 지식과 기술을 습득하고 있으며, 이러한 전문성을 향상시키기 위해 끊임없이 노력한다. 또한 자신의 일을 사랑하며 자신의 직업에 대한 만족도도 높고 영유아와의 상호작용을 기대한다.

(5) 교직 좌절 단계

교직 좌절 단계(Career frustration stage)는 보육교사가 자신의 일에 회의와 좌절을 느끼며 직무만족도가 낮아지게 되면서 높은 교직 이직률이 나타나는 시기다. 즉, 장기간의 교직생활로 인해 교직에 대해 좌절감과 환멸감을 느끼는 단계다. 보육교사로서의 삶에 대한 회의와 좌절에 빠져 있는 보육교사들은 더 이상 영유아를 가르치는 일에 의미를 부여하기 어려우며, 자신이 보육교사로서 적합한지에 대해 의구심을 갖게 된다.

(6) 안정 · 침체 단계

안정 · 침체 단계(Stable and stagnant stage)는 보육교사로서 안정된 생활을 하고 있지만 침체되어 있어 주어진 일만 수동적으로 수행하고 변화를 원하지 않는 시기다. 즉, 자신이 하고 있는 일에 익숙해져 특별한 변화 없이 현재의 상태를 유지하려고 한다. 이 시기 보육교사들은 더 이상 자신의 성장과 발전을 추구하거나 노력하지 않고 현실에 안주하는 모습을 보인다.

(7) 교직 쇠퇴 단계

교직 쇠퇴 단계(Career wind down stage)는 보육교사들이 교직을 떠날 준비를 하는 시기에 해당한다. 교사에 따라 은퇴를 즐겁게 긍정적으로 받아들이기도 하고 은퇴로 교직을 그만두도록 강요받는다고 느껴 분개하거나 괴로워할 수도 있다(임승렬 외, 2014).

(8) 교직 퇴직 단계

교직 퇴직 단계(Career exit stage)는 보육교사가 교직을 사임하거나 퇴직하는 시기에 해당한다. 보육교사의 퇴직에는 교직을 그만두는 경우와 함께 출산이나 육아 등의 이유로 일시적인 휴직을 하는 경우도 포함된다. 퇴직을 하려는 원인에 따라 퇴직을 긍정적으로 또는 부정적으로 받아들일 수 있다. 예를 들어, 정년퇴직, 결혼, 대학원 진학 등의 이유로 인해 퇴직하는 경우에는 퇴직을 긍정적인 관점으로 볼 수 있지만, 교직이 적성에 맞지 않거나 현재의 어린이집에 적응이 어려워 퇴직하는 경우에는 퇴직을 부정적인 관점으로 보게 된다(박은혜, 2013).

더 알아보기　　**보육교사의 전문성 발달에 대한 휴버먼(Huberman)의 복합주기모델**

휴버먼(Huberman)의 복합주기모델은 보육교사의 전문성 발달이 단일한 방향으로 진행되는 것이 아니라 여러 방향으로 진행된다고 제안하고, 보육교사의 발달을 생존 및 발견 단계, 안정화 단계, 실험 및 행동주의 단계, 회의 및 자기의심 단계, 평온 단계, 보수주의 단계, 이탈 단계의 7단계로 구분하였다.

출처: 조부경 외(2001). 유아교사의 발달을 돕는 장학.

더 알아보기　　**멘토링과 보육교사의 전문성 발달**

멘토링은 지식과 경험을 가지고 있는 사람이 멘토가 되어 도움을 필요로 하는 사람이 지속적으로 발전할 수 있도록 지원하는 것으로 전문성을 충분히 갖춘 교사가 후배교사에게 모델링이 되어 주고 교수학습방법에 대한 지원뿐만 아니라 정서적인 지원을 함께 제공함으로써 교사의 전문성이 향상되도록 돕는 과정이다(Scott, 1999). 우리나라 보육교사들은 경력에 상관없이 멘토링 참여의사가 높으며 경력이 낮을수록 인간관계에 기초하여 교사 자질 향상을 위한 멘토링을 필요로 하는 것으로 나타났다. 또한 멘토링에 참여하기 이전에는 보육프로그램에 대한 명확한 개념을 형성하지 못한 보육교사들이 멘토링에 참여한 이후에는 보육프로그램에 대한 이해와 수행 능력이 향상된 것으로 보고되어 개별 교사의 관심사를 반영한 교사교육이 필요함을 알 수 있다.

출처: 백영숙, 김준자(2011). 보육시설 종사자들의 멘토링과 멘토교육에 대한 인식 및 요구: 전남지역을 중심으로.

노길영(2000). 경력 유치원 교사를 통해 본 교사발달의 제요인 및 유형. 이화여자대학교 석사학위논문.

문혁준, 안효진, 김경희, 김영심, 김정희, 김혜연(2014). 보육교사론(개정판). 서울: 창지사.

민성혜, 신혜원, 김의향(2013). 보육교사론(3판). 경기: 양서원.

박은혜(2013). 유아교사론(4판). 서울: 창지사.

백영숙, 김준자(2011). 보육시설 종사자들의 멘토링과 멘토교육에 대한 인식 및 요구: 전남지역을 중심으로. 아동교육, 20(2), 111-129.

염지숙, 이명순, 조형숙, 김현주(2014). 유아교사론. 서울: 정민사.

이순형, 권기남, 김진욱, 민미희, 김정민, 김은영, 이성옥, 정현심, 심도현, 안혜령(2013). 보육교사론. 경기: 양서원.

이정현(2010). 어린이집 교사의 발달을 저해하는 요인에 관한 연구. 인천대학교 석사학위논문.

임승렬, 김연미, 이은정(2014). 영유아 교사를 위한 보육교사론. 경기: 파워북.

조부경, 백은주, 서소영(2001). 유아교사의 발달을 돕는 장학. 경기: 양서원.

Burden, P. R. (1983). Implication of teacher career development: New roles for teachers, administrators, and professors. *Action in Teacher Education, 4*(4), 21-25.

Burke, P., Christensen, J., & Fessler, R. (1986). *Teacher career stage: Implications for staff development.* Bloomington, IN: Phi-Delta Kappa.

Fuller, F. F. (1969). Concerns of teachers: A development conceptualization. *American Educational Research Journal, 6,* 207-226.

Fuller, F. F., & Brown, O. (1975). Becoming a teacher. In K. Ryan (Ed.), *Teacher education: Seventy-fourth yearbook of the National Society for the Study of Education.* Chicago, IL: University of Chicago Press.

Huberman, M. (1993). *The lives of teachers.* New York: Teachers College Press.

Katz, L. G. (1972). Developmental stages of preschool teachers. *The Elementary*

School Journal, 73(1), 50-54.

Scott, N. H. (1999). Supporting new teacher: A report on the 1998-99 beginning teacher induction program in New Brunswick. ERIC Document Reproduction Service No. ED 437 437.

13
보육교직원 현직교육

　이 장에서는 보육교직원의 현직교육을 살펴보고자 한다. 현직교육이란 일정한 자격을 갖고 임용된 교사에게 해당 직무에 대한 적응능력을 길러 주기 위해 의무적으로 부가되는 제반 교육 훈련 활동을 의미한다. 보육교직원의 현직교육 필요성을 살펴보고, 법적 및 제도적 근거를 살펴본다. 또한 현직교육의 유형을 정부주도의 현직교육, 관련 협회나 기관 중심의 현직교육, 어린이집 중심의 현직교육, 교사 개인이 주도하는 현직교육을 비교하며 정리한다. 마지막으로 정부주도의 현직교육인 보수교육 관련 법령과 보육사업안내를 중심으로 살펴본다.

1. 현직교육의 개념과 필요성

1) 현직교육의 개념

현직교육이란 일정한 자격을 갖고 임용된 교사에게 해당 직무에 대한 적응능력을 길러 주기 위해 의무적으로 부가되는 교육 훈련과 재직 중 교사의 전문적 능력을 배양하고 일반적 자질을 향상시키기 위해 자발적 또는 의무적으로 행하는 제반 교육 훈련 활동을 말한다(김종철, 김종서, 서정화, 정우현, 정재철, 김선양, 1994). 선진국들의 경우 70년대 중반부터 교사교육의 중심을 직전교육에서 현직교육으로 이동시키기 위한 노력을 계속하고 있다. 지속적이고 단계적인 교사의 전문성 발달을 위해서는 교사의 현직교육이 중요하다.

우리나라의 경우, 유치원 교사 및 보육교사를 위한 현직교육의 첫 출발은 1920년대의 급격한 유치원 증가로 말미암아 교사 부족현상이 일어나면서 시작되었다. 유치원을 먼저 설립하고 유치사범과의 개설이 늦어진 탓으로 유치원 교사 부족은 심각한 문제였기 때문에 교사 부족의 일시적 해결방법으로 도처에서 보모강습회를 개최하였던 것이다(이상금, 1991). 이렇듯 우리나라 유아교육 교사의 현직교육은 유아교육계의 자발적인 요구에 따라 시작되어 점차로 확대되어 왔는데, 어린이집 교원의 현직교육은 우수한 교원 확보라는 관점에서나 전문성 신장이라는 입장에서 볼 때 더욱 중요하다고 할 수 있다. 이미 교직에 종사하고 있는 교사가 연수활동으로서 특정한 시간과 장소를 가리지 않고 평소에 끊임없이 학습하는 것으로, 자기 스스로의 연수, 교사에게 요구되는 일반적인 자질을 향상시키는 일 그리고 상위의 자격을 획득하기 위한 일들이 포함한다.

넓은 의미에서 유치원 교사의 현직교육과 보육교직원의 현직교육은 차이가 없으나 행정기관이 주도하는 현직교육의 제도에 있어 유치원 교사와는 차이를 보인다. 유치원 교사의 현직교육제도는 교원 연수에 관한 내용과 관련이 있고 보육교직원의 현직교육제도는 「영유아보육법」에 근거한 보수교육과 관련이 있다. 즉, 보육교직원의 현직교육은 보육교사직을 수행하는 중에 이루어지는 모든 교육이나 훈련을 의미한다. 보육교직원의 현직교육은 교육행정기관이 정책적으로 시행하는 각종 연수와 교사 개인이 자발적으로 시행하는 자기연수까지 포함한다 (김기태, 조평호, 2006). 또한 일정한 자격을 갖추고 임용된 교사를 위해 해당 직무에 대한 적응능력을 길러 주고자 의무적으로 행하는 교육 훈련과 현재의 자격보다 상위의 자격을 획득하기 위한 승급교육 등 교직에 있는 교사가 특정 시간과 장소를 떠나서 계속적으로 행하는 모든 교육을 의미한다.

보육교직원의 자질은 보육의 질을 결정하는 핵심요소로서 기관의 교육활동의 성공은 우수한 교직원을 확보하여 현장에서 교직을 유능하게 수행하도록 지원하는 데 달려 있다. 전문가에게는 전문성 함양을 위한 자기계발과 현직교육이 필수적이다(〈표 13-1〉 참조). 직전교육에서는 보육교사가 되기 위한 과정을 모두 마치고 보육교사가 된 이후에는 현직교육이 반드시 필요하다. 보육교사를 위한 직전교육과 현직교육은 별개의 과정이 아니라 연속적 과정으로 하나의 연속선상에서 통합적으로 운영되어야 하며, 계속교육의 필요성이 강조되어야 한다. 특히 보육교사의 전문성은 인성과 같은 개인적 자질과 교직 수행에 필요한 전문적 자질이 필요한데, 이는 보육교사 양성교육과정을 통해 이루어지지만 양성교육과정 기간 내에 완벽하게 마무리될 수 있는 것이 아니다. 교사의 전문적 자질은 이론만으로 갖춰질 수 있는 것도 아니며, 짧은 기간의 보육실습을 통해서 개발되는 것이 아니라 현장에서 영유아를 대상으로 교사직을 수행하면서 발생하는 모든 보육업무를

표 13-1 직전교육과 현직교육

- 직전교육: 교사가 되기 위해 필요한 기초적인 내용을 체계적으로 교육 받는 것, 교사양성 교육과정이 이에 해당된다.
- 현직교육: 현직교사들이 계속적인 성장과 발전을 할 수 있도록 도움을 주는 것으로 현직 교육은 교육행정기관이 정책적으로 시행하는 각종 자격연수와 직무연수 및 교내연수와 교사들이 자발적으로 행한 자기연수를 포함하는 개념이다.

처리하는 과정에서 얻게 되는 실천적 지식이 누적되어 지속적으로 획득하게 되는 진행적인 요소라고 할 수 있다.

정리하자면 현직교육은 보육교직원이 계속적인 성장과 발전을 할 수 있도록 도움을 주는 것으로, 보건복지부장관이 시행하는 승급교육, 직무교육, 교내연수, 교사들이 자발적으로 행하는 각종 자기연수를 포함하는 개념이다.

2) 현직교육의 필요성

보육교직원의 질적 수준과 전문성 확보는 개개인의 인성, 자질 등 다양한 요인에 의해 이루어지지만, 양성교육과 현직교육으로 이루어지는 교육이 보육교직원의 질적 수준을 고양하는 핵심적 방안이라고 할 수 있다. 직전교육은 교사가 되기 위한 필요조건이나 훌륭한 교사가 되기 위한 충분조건은 아니다. 훌륭한 교사가 되기에 충분한 교육기간은 끝이 없다. 즉, 교사는 교사를 그만두는 날까지 끊임없이 인성적인 자질과 전문적인 자질을 갖추기 위해 노력해야 한다. 즉, 보육교직원의 보수교육 참여는 보육의 질적 수준을 가늠하는 중요한 요인이며, 보육교직원은 현장적용의 중요성이 높은 직종의 특성으로 인해 자격증만으로 전문성이 담보될 수 없으므로, 지속적인 보수교육을 통해 전문성을 향상시켜야 한다. 보육서비스의 선진화는 1차적으로 어린이집 원장 및 보육교사에게 달려 있으며, 이는 바로 지속적인 재교육을 통해 전문성을 함양시킴으로써 이룰 수 있다((재)한국보육진흥원, 2013b).

보수교육을 통해 보육교직원은 보육과 관련된 이론과 실제를 강화하고 습득함으로써 현재 역할이 적절한지 점검하고, 보육교사 또는 원장으로서 역할과 직무를 수행하는 데 있어서 미비하였던 점들을 보완하며, 앞으로의 보육관련 동향을 파악하고 보육시설의 바람직한 발전방향을 공동으로 모색한다. 변화하는 현대사회에서 현직교사가 전문가로서 교직을 효과적으로 수행하려면 계속해서 배우고 응용 · 적용하고 연구해야 하며, 이는 교사의 전문성 향상에 도움을 줄 뿐만 아니라 보육교직원에 대한 자긍심을 높여 주게 되며, 나아가 사회에서 보육교사에 대한 시각이나 처우개선에도 도움이 된다고 할 수 있다.

현직교육의 필요성은 다음과 같다(이은화, 배소연, 조부경, 2006). 첫째, 응용과학에 속하는 보육 분야의 학문적 특성으로 인해, 지속적인 교육이 요구된다. 다른 학문과는 달리 보육은 교육의 영역에서 하나의 이론으로 모든 현상을 설명하지 못한다. 즉, 효과적으로 수행하려면 계속해서 현장을 배우고 응용, 적용하고 연구해야 하기 때문이다. 그리고 보육교사는 보육현장에서 최선의 자율적인 결정을 내릴 수 있는 능력을 갖추고 있어야 하는데 이러한 능력은 현직교육을 통해 이론적인 지식이나 기술을 자신의 경험에 비추어 이해하고 현장에 적용하며 결과에 대한 반성적인 사고를 통해 교사 스스로의 신념과 실천적 지식을 형성할 때 가능하다. 둘째, 미래의 주인공이 되는 영유아를 가르친다는 점에서 책임감이 막중하다. 급변하는 현대사회에 따른 가치관과 사회적 환경, 가정환경 등이 다양하게 변하기 때문에 아동이 성인이 되어 변화에 적응하는 능력을 갖게 하려면 교사는 남보다 앞서서 첨단 지식을 끊임없이 배워 영유아들에게 정확하게 전달해야만 한다. 셋째, 교사의 교직에 대한 자긍심이나 소명감을 갖는다. 자격취득 교육의 보완으로 보육교사가 자격을 취득한 후 현장에서 보육업무를 수행하기 위해 현직교육이 필요하다. 또한 사회문화적 변화에 따라 새로이 요구되는 지식과 기술의 습득을 위해 필요하며 시간연장형 보육요구가 높아지고 영아 담당 어린이집을 확충하거나 장애영유아를 일반어린이집에서 통합적으로 보육하도록 하는 등의 정책변화가 있으면 변화된 정책을 시행할 수 있도록 교사는 현직교육을 받고 능력을 갖출 필요가 있다. 또 새로운 가치 추구 및 부단한 수양과 연구를 하기 위해 필요하다. 결국, 교사가 교직에 대해 긍정적인 개념을 가질 수 있는 것은 스스로가 능력을 갖추고 자신감 있게 직무를 수행할 때 가능하다. 넷째, 사회에서의 교사에 대한 시각이나 처우개선에 기여한다.

이처럼 보육교사의 현직교육은 전문성 신장을 위해서도 필요하며, 특히 국가에서 주관하는 현직교육인 보수교육의 중요성은 지속적으로 강조되고 있다(김애리, 2004; 이순례, 정수미, 조인숙, 2000; 이현자, 1999; 지성애, 김미경, 유구종, 2005). 이 밖에 사회의 변화에 따라 다양한 형태의 보육기관 확충이 필요하거나 정책적인 변화가 있을 경우에도 새로운 지식과 기술 습득 및 원활한 정책의 시행을 위해 현직교육이 필요하다. 하지만 현직교육이 필요하다고 하여 무조건 행한다고 전문성이 신장되는 것은 아니며, 교직원의 전문성 신장은 지속적이고 개인적으로 의미 있는 활동에 참여할 때 일어난다. 현재 너무나 많은 현직교육이 집단교육 형태로 이루어지고 있고, 개인적 전문성 신장을 고려하지 않으며 즉각적으로 효과가 드러나는 집단훈련을 지향하고 있어 전문성 신장과 관련하여 중요한 요소인 개인적 배려가 부족한 실정이다(Marczely, 1996).

따라서 전문성 신장을 위해 필요한 현직교육이 지속적이고 의미 있는 교육이 되기 위해서는 교사들이 선택할 수 있는 현직교육의 형태가 더욱 다양화되고 권한이 확대될 필요가 있으며, 한편으로는 보육교직원 스스로의 끊임없이 발전하려는 의지와 실천노력 없이 전문적 발달도 이루어질 수 없다는, 보육교직원 자신의 인식이 선행되어야 한다. 또한 국가와 어린이집은 이러한 교사들의 자각을 동기부여할 수 있는 근무 여건과 재정적 지원에 대한 정책부터 현실화해야 할 것이다.

2. 현직교육의 법적 및 제도적 근거

보육교직원 현직교육의 법적 근거는 「영유아보육법」에 제시되어 있다. 우리나라에서는 법에 근거한 현직교육으로 어린이집 원장과 보육교사의 자질 향상을 위한 보수교육을 실시해야 함을 「영유아보육법」 제23조에서 규정하고 있으며 구체적인 내용은 〈표 13-2〉와 같다.

보수교육은 보육교직원의 자질 향상을 위해 실시하는 정부 주도의 보육교직원 현직교육을 의미한다. 보수교육은 직무교육과 승급교육으로 구분된다. 직무교육은 보육에 필요한 지식과 능력을 유지·개발하기 위하여 보육교직원이 정기적으로 받는 교육이며, 승급교육은 보육교사가 상위등급의 자격(3급 · 2급, 2급 · 1급)을 취득하기 위해 받아야 하는 교육이다.

보수교육의 중요성을 인식한 정부는 보육서비스의 질적 수준 향상을 위해 2004년 「영유아보육법」 개정을 통해 보수교육에 대한 규정을 일부 개정하여 보육교사 및 원장이 보수교육을 의무적으로 이수하도록 하였고, 연속하여 3회 이상 받지 아니한 경우 자격정지(「영유아보육법」 제46조, 제47조) 처분을 받도록 강화하였다.

표 13-2 영유아보육법상의 보수교육 규정

영유아보육법

① 영유아보육법 제23조

보건복지부장관은 보육시설종사자의 자질 향상을 위한 보수교육을 실시해야 한다. 보수교육은 직무교육과 승급교육으로 구분되며 보수교육은 대학(전문대학 포함) 또는 여성가족부령이 정하는 전문기관에 위탁하여 실시할 수 있다.

② 영유아보육법 시행규칙 제20조, 제21조

■ 보수교육은 직무교육과 승급교육으로 구분

직무교육은 보육에 필요한 지식과 능력을 유지 · 개발하기 위하여 보육시설종사자가 정기적으로 받는 교육으로서 교육시간은 40시간을 원칙으로 한다. 승급교육은 보육교사가 3급에서 2급 또는 2급에서 1급으로 승급하기 위하여 필요한 교육으로서 교육시간은 80시간을 원칙으로 한다.

■ 보수교육의 내용

보육기초, 발달 및 지도, 영유아교육, 영유아의 건강 · 영양 및 안전, 가족 및 지역사회 협력, 보육사업의 운영에 관한 영역이 포함되도록 하며 구체적인 내용은 보건복지부장관이 정한다.

■ 직무교육 및 승급교육의 대상자, 교육평가, 교육비 등에 관한 내용

영유아보육법 시행규칙 별표 7에 나와 있다. 시 · 도지사는 매년 2월말까지 보수교육의 수요를 파악하여 보수교육계획을 수립하여야 한다.

■ 보수교육의 실시 위탁

위탁할 수 있는 기관은 교육훈련시설, 정부출연 연구기관, 보육관련 비영리법인 · 단체이며 위탁하고자 하는 경우에는 미리 위탁의 기준, 절차 및 방법 등을 자체 게시판이나 인터넷 홈페이지 등을 이용하여 공고하여야 한다.

출처: 법제처 국가법령정보센터(2015). http://www.law.go.kr.

3. 현직교육의 유형

현직교육은 분류기준을 어디에 두느냐에 따라 여러 가지로 분류될 수 있으나, 크게 정부 주도의 보수교육, 관련 협회나 기관 중심의 현직교육, 어린이집 중심의 현직교육, 교사 개인이 주도하는 현직교육으로 나눌 수 있다.

1) 정부 주도의 보수교육

국가에서 주관하는 현직교육은 특성상 의무성과 강제성을 갖춘 경우가 많고 대집단에게 동일한 교육을 일정 기간 동안 행할 수 있는 장점이 있다. 원장과 보육교사의 의무 보수교육을 수행할 때, 또는 국가에서 법을 개정하여 새롭게 시행할 경우나 '누리과정'과 같이 국가수준의 동일한 보육과정을 단기간 내에 전국 기관에 보급해야 할 경우 행해지는 교육 유형이다.

국가에서 주관하는 현직교육은 어린이집 원장과 보육교사의 자질 향상을 위해 실시하는 보수교육이 있으며, 원장의 경우는 사전직무교육과 직무교육으로 나뉘고, 보육교사의 경우는 직무교육과 승급교육으로 구분되어 있다. 여기서 직무교육이라 함은 보육에 필요한 지식과 능력을 유지ㆍ개발하기 위하여 보육교직원이 정기적으로 받는 교육을 말하며 승급교육은 보육교사가 3급에서 2급 또는 2급에서 1급으로 승급하기 위해 필요한 교육을 의미한다. 개정 「영유아보육법」(2014.3.1. 시행)에 따라 원장의 경우 직무교육뿐 아니라 사전직무교육을 반드시 받아야 한다.

최근에는 시간적ㆍ공간적 장점을 가진 원격교육 형태로 현직교육이 많이 이루어지고 있다. 시ㆍ도지사가 위탁한 보육교사교육원이나 대학 등에서 직무교육, 승급교육이 이루어지고 있다.

2) 관련 협회나 기관 중심의 현직교육

　지방자치단체나 구청 단위의 현직교육 또는 대학의 연구소나 학회 등에서 주관하는 교사교육이 있을 수 있으며, 전국 육아종합지원센터에서 주관하는 다양한 교사교육을 들 수 있다. 도 지역별 혹은 분과별 어린이집연합회에서 주관하는 연수회나 강연회를 개최함으로써 지역과 어린이집 유형에 따라 적합한 현직교육이 실시되기도 한다. 이 경우에는 기관 특성에 적합한 주제를 선정할 수 있으므로, 다양한 주제에 따른 교육을 경험할 수 있다는 장점이 있으나 일방향적인 강연이 될 가능성도 고려하여, 집단의 크기와 초빙되는 강사 선정에 신중을 기할 필요가 있으며, 대집단을 대상으로 한 획일적인 강의보다는 각 어린이집별 사전조사를 통해 강의 주제를 선정하는 것이 바람직하다.

　어린이집연합회 외에도 영유아교육단체나 보육교사 교육 프로그램을 개발하는 민간단체, 혹은 현장 교사들을 중심으로 조직된 다양한 연구단체 등에 의해서도 현직교육이 이루어질 수 있다. 이 경우 보육교사 스스로 참여하기도 하지만 어린이집에서 교사를 참여시키기도 한다.

3) 어린이집 중심의 현직교육

　보육교사가 소속된 어린이집에서 자율적으로 교사를 교육하는 연수 프로그램을 개발하거나 연구수업 및 공개수업 등을 계획하여 동료 교직원과 공유하면서 수업에 대해 평가하고 토론하는 교육이 이루어질 수 있다. 어린이집에서 주도하는 현직교육으로는 원장이나 전문가가 교육관련 주제에 대해 교육하는 방법과 교사가 스스로 교육과 관련한 주제를 선택하여 연구·발표하는 교사세미나, 교구개발 등이 다양하게 실시되고 있다. 또한 어린이집의 원장은 각 교사의 발달수준을 인식하여 그에 따른 연수 프로그램을 계획해야 한다. 교사연수 프로그램은 경력, 개인적 능력과 전망을 고려하여 장기간의 성장에 초점을 두어야 하며, 교직원의 사고 및 교수기술에서의 변화를 가져올 수 있어야 한다.

먼저 교사공개수업이나 연구수업, 교사세미나는 교사들이 사전에 계획하여 다른 교사들에게 자신의 수업을 공개하거나 다른 교사의 수업을 참관하는 형태다. 다른 교사의 수업을 관찰하고 토론할 기회를 가짐으로써, 교사들이 수업을 중심으로 협력할 수 있다. 또한 교사들이 수업연구과제의 해결 또는 수업방법의 개선을 도모하기 위해 공동으로 수업연구 및 공개를 계획하고 수업을 관찰하여 이에 대해 협의하는 과정을 통하여 수업방법의 개선을 도모할 수 있다. 유능한 경력교사들이 중심이 되어 운영한다면 더 효과적일 수 있다. 연구수업은 원내 수업장학의 일환으로 한 학급당 1년에 1회 또는 2회 정도씩 이루어진다.

다음으로 강사를 초빙해서 강의를 제공하는 형태로 현직교육을 실행할 수 있다. 어린이집에서 연간 교육계획에 맞추어 외부연수를 받을 수도 있고, 강사를 어린이집으로 초빙하여 강의를 들을 수도 있다. 교사들의 관심사에 맞는 강사를 시설로 초빙하여 강의를 듣거나 연수를 하기도 하고 외부 연수기관에 교사를 보내 교육을 받게 하기도 한다. 이때 교사에게 필요한 주제나 관심 분야를 선정하여 연구회를 개최하거나 다른 어린이집과 연계하여 공동으로 교육모임을 가지는 등 각 기관별로 적합한 현직교육이 이루어질 수 있는데, 주최기관의 운영방향과 교사들의 관심사에 관해 잘 아는 강사나 전문교원이 주관함으로써 깊이 있는 토의가 중심이 된 교육이 이뤄지도록 한다.

이러한 현직교육은 다른 교사를 지도할 능력이 있고 객관적으로 평가할 수 있는 전문성을 갖춘 상급직원이 실시할 때 더욱 효과적이다. 공개수업 형식의 현직교육의 경우 원내에서 이루어질 수도 있으나 선진기관을 선정하여 방문하는 형태로도 실시될 수 있다.

그림 13-1 공개수업

4) 교사 개인이 주도하는 현직교육

보육교직원 스스로 관련 서적이나 정기간행물 또는 인터넷에서 정보를 찾는 것, 교사들끼리의 토론 모임을 정기적으로 갖는 것, 관련 협회나 기관에 회원으로 가입하고 여러 현직교육을 받는 것, 상급학교에 진학하는 것이다. 먼저 개인적인 정보수집과 지식습득 과정으로, 교사가 개인적으로 보육과 관련된 책, 정기간행물, 영상매체, 인터넷 등에서 정보를 찾거나 지식을 습득하는 것을 말한다.

또한 교사들 간에 자율적인 교류를 할 수 있는데, 교사들이 자발적으로 혹은 정기적으로 다른 교사들과 보육에 대한 토론 기회를 가진다. 의무적으로 받아야 하는 정부 주도의 보수교육 내용은 교사마다의 욕구를 다 충족시킬 만큼 차별화되어 있지 않은 반면, 동료교사 간의 자율연수는 자신을 평가하고 동료교사나 전문가의 실제적인 지도와 조언을 받는 기회가 된다. 또 교육활동의 개선을 위하여

기관의 구성원들이 공동으로 노력하는 과정은 동료장학이라고 할 수 있다. 동료 장학의 목적은 교사의 전문성 발달을 위하는 것으로, 외부의 장학사가 아닌 함께 근무하는 동료교사들 간에 서로의 교육활동 개선을 도모하는 과정이다. 또한 지속적인 격려와 지원을 통하여 장기간 동안 장학의 효과를 강화하고 유지할 수 있다. 이 방법은 이미 형성된 동료 간의 친밀감을 바탕으로 개인적인 발달 영역까지의 장학이 가능하며, 교사의 전문성 발달과 함께 기관의 조직적 발달에도 기여한다.

특히 멘토링은 초임교사나 기술적 측면에서 지원이 필요한 교사들을 위해 경력 있고 능숙한 교사들이 전문적이고 개인적인 발달 증진을 위해 도와주는 방법이다. 멘토링이란 한 사람이 다른 사람과 일정한 관계를 장·단기적으로 혹은 정규적, 비정규적으로 주어진 시간을 통해 격려하고 교육하고 지도하는 과정이다 (Holloway, 2001). 이는 시범적인 역할을 포함한 상호작용적인 지원방법이며 전문적인 지원과 정서적인 지원을 모두 포함한다. 즉, 경력 있는 교사들이 모델 역할을 함으로써, 자신보다 경력이 낮은 교사에게 새로운 교수법 학습과 전문적인 규준에 대한 사회화가 이뤄지도록 지원하는 것이다. 이를 통하여 반성적 사고를 하게 되며, 교사들 간의 사고를 공유하고 나눌 수 있는 안전하고 협력적인 전문적 공동체를 구성하게 된 것으로 보고되고 있다.

한편, 교사는 전문단체에 가입하여 단체에서 제공하는 다양한 정보와 지식을 얻을 수 있다. 이는 새롭게 부상되는 이론이나 실제를 배울 수 있는 기회가 된다. 또한 정기적으로 학술세미나 또는 대학원 등 상급학교 진학을 통해, 교사 개인이 새로운 지식이나 고차원적인 전문지식, 정보 등을 많이 얻을 수 있다. 강습회에 참여함으로써, 끊임없이 새로운 지식을 습득하고 자신들이 하는 일의 전문성을 도모할 수 있다.

4. 정부 주도의 보수교육

1) 보수교육의 구분

보수교육을 연속하여 3회 이상 받지 않는 경우 어린이집 원장 또는 보육교사 자격이 정지될 수 있으므로, 보수교육 대상자는 필히 보수교육을 이수하여야 한다. 정부 주도의 보수교육에는 직무교육과 승급교육이 있는데, 〈표 13-3〉과 같다.

표 13-3 교육 구분별 보수교육

어린이집 원장	직무교육				사전직무교육
	일반직무교육	특별직무교육			어린이집 원장 사전직무교육
	어린이집 원장 직무교육	영아보육 직무교육	장애아보육 직무교육	방과후보육 직무교육	
보육교사	직무교육				승급교육
	일반직무교육	특별직무교육			2급 보육교사 승급교육
	보육교사 직무교육	영아보육 직무교육	장애아보육 직무교육	방과후보육 직무교육	1급 보육교사 승급교육

출처: 보건복지부(2015). 2015년도 보육사업안내.

(1) 직무교육

직무교육은 「영유아보육법」 제23조, 제23조의2 및 시행규칙 제20조의 규정에 따라 보건복지부장관이 정하는 교과목 및 교육시간을 기준으로 교육내용을 편성·운영하도록 한다. 직무교육은 교육대상자에 따라 일반직무교육과 특별직무교육으로 구분하여 실시하되, 직무교육을 이수하여야 하는 연도에 직무교육을 이수하지 못한 경우에는 그다음 연도 12월 31일까지 이수하게 하여야 한다. 특별

직무교육을 이수한 경우에는 일반직무교육을 이수한 것으로 본다. 일반직무교육
은 현직에 근무하고 있는 원장 혹은 보육교사가 만 2년이 경과한 경우, 즉 보육업
무 경력 3년차가 되는 해마다 받거나, 승급교육을 포함한 직무교육을 받은 해부
터 만 2년이 경과한 경우 받게 되는 교육을 의미한다. 한편, 특별직무교육은 일반
보육과는 달리 취약한 영아보육, 장애아보육, 방과후보육 등을 담당하는 교사를
대상으로 이루어지며, 사전에 특별직무교육을 받아야 하는 것이 원칙이나 불가
피한 경우 채용 후 6개월 이내에 받아야 한다.

「영유아보육법」 시행규칙 제20조 제4항에서는 제1항 및 제2항에 따른 직무교
육 및 승급교육의 대상자에 관한 보수교육 실시기준을 [별표 7]에 제시하고 있으
며, 교육 구분에 따른 대상자와 교육시간은 〈표 13-4〉와 같다. 보육에 필요한 지
식과 능력을 유지 · 개발하기 위하여 보육교직원이 정기적으로 받는 교육으로서
교육시간은 40시간 이상으로 하며, 기존에는 '현직에 종사하고 있는 어린이집의
원장으로서 어린이집 원장의 직무를 담당하는 첫해에 해당하는 사람'이 사후
40시간의 직무교육을 받으면 되었으나, 2014년 3월 1일 이후부터 시행되는 보수

표 13-4 **직무교육 구분별 보수교육 대상자와 교육시간**

교육 구분			교육 대상자	교육시간	비고
직무교육	일반직무교육	원장	현직에 종사하고 있는 원장으로서 어린이집의 원장 직무교육을 받은 해부터 만 2년이 경과한 사람	40시간	매 3년마다
		보육교사	현직에 종사하고 있는 보육교사로서 보육업무 경력이 만 2년을 경과한 자와 보육교사 직무교육(승급교육 포함)을 받은 해부터 만 2년이 경과한 사람	40시간	매 3년마다
	특별직무교육	영아보육	영아보육을 담당하고 있는 일반직무교육 대상자와 영아보육을 담당하고자 하는 보육교사 및 어린이집 원장	40시간	이수하고자 하는 자

직무교육	특별직무교육	장애아보육	장애아보육을 담당하고 있는 일반직무교육 대상자와 장애아보육을 담당하고자 하는 보육교사 및 어린이집 원장	40시간	이수하고자 하는 자
		방과후보육	방과후보육을 담당하고 있는 일반직무교육 대상자와 방과후보육을 담당하고자 하는 보육교사 및 어린이집 원장	40시간	이수하고자 하는 자
승급교육	2급 승급교육		보육교사 3급의 자격을 취득한 후 보육업무 경력이 만 1년이 경과한 사람	80시간	이수하고자 하는 자
	1급 승급교육		보육교사 2급의 자격을 취득한 후 보육업무 경력이 만 2년이 경과한 사람 및 보육교사 2급 자격을 취득한 후 보육관련 대학원에서 석사 학위 이상을 취득한 경우 보육업무 경력이 만 6개월이 경과한 사람	80시간	이수하고자 하는 자
원장 사전직무교육	-		영유아보육법 시행령 [별표 1] 제1호의 가목부터 라목(일반, 가정, 영아전담, 장애아전문 어린이집 원장)까지 어느 하나의 자격을 취득하고자 하는 사람	80시간	이수하고자 하는 자

• 어린이집에서 특수교사나 치료사로 근무하는 자도 일반·특별직무교육 대상으로서 보수교육을 이수하여야 함(일반직무교육이나 특별직무교육 중 선택적으로 이수할 수 있음).
• 보수교육을 연속하여 3회 이상 받지 아니하는 경우 어린이집 원장 또는 보육교사 자격이 정지될 수 있으므로 보수교육 대상자는 필히 보수교육을 이수하여야 함.

출처: 보건복지부(2015). 2015년도 보육사업안내.

교육의 경우, 어린이집 원장의 자격을 갖추기 위해서는 반드시 사전직무교육을 80시간 의무적으로 받도록 원장 자격기준이 보다 강화되었다.

한편, 개정 「영유아보육법」(2014.3.1. 시행)에 따라 어린이집 원장은 사전직무교육과 직무교육을, 보육교사는 직무교육과 승급교육을 받도록 체계를 정비하였다. 어린이집 원장 사전직무교육이란 어린이집 원장 자격취득자의 자질 및 전문성 향상을 위해 자격취득 이전에 실시하는 교육으로서, 「영유아보육법」 시행령 [별표 1] 제1호에 제시된 교육대상, 즉 일반, 가정, 영아전담, 장애아전문 어린이

표 13-5 어린이집 원장 사전직무교육 이수사례 예시(2014년 3월 1일 이후)

구분		가정	영아전담	일반	장아애전문	비고
기취득 자격증 종류	가정			이수		1회만 이수하면 됨
	영아전담			이수		1회만 이수하면 됨
	일반				이수	
	장애아전문					
	40인 미만			이수		1회만 이수하면 됨

※ 개정법에 의해 40인 미만 자격소지자가 종전 「영유아보육법」에 의한 일반자격을 취득하고자 하는 경우에는 사전직무교육을 이수하지 않아도 됨. 단, 종전법(2014년 3월 1일 이전)에 의해 40인 미만 원장자격증을 취득한 자가 개정법에 의한 일반 원장자격증을 취득하고자 하는 경우에는 사전직무교육을 이수해야 함.
출처: (재)한국보육진흥원(2013b). 보육교직원 자격기준 변경사항 안내.

집 원장 중 어느 하나의 자격을 취득하고자 하는 사람이 받아야 하는 교육을 말한다.

보수교육 실시 기관은 법 제23조 제3항의 규정에 의한 전문기관에서 실시한다. 선발기준으로는 시ㆍ군ㆍ구 또는 특정 어린이집에 편중되도록 대상자를 선발할 수 없고, 현재 기관에서 근무하는 자 중에서 경력자를 우선적으로 선정한다. 한편, 어린이집에서 특수교사나 치료사로 근무하는 자도 일반ㆍ특별직무교육 대상으로서 보수교육을 이수하여야 하며 일반직무교육이나 특별직무교육 중 선택적으로 이수할 수 있다. 직무교육과 승급교육을 같은 해에 받아야 하는 경우에 승급교육을 받은 사람은 직무교육을 생략할 수 있다.

또한 보수교육기관은 교육생이 해당 교육시간을 모두 출석한 경우에만 이수한 것으로 인정한다. 또한 교육생이 출석시간을 모두 충족시키고 평가시험에서 80점 이상을 획득한 경우에 교육을 이수한 것으로 인정한다. 보수교육실시 전문기관은 보수교육을 이수한 자에게 보수교육 수료증을 발급하여야 하고, 수료자 명단을 시·도지사에게 통보하도록 한다.

보수교육의 내용을 계획하고 구성할 때에는 교사의 발달 단계를 고려해야 한다. 카츠(Katz, 1972), 카루소와 포셋(Caruso & Fawcett, 1986) 등이 언급한 바와 같이, 전문가로서 역할을 수행하는 교사의 능력은 단계적인 발달과정을 거치며, 각 단계별 현직교육에 대한 요구나 관심사가 다르므로 단계별로 적절한 내용과 형태의 교육이 계획되고 진행되어야 한다. 「영유아보육법」 시행규칙 제20조 제1항과 제 2항에 따른 보수교육의 내용에는 보육기초, 발달 및 지도, 영유아교육, 영유아의 건강·영양 및 안전, 가족 및 지역사회 협력, 보육사업의 운영에 관한 영역이 포함되고, 그 구체적인 내용은 보건복지부장관이 정하도록 명시되어 있다. 일반직무교육과 특별직무교육에 대한 내용은 보육사업안내에서 구체적으로 제시하고 있으며 〈표 13-6〉 〈표 13-7〉과 같다(보건복지부, 2014).

표 13-6 일반직무교육

영역	보육교사 과정		어린이집 원장 일반과정	
	교과목	시간	교과목	시간
보육 기초	• 보육정책 동향 이해 • 아동학대와 아동권이 이해 • 보육교사의 역할과 윤리	8	• 보육정책의 전망과 과제 • 아동학대와 아동권리모니터링의 이해 • 원장의 역할과 윤리	10
발달 및 지도	• 영유아 발달과 관찰 실제 • 영유아 발달 특성의 이해 • 영유아 부적응 행동 지도 • 개별화교육 프로그램과 활동 수정	8	• 영유아 뇌 발달과 적기교육 • 영유아 생활지도의 실제	4
영유아 교육	• 어린이집 표준보육과정의 이해 • 연령별 보육프로그램의 운영 • 다양한 보육프로그램의 이해 • 영유아를 위한 교수학습방법의 실제 • 교수매체의 개발과 활용	10	• 보육프로그램 개발과 평가 • 보육계획과 보육일지 작성의 관리 • 교수매체 선정과 평가	6
영유아의 건강 · 영양 및 안전	• 영유아 건강교육과 감염성 질환에 대 한 대응 • 영유아 영양과 급식관리 실제 • 영유아 안전관리와 대응	6	• 어린이집 건강관리 실제 • 어린이집 급식관리 실제 세미나 • 어린이집 안전사고 사례관리 및 대응	6
가족 및 지역 사회 협력	• 부모-교사 의사소통의 이해와 실제 • 다양한 가정의 이해 및 지원	4	• 부모참여 프로그램 운영 • 다양한 가족에 대한 지원 • 지역사회 연계의 실제	6
보육 사업의 운영	• 보육정보 탐색의 적용과 사례 • 리더십과 멘토링	4	• 인사관리의 적용과 사례 • 재무 및 사무관리의 적용과 사례 • 원내 교사교육의 계획과 실행 • 어린이집 운영 세미나	8
계	19과목	40	10과목	40

* 보육교사의 역할과 윤리, 아동학대와 아동권리 이해는 3시간 필수과목으로, 원장의 역할과 윤리, 아동학대와 아동권리 모니터링의 이해는 4시간 필수과목으로 편성·교육하도록 함.
* 또한 안전관련 교육은 심폐소생술, 응급처치 실습 등 이론보다 실습 위주로 교육하도록 함.

출처: 보건복지부(2015). 2015년도 보육사업안내.

표 13-7 **특별직무교육**

영역	영아보육 직무교육	장애아보육 직무교육	방과후보육 직무교육	시간
보육 기초	• 현대사회 변화와 영아보육 • 영아보육의 이해 • 영아학대예방과 아동권리	• 장애인복지와 보육정책 • 장애아보육의 이해 • 장애아학대예방과 아동권리	• 현대사회 변화와 방과후 보육 • 방과후보육의 이해 • 아동학대예방과 아동권리	6
발달 및 지도	• 영아발달의 특성 • 영아 일상생활지도 • 영아행동관찰과 평가 • 영아감각 및 대소근육 발달 지도	• 장애이해 교육과 협력 • 장애 진단과 발달지체 영유아 선별 • 교육진단과 개별화 교육 프로그램 • 활동참여를 위한 보육과정 수정	• 아동발달의 특성 • 초등학교 교육과정의 이해 • 아동 일상생활지도 • 문제행동 수정과 지도	8
영유아 교육	• 놀이를 통한 사회성발달 • 놀이를 통한 정서발달 • 놀이를 통한 언어발달 • 놀이를 통한 인지발달 • 교수매체 개발 및 활용방안 • 어린이집 표준보육과정 운영의 실제 • 놀이를 통함 감각탐색 및 신체발달	• 장애아 사회성지도 • 장애아 의사소통지도 • 장애아 음악치료 • 장애아 미술치료 • 교수매체 개발 및 활용방안 • 어린이집 표준보육과정 운영과 개별화 교육의 실제	• 학습 및 과제지도 • 친구관계와 생활지도 • 아동언어교육 • 아동독서교육 • 아동예체능교육 • 초등학생을 위한 교수법 실제 • 어린이집 표준보육과정과 초등교육과정의 이해	12
영유아의 건강·영양 및 안전	• 영아 건강·안전관리(필수) • 영아 영양관리 및 식생활지도	• 장애아 건강·안전관리(필수) • 장애아 영양관리 및 식생활지도	• 초등학생 건강·안전관리(필수) • 초등학생 영양관리 및 식생활지도	4
가족 및 지역사회 협력 등	• 영아 부모와의 의사소통 실제 • 다양한 가정의 영아지원	• 장애아 가정에 대한 이해 • 장애아를 위한 지역사회 연계의 이해와 실제	• 학령기 부모 상담 실제 • 방과후 아동을 위한 지역사회연계	4
보육사업 운영	• 영아보육교사의 역할과 자세(필수) • 어린이집 운영과 관리 • 보육정보 탐색	• 장애아보육교사의 역할과 자세(필수) • 어린이집 운영과 관리 • 보육정보 탐색	• 방과후보육교사의 역할과 자세(필수) • 어린이집 운영과 관리 • 보육정보 탐색	6
계	21과목	20과목	21과목	40

* 영아보육 직무과정 중 영아 건강·안전관리와 영아보육교사의 역할과 자세, 장애아보육 직무과정 중 장애아 건강·안전관리와 장애아교육교사의 역할과 자세, 방과후보육 직무과정 중 초등학생 건강·안전관리와 방과후보육교사의 역할과 자세는 2시간 이상 필수과목으로 편성·교육하여야 함
* 또한 안전관련 교육은 심폐소생술, 응급처치 실습 등 이론보다 실습 위주로 교육하도록 함
출처: 보건복지부(2015). 2015년도 보육사업안내.

(2) 승급교육

승급교육도 「영유아보육법」 제23조의2 및 시행규칙 제20조의 규정에 따라 보건복지부장관이 정하는 교과목 및 교육시간을 기준으로 교육내용을 편성·운영하도록 한다(시행규칙 제20조 제4항 「별표 7」의 규정에 따른다). 직무교육과 승급교육을 같은 해에 받아야 하는 경우에는 승급교육을 받은 자는 직무교육을 생략할 수 있다.

승급교육은 보육교사가 3급에서 2급으로 승급하는 2급 승급교육과 2급에서 1급으로 승급하는 1급 승급교육과정이 있다. 기존에는 '3급 보육교사 자격 취득 후 보육업무 경력이 만 6개월이 지난 사람'이 80시간의 승급교육을 받으면 2급 승급이 가능했으나, 2014년 3월 1일 이후부터 2급 보육교사로 승급되는 교육을 받기 위해서는, '보육업무 경력이 만 1년이 지난 사람'으로 경력기준이 보다 강화되었다. 승급교육 내용은 〈표 13-8〉과 같다.

표 13-8 승급교육

영역	2급 승급교육		1급 승급교육	
	교과목	시간	교과목	시간
보육 기초	• 사회 변화와 보육 • 아동학대와 아동권리 이해 • 보육교사의 역할과 윤리	12	• 영유아보육법과 보육관련법의 이해 • 아동학대와 아동권리 이해 • 보육교사의 역할과 윤리	12
발달 및 지도	• 영유아 관찰에 대한 이해 • 영유아 인지 · 언어발달의 이해 • 영유아 정서 · 사회성발달의 이해 • 영유아 선별과 장애 진단	16	• 영유아관찰방법과 기록 • 영유아 인지 · 언어발달과 놀이지도 • 영유아 정서 · 사회성발달과 생활지도 • 특수 영유아 특성별 지도	12
영유아 교육	• 어린이집 표준보육과정의 이해 • 연령별 보육프로그램(0~1세) • 연령별 보육프로그램(2세) • 연령별 보육프로그램(3~5세) • 보육계획과 보육일지 작성 실제	20	• 영유아보육프로그램의 기초 • 영유아보육프로그램의 계획과 운영 • 영유아를 위한 교수학습방법의 이해 • 보육계획과 보육일지 작성 실제 • 실내 · 외 환경구성의 원리와 실제	20
영유아의 건강 · 영양 및 안전	• 영유아 건강관리 • 영유아 영양과 식생활지도 • 영유아 안전지도	12	• 영유아 건강문제와 대응 • 영유아 급식과 식품안전 • 영유아 안정교육과 안전관리	12
가족 및 지역사회 협력	• 부모-자녀관계의 이해 • 다양한 가정의 이해 • 지역사회 연계의 이해	12	• 부모교육 및 부모참여의 실제 • 다양한 가정의 영유아 지원 • 지역사회 연계활동 계획 및 운영	12
보육사업 의 운영	• 보육정보 탐색의 방법 • 보육실 운영관리의 원리와 적용	8	• 보육정보 탐색의 실제 • 보육실습 지도의 적용과 사례 • 자체점검과 사후관리	12
기 타	• 평가시험		• 평가시험	
계	20과목	80	21과목	80

* 비고: 보육교사의 역할과 윤리, 아동학대와 아동권리 이해 등 각 과목 등은 4시간 편성 · 교육(1급 승급교육 교과목 중 영유아 인지 · 언어발달과 놀이지도와 특수 영유아 특성별 지도방법은 각 2시간으로 배치함).
* 안전관련 교육은 심폐소생술, 응급처치 실습 등 이론보다 실습 위주로 교육하도록 함.
출처: 보건복지부(2015). 2015년도 보육사업안내.

2) 보수교육 실시

보수교육은 정부 중심으로 이루어지므로 보수교육의 대상자 및 보수교육 실시기관 및 교육일정, 그리고 보수교육 이수 시의 평가기준, 보수교육비용 지원에 대한 내용들을 잘 안내하여 보육교직원이 보수교육을 제때 받을 수 있도록 하여야 한다. 보수교육은 현직 보육교직원을 대상으로 실시하므로 어린이집 원장, 보육교사 등의 자격을 소지한 자라도 교육 개시 당시 어린이집에 근무하지 않는 자는 보수교육을 받을 수 없다.* 다만, 현직 교직원 외의 자는 교육비 전액 자비부담을 전제로 보수교육을 받을 수 있다. 보수교육 대상자 선정기준으로 '보육업무경력'이란 어린이집 및 육아종합지원센터에 근무한 경력과 「유아교육법」에 의한 종일제유치원에서 원장, 원감, 교사로 근무한 경력을 말한다.

보수교육은 영유아보육법 제23조에 의한 전문기관에서 실시하여야 하며, 대학(전문대학 포함), 보육교사교육원 등의 전문기관에 위탁하여 실시할 수 있다. 보수교육의 실시에 대한 내용을 규정하고 시·도지사가 매년 2월 말일까지 보수교육의 수요를 파악하여 보수교육 계획을 수립하여야 한다고 명시하고 있다. 또한 시·도지사는 보수교육 대상자가 연간 보수교육 일정을 인지할 수 있도록 보수교육 실시 전문기관별 교육일정을 자체 홈페이지나 중앙 및 각 시·도 육아종합지원센터 등에 게시하여 연중 안내해야 한다. 또한 직무교육 등의 보수교육과정을 인터넷 방식에 의한 온라인 보수교육으로 실시할 경우 온라인 보수교육을 받은 자는 「영유아보육법」에 의한 보수교육을 받은 것으로 인정하고 있으므로, 당해 시·도에서 특별직무교육 대상자가 적어 보수교육과정을 설치하고 운영할 수 없을 경우에는 보건복지부에서 실시하는 온라인 특별직무교육을 받을 수 있도록 안내한다.

보수교육 실시와 관련된 구체적인 절차를 살펴보면 다음과 같다.

---

* 「영유아보육법」 제23조에서 보육교직원의 보수교육을 보건복지부장관이 실시한다고 규정하고 있고, 「영유아보육법」 제2조에 따라 보육교직원은 현직자를 의미한다.

첫째, 보수교육 실시 위탁에 대해 살펴보면, 「영유아보육법」 제51조의2 제1항 제3호의 '업무의 위탁' 조문에 따라 동법 시행규칙 제39조의3 제3항에 명시한 '보수교육 실시의 위탁절차 등'이 있다. 내용을 살펴보면 "보수교육의 실시를 위탁받으려는 자는 교육에 필요한 시설과 교육과정을 갖추고 보수교육 위탁신청서를 서식에 맞춰 작성하고, 교육과정 운영계획서와 보수교육의 실시에 필요한 교수요원의 자격 및 경력을 증명하는 서류(전자문서를 포함)를 첨부하여 시·도지사에게 제출하여야 한다."고 명시되어 있다. 위탁신청서를 받은 시·도지사는 지방보육정책위원회 심의를 거쳐 보수교육 수탁기관을 결정하여 위탁계약을 체결한다. 둘째, 보수교육의 실시기준을 살펴보면, 직무교육 및 승급교육의 교육평가, 교육비 등에 관한 보수교육 실시기준은 「영유아보육법」 시행규칙 제20조 제4항에 따른 [별표 7]에 제시하고 있으며, 내용은 다음과 같다. 먼저 평가는 해당 교육시간을 모두 출석한 때에만 이수한 것으로 본다. 승급교육 대상자 중 출석기준은 충족하였으나 평가시험에서 80점 이상을 획득하지 못한 때에는 승급교육을 이수한 것으로 인정할 수 없다(「영유아보육법」 시행규칙 제20조 제4항).

다음으로, 보수교육의 교육비는 보수교육대상 교육생은 시·도지사가 정하는 바에 따라 교육기관에 수강료를 납부하여야 한다. 이때 국가 및 지방자치단체는 직무교육 및 승급교육에 필요한 교육비를 보조할 수 있다. 기준에 따라 보육사업안내(2014)에서는 교육생 1인당 보수교육 비용을, 직무교육은 6만 원(40시간 기준), 승급교육은 1인당 12만 원(80시간 기준)으로 지원단가를 책정하여 제시하고 있다. 어린이집 원장 또는 어린이집을 설치·운영하는 자는 특별한 사정이 없는 한 보육교사 등 보육교직원이 보수교육을 이수할 수 있도록 지원·허락해야 하며, 동시에 대체교사를 신청하도록 해야 한다. 또한 교육기관은 보수교육을 수료한 사람에게 수료증을 발급하여야 하고, 보수교육 실시에 관한 기록을 작성하여 작성한 날부터 2년 동안 보존하여야 한다. 또한 수료자 명단을 시·도지사에게 통보한다.

참고문헌

김기태, 조평호(2006). 미래지향적 교사론. 서울: 교육과학사.

김애리(2004). 보육교사의 전문성 신장을 위한 보수교육 방안. 중앙대학교 사회복지개발
대학원 석사학위논문.

김종철, 김종서, 서정화, 정우현, 정재철, 김선양(1994). 최신 교사론. 서울: 교육과학사.

보건복지부(2015). 2015년도 보육사업안내.

이상금(1991). 초기 어린이운동의 성립과 교육적 의의. 韓國文化研究院 論叢, 59(3), 29-50.

이순례, 정수미, 조인숙(2000). 보육교사 및 시설장 보수교육 발전방안에 관한 연구. 인문
과학논집, 9, 109-145.

이은화, 배소연, 조부경(2006). 유아교사론. 경기: 양서원.

이현자(1999). 보육교사 보수교육에 관한 연구. 서강대학교 수도자대학원 석사학위논문.

지성애, 김미경, 유구종(2005). 영유아 교사의 현직교육과정 운영. 유아교육학논집, 9(1),
129-157.

(재)한국보육진흥원(2010a). 표준교과개요: 보육교사 2급 자격 취득교과목.

(재)한국보육진흥원(2010b). 표준보육실습 지도지침: 양성교육기관용.

(재)한국보육진흥원(2013a). 2014년 개정 표준교과개요: 보육교사 2급 자격 취득 교과목.

(재)한국보육진흥원(2013b). 보육교직원 자격기준 변경사항 안내.

Caruso, J. J., & Fawcett, M. T. (1986). *Supervision in early childhood education: A developmental perspective*. New York & London: Teachers College, Columbia University.

Holloway, S. (2001). The experience of higher education from the perspective of disabled students. *Disability & Society, 16*, 597-15.

Katz, L. G. (1972). Developmental stages of preschool teachers. *Elementary School Journal, 73*, 50-54.

Katz, L. G. (1977). *Talks with teacher: Reflections on early childhood education*. Washington, DC: National Association for the Education of young children.

Marczely, B. (1996). *Personalizing Professinal Growth: Staff Development That Works*. California: Corwin Press Inc.

법제처 국가법령정보센터(2015). http://www.law.go.kr.

14
보육교사 직업윤리

이 장에서는 보육교사 직업윤리의 필요성과 중요성에 대해 알아보고, 우리나라와 미국 NAEYC의 보육교사 윤리강령 내용을 바탕으로 윤리적 딜레마 상황에의 적용에 대해 살펴본다.

1. 보육교사 직업윤리의 필요성

직업윤리란 한 직업 세계에서 그 직업의 지속과 번영을 위해 요구되는 관습화된 행동규범이며, 사람이 마땅히 행하고 지켜야 할 도리와 이에 대한 비판적 인식이다(문혁준, 안효진, 김경희, 김영심, 김정희, 김혜연, 2014). 보육교사의 직업윤리는 보육교사가 직무를 수행함에 있어서 지켜야 할 실천규범이라 할 수 있다. 직업윤리는 자발적이고 능동적인 성격을 지니며 강제성을 수반하는 법률적 성격을 띠지 않는다. 하지만 보육교사 및 보육 현장에 미치는 영향은 매우 크다.

윤리강령은 책임성과 고객, 사회, 동료들에 대한 행위의 일반적 원리를 규정한 것으로 직업의 사회적 유용성을 주장하고 공공복리의 이론적 설명의 기틀을 세우며, 부적격하고 부도덕한 직업 활동을 제거하기 위한 기준을 제시하는 데 그 의의가 있다(이순형, 권기남, 김진욱, 민미희, 김정민, 김은영, 이성옥, 정현심, 심도현, 안혜령, 2013). 또한 윤리강령은 어린이집의 특성상 보육교사가 대하게 되는 많은 딜레마적 갈등 상황을 해결해 갈 수 있는 기본 잣대로서의 역할을 할 수 있다. 즉, 윤리강령은 보육교사로 하여금 비판적으로 반성적 사고를 할 수 있도록 도와주고 동료와 함께 바른 해결책을 찾는 논의의 준거가 될 수 있다. 윤리강령은 보육교사의 역할에 대한 철학적 기초를 제공함으로써 교사의 결정방향을 제시해 줄 수 있고, 다양한 가치 속에서 보육교사의 역할을 인식하고 올바른 판단을 내릴 수 있게 한다(박은혜, 2013).

보육교사에게는 특별한 직업윤리가 요구된다. 보육교사는 초·중·고교 교원과 달리, 발달이 가장 빠르고 왕성하게 일어나는 시기의 영유아를 지도하기 때문이다. 보육교사의 직업윤리에 대한 확고한 신념은 교사의 충실한 직업윤리의 이행을 돕는다. 보육교사의 직업윤리의 필요성을 구체적으로 살펴보면 다음과 같다(문혁준 외, 2014; 이순형 외, 2013).

■ 보육교사의 힘과 지위

보육교사의 힘과 지위는 영유아에게 엄청난 위력을 가진 권한이다. 영유아에게 둔감한 반응, 무시, 방관, 체벌, 편애, 부정적 상호작용은 영유아에게 치명적 영향을 줄 수 있다. 그런데 영유아들이 이러한 상황에 대해 불만을 제기하거나 이를 적절하게 수정하도록 요구할 수 있다면 문제가 없겠지만, 영유아들은 스스로를 방어할 수 있는 능력이 부족하다. 따라서 모든 영유아는 보육교사에 의해 동등한 가치로 대우받을 수 있어야 하고, 이러한 영유아의 인권을 보호하기 위해 윤리강령이 필요하다.

■ 영유아의 개인차

영유아들은 모든 발달 영역에서 급격한 변화가 이루어지는 시기이고 개인차가

크다. 영유아기의 경험은 이후 발달에 대한 기초가 되기 때문에 이 시기에 소홀히
하면 그 이후에 이루어지는 보육은 효과를 거두기 어렵게 된다. 보육교사는 영유
아의 개인차를 고려하여 그에 적절한 보호와 교육이 이루어지도록 해야 하며 그
에 따른 윤리적 책임을 져야 하기 때문에 윤리강령이 필요하다.

■ 영유아 보육과정과 프로그램의 특성

영유아를 위한 보육과정은 초등 이후의 교육과정과 달리 영유아의 경험과 과
정을 중시한다. 이에 영유아의 흥미와 상황에 따라 보육내용이 융통적으로 운영
되는 것을 바람직한 것으로 본다. 이러한 보육과정의 불확실성과 융통성으로 인
해 교사는 끊임없이 의사결정을 해야 한다. 또한 영유아 보육프로그램은 매우 다
양하다. 국가수준의 어린이집 표준보육과정(누리과정 포함)이 있지만 보육교사의
철학과 가치관에 따라 보육내용이 달라질 수 있다. 이처럼 영유아를 대상으로 하
는 프로그램이 난무하는 현실에서 영유아의 전인발달을 위해서는 현재 적용하는
프로그램이 영유아들에게 적절한지, 가정과 지역사회의 요구를 반영한 것인지에
대한 올바른 판단을 내릴 수 있어야 한다.

■ 보육교사 역할의 다양성

보육교사의 역할은 기본적으로 보호 업무와 교육 업무 모두를 포함한다. 어린
이집에 다니는 영유아들의 연령이 낮아지면서 보육교사들의 역할이 점점 더 다
양해지고 있다. 수유, 일상생활습관 지도, 부모 상담, 교육 등 많은 역할을 수행하
다 보면 부모와 교사 역할 사이의 모호함으로 인해 갈등이 발생할 수 있다. 따라
서 딜레마 상황에서 교사가 올바른 판단을 내릴 수 있도록 윤리강령이 필요하다.

■ 영유아와 가족, 보육교사의 다양성

가족의 구조와 기능, 가족구성원의 역할, 가족 수, 가치관의 변화와 더불어 다
문화 가정, 새터민이 많이 생겨나고 있다. 예전의 단일민족 또는 보편적 가족구성

원으로 영유아들을 대하게 되면 영유아와의 갈등뿐만 아니라 부모와의 갈등을 초래하게 된다. 보육교사는 영유아와 그의 가정과 협력하여 영유아의 올바른 성장을 위해 노력해야 하므로, 서로 다양한 요구를 가진 영유아나 부모로 인해 발생하는 윤리적 딜레마를 효과적으로 해결하기 위해서 윤리강령이 필요하다.

또한 보육교사는 가족구조의 다양성만큼이나 다양한 배경과 자격을 가지고 있다. 보육교사는 양성과정이 다양하여 1년, 2년, 3년, 4년 등 각기 다른 교육과정을 통해 자격증을 취득하기 때문에 교육적 배경과 자격이 각기 다르다. 이에 모든 보육교사들에게 보육현장에서 부딪치는 윤리적 딜레마를 잘 해결하기 위한 윤리강령이 필요하다.

■ 전문직으로서의 보육교사

책임이 큰 직종일수록 보다 더 윤리적이고 도덕적인 자세를 요구한다. 윤리강령의 유무가 전문직과 비전문직을 구분하는 척도 중의 하나다. 보육교사는 인간의 성장과 발달을 다루고 있으므로 다른 전문직보다 높은 윤리성이 요구된다고 할 수 있다. 보육교사는 급속한 발달과 성장이 일어나는 영유아를 대상으로 보육하고 있고 영유아와 함께하는 시간이 길기 때문에 더 풍부한 전문적 지식과 윤리강령이 필요하다.

2. 우리나라의 보육교사 윤리강령

2010년 한국어린이집연합회(구 한국보육시설연합회)와 육아정책연구소가 보육교직원 윤리강령 개발 연구를 하였다. 이 연구 결과를 바탕으로 2011년 전국보육인대회에서 보육교직원 윤리강령과 윤리 선언문이 공표되었다.

1) 보육교직원 윤리강령

보육교직원 윤리강령은 서문과 영유아, 가정, 동료, 사회에 대한 윤리의 네 장으로 구성되어 있다. 구체적인 내용은 다음과 같다.

어린이집 원장 및 보육교사 윤리강령

보육은 영유아를 건강하게 양육하고, 안전하게 보호하며, 발달 특성에 적합한 교육을 제공하는 복지서비스이며, 보육인은 사랑과 존중과 전문지식을 바탕으로 영유아의 전인적 성장에 영향을 미치는 전문직업인이다. 그러므로 보육인은 윤리적 의식과 태도를 가지고 사회적 본분에 임해야 한다.

이에 어린이집 원장과 보육교사는 스스로 책무성을 발현하여 윤리강령을 제정함을 밝힌다. 본 강령을 직무 수행의 규준으로 삼아, 보육현장에서 발생하는 윤리적 갈등을 해결하고, 생존권, 보호권, 발달권, 참여권 등 영유아의 권리를 보장함으로써, 직무상의 윤리적 책임을 다하여 전문직업인으로서의 위상을 공고히 하고자 한다.

더불어 영유아와 그 가정, 동료와 사회의 존엄성을 존중하는 보육의 실천으로 다각적인 신뢰를 구축하고, 영유아의 잠재력을 최대한 발휘시킴으로써 영유아가 긍정적인 자아개념을 형성하고 유능한 사회인으로 성장할 수 있도록 도와, 궁극적으로는 영유아와 그 가정, 동료와 사회의 통합적 · 이상적 복지 실현에 기여하고자 한다.

제 I 장. 영유아에 대한 윤리

1. 영유아에게 고른 영양과 충분한 휴식을 제공하여, 몸과 마음이 건강한 사람으로 자라도록 돕는다.
2. 성별, 지역, 종교, 인종, 장애 등 어떤 이유에서도 영유아를 차별하지 않고, 공평한 기회를 제공한다.

3. 영유아는 다치기 쉬운 존재임을 인식하여 항상 안전하게 보호한다.

4. 영유아에 대한 정서적 · 언어적 · 신체적 학대를 행하지 않는다.

5. 어린이집 내외에서의 영유아 학대나 방임을 민감하게 관찰하며, 필요한 경우 관련 기관("아동보호전문기관" 등)에 보고하고 조치를 취한다.

6. 영유아의 인격을 존중하고, 개인의 잠재력과 개성을 인정한다.

7. 개별적 상호작용 속에서 영유아의 요구를 수용하기 위해 노력한다.

8. 영유아의 사회 · 정서 · 인지 · 신체 발달을 통합적으로 지원하는 보육프로그램을 실시한다.

9. 특별한 도움을 필요로 하는 경우, 전문가와 협력하여 영유아의 입장에서 최선의 대안을 찾는다.

10. 보육활동을 계획, 실행, 평가하는 모든 과정에 영유아의 흥미와 의사를 반영한다.

11. 영유아의 개인적 기록과 정보에 대해 비밀을 보장한다.

제II장. 가정에 대한 윤리

1. 상호 신뢰를 바탕으로 영유아의 가정과 동반자적인 관계를 유지한다.

2. 각 가정의 양육가치와 의사결정을 존중한다.

3. 경제적 수준, 가족형태, 지역, 문화, 관습, 종교, 언어 등 어떤 것에 의해서도 영유아의 가정을 차별 대우하지 않는다.

4. 보육활동 및 발달 상황에 관한 정보를 정확하게 제공하여 영유아에 대한 가정의 이해를 돕는다. 다문화, 심신장애 등으로 의사소통에 도움이 필요한 경우 문제를 해결할 최선의 방법을 도모한다.

5. 어린이집 운영 전반에 관한 정보를 공개하여 영유아 가정의 알 권리에 응한다.

6. 보육프로그램과 주요 의사결정에 영유아의 가정이 참여하도록 안내한다.

7. 필요한 사회적 지원, 전문서비스 등 관련 정보를 제공하여 영유아 가정의 복

리 증진을 돕는다.

8. 영유아 가정의 사생활을 보호하고 익명성을 보장한다.

제Ⅲ장. 동료에 대한 윤리

[어린이집 원장]

1. 최상의 보육서비스 제공에 필요한 인적, 물적 환경의 조성 및 유지를 위해 노력한다.

2. 보육교사를 신뢰하고 존중하며 전문성과 자율성을 인정한다.

3. 성별, 학연, 지연, 인종, 종교 등에 따라 보육교사를 차별하지 않는다.

4. 업무관련 의사결정이 필요한 경우, 보육교사의 의견 개진 기회를 보장한다.

5. 보육교사에게 지속적 재교육 등 전문적 역량 제고의 기회를 부여한다.

6. 보육교사에게 적정 수준의 보상(보험, 급여 등)을 안정적으로 제공하며, 복지증진에 힘쓴다.

7. 보육교사 개인의 기록과 정보에 대한 비밀을 보장한다.

[보육교사]

1. 존중과 신뢰를 바탕으로 협력하며, 서로의 전문성과 자율성을 인정한다.

2. 상호 간 역량 개발과 복지 증진에 부합하는 근무환경이 되도록 힘쓴다.

3. 어린이집 원장 및 동료와 영유아 보육에 대한 신념을 공유한다.

4. 보육교사로서의 전문성 향상을 위해 스스로 노력한다.

5. 어린이집 내에서 영유아 및 보육교사의 인권과 복지를 위협하는 비윤리적 사태가 발생한 경우, 법률규정이나 윤리기준("한국어린이집연합회 윤리강령위원회" 참조)에 따라 조치를 취한다.

제Ⅳ장. 사회에 대한 윤리

1. 공보육에 대한 책임을 인식하고, 항상 질 좋은 보육서비스를 제공한다.

2. 영유아의 안전을 위협하는 환경이나 정책이 발견될 시, 관계기관과 협의하

여 개선한다.

3. 공적 책임이 있는 어린이집으로서 재정의 투명성을 유지하고, 부정한 방법
으로 사적 이익을 취하지 않는다.

4. 영유아의 권익보호를 위해 관련 정책 결정 및 법률 제정에 적극 참여하며,
사회적으로 이를 널리 알리는 데 앞장선다.

5. 지역사회 실정에 맞는 어린이집의 책임과 역할을 인지하고, 실천하고자 노
력한다.

2) 보육인 윤리 선언

보육인 윤리 선언문의 구체적 내용은 다음과 같다.

나는 영유아의 건강한 성장과 발달을 지원하는 보육교사(어린이집 원장)로서,
직무상의 윤리적 책임을 다하여 다음 사항들을 지킬 것을 다짐합니다.

1. 나는 내가 영유아에게 지대한 영향을 미치는 존재임을 잊지 않으며, 항상 스스
로의 말과 행동에 신중을 기한다.

1. 나는 영유아의 인격과 권리를 존중하며, 어떠한 경우에도 영유아에게 해가 되
는 일을 하지 않는다.

1. 나는 영유아 가정의 다양성을 이해하고 존중하며, 상호 신뢰하는 동반자적 관
계를 유지한다.

1. 나는 동료를 존중하고 지지하며, 서로 협력하여 최상의 보육서비스를 제공하
기 위해 노력한다.

1. 나는 보육의 사회적 책임과 역할을 인식하고, 영유아의 권익과 복지를 위한 활
동에 앞장선다.

1. 나는 「어린이집 원장·교사 윤리강령」을 직무 수행의 도덕적 규준으로 삼아
진심을 다하여 충실히 이행한다.

3. 미국의 보육교사 윤리강령

미국유아교육협회(NAtional Association for the Education of Young Children: NAEYC)는 1989년 보육교사를 대상으로 윤리강령과 선서문을 제정, 채택하였고 이후 총 네 번의 개정이 있었으며 가장 최근에는 2011년에 개정되었다(이순형 외, 2013). NAEYC의 윤리강령은 보육교사들의 책임 있는 행동에 대한 가이드를 제공하고 있고 영유아의 보호와 교육 현장에서 직면하는 중요한 윤리적 딜레마를 해결하기 위한 보편적인 기준을 제공한다. 윤리강령의 범주는 영유아, 가정, 동료, 지역사회와 사회 등 4개 영역으로 나누어 각 맥락에서 보육교사들의 기본적인 책임을 설명하고, 각 영역별로 모범적인 전문적 실천을 반영하는 이상(Ideals)과 요구되는 원칙(Principles)을 제시하고 있다(문혁준 외, 2014).

1) 제1장 영유아에 대한 윤리적 책임

영유아기는 인생 주기에 있어서 독특하고 중요한 하나의 단계다. 우리의 중요한 책임은 각 영유아들에게 안전하고 건강하고 영양적이고 반응적인 환경에서 보호와 교육을 제공하는 것이다. 우리는 영유아의 발달과 학습을 지원하고 개인차를 존중하며 영유아와 함께 어울려 살고 놀이하며 수행하는 법을 배우도록 돕는 책임을 부여받았다. 우리는 또한 영유아의 자아인식(self-awareness), 유능감(competence), 자존감(self-worth), 회복력(resilience), 신체적 안녕(physical well-being)을 촉진할 책임이 있다.

■ 이상

1 아동 보호와 교육의 지식 기초에 익숙해지고 지속적인 교육과 훈련을 통해

익숙해진 상태의 유지하기

2. 개별 아동의 특정한 지식뿐만 아니라 아동교육, 아동발달, 관련 학문 분야의 현재 지식과 연구에 근거한 기본 프로그램 실행하기

3. 개별 아동의 독특한 특성, 능력 그리고 잠재성을 인식하고 존중하기

4. 아동의 약한 부분과 그들의 성인에 대한 의존성을 인정하기

5. 아동의 사회적 · 정서적 · 인지적 · 신체적 발달을 촉진하고 그들의 존엄성과 기여를 존중하는 안전하고 건강한 환경을 창조하고 유지하기

6. 아동을 평가하기에 적합하고, 그 목적에 부합하기 위해 고안되고 사용되며 아동을 이롭게 할 가능성을 가진 평가 도구와 전략을 사용하기

7. 아동의 발달과 학습을 이해하고 지원하며 교육을 지원하고 추가적인 서비스를 필요로 하는 아동을 확인하기 위한 평가 정보를 사용하기

8. 장애의 유무와 관련하여 아동의 요구와 부합되는 포괄적 환경 속에서 개별 아동들이 놀고 배울 수 있는 권리를 지원하기

9. 특별한 요구를 필요로 하는 아동들을 포함하는 모든 아동들이 성공적인 보육 교정에 참여하는 것을 보장하고 지지하기

10. 개별 아동의 문화, 언어, 민족성 그리고 가족구조를 프로그램에서 인식하고 가치를 인정받는 것을 보증하기

11. 아동이 집에서 사용하는 언어를 유지하고 영어 배우는 것을 지원하는 것뿐만 아니라 그들이 알고 있는 언어로 경험을 제공하기

12. 아동과 가정이 한 프로그램에서 다음 프로그램으로 안전하고 자연스럽게 이동하기 위해서 가족과 함께 일하기

■ **원칙**

1. 우선적으로 우리는 아동들에게 해를 끼치면 안 된다. 우리는 아동에게 정서적인 손상을 주고 신체적으로 해를 끼치고 경멸하고 타락시키고 착취하고 위태롭고 위협을 주는 행위를 하면 안 된다. 이러한 원칙은 이 강령에서 모

든 것에 우선한다.

2. 우리는 개별 아동을 인지적으로 자극하고 그들의 문화, 언어, 민족성 그리고 가족구조를 지지하는 명확한 정서적 · 사회적 환경 속에서 아동을 양육하고 교육한다.

3. 우리는 이익을 부인하기, 특별한 이점을 부여하기, 또는 그들의 성, 인종, 국적, 종교, 의학적 상태, 장애, 또는 배우자 유무/가족구조, 성적 취향, 가족의 유대관계로 인해 프로그램이나 활동으로부터 아동을 제외시키기 등 아동을 차별하는 실천에 참여하지 않는다(이 원칙의 관점은 특정 아동집단에게 제공하기 위한 법적 위임장을 가진 프로그램에는 적용되지 않는다).

4. 우리는 아동과 관련된 결정을 할 때 민감한 정보의 비밀을 보장하면서(가족과 스태프를 포함) 관련된 지식을 연관시킨다.

5. 우리는 아동 학습과 발달에 대한 정보를 제공하기 위해서 복합적인 출처를 포함하는 적합한 평가제도를 사용한다.

6. 우리는 참여, 유지 또는 특별한 교육과정에의 배치와 같은 결정이 시험점수나 일회성 관찰에 기초하지 않고 복합적인 지식의 출처에 근거하여 확정되도록 노력한다.

7. 우리는 개별 아동들과 개인적인 유대관계를 쌓도록 힘쓴다. 교육전략, 학습환경, 프로그램에 있어서 개별적인 적용방법을 수립하고 개별 아동이 프로그램에서 이익을 얻을 수 있도록 가족과 상의하기 위해 노력한다. 만일 이런 노력을 기울였음에도 현재의 상황이 아동들의 요구를 충족시키지 못하거나, 해당 아동이 프로그램으로부터 이득을 보는 다른 아동들의 능력에 심각하게 해를 끼친다면 우리는 그 아동의 성취를 위해 필요한 추가적인 과정과(또는) 배치 선택을 결정하기 위해 아동의 가족, 적합한 전문가와 협력한다.

8. 우리는 신체적 · 성적 · 언어적 · 정서적 학대와 신체적 · 정서적 · 교육적 · 의료적 방치를 포함하는 아동 학대와 방치의 징후와 위험요소에 익숙해진다. 우리는 아동을 아동 학대와 방치로부터 보호하기 위한 연방법이나 사회규정

등을 숙지하고 따른다.

9. 우리가 아동 학대 또는 방치를 추정할 수 있는 명확한 원인을 찾았을 때, 반드시 해당 기관에 신고하여 적합한 조치가 이루어졌는지 확인한다. 적절히 이루어졌을 때 부모나 보호자는 위탁자가 정해졌는지 통보받을 것이다.

10. 아동이 학대받거나 방치되고 있다는 혐의를 다른 사람이 우리에게 말할 때는 그 아동을 보호하기 위해 적절한 조치가 취해질 수 있도록 그 사람을 돕는다.

11. 아동의 건강, 안전 또는 복지에 위험을 주는 행위나 상황을 인지했을 때, 우리는 아동을 보호하거나 부모 또는 도움을 줄 수 있는 다른 사람에게 알려 주어야 하는 윤리적 책임을 진다.

2) 제2장 가정에 대한 윤리적 책임

가정은 영유아 발달에 있어서 가장 중요하다. 가정과 영유아를 담당하는 전문가들은 영유아 복지에 공통적인 관심을 두고 있기 때문에 우리는 가정과 기관이 영유아의 발달을 강화하는 방향으로 서로 협조하고 협력할 책임이 있음을 안다.

■ 이상

1. 가정과 효과적으로 작업하는 것과 관련된 지식기반에 익숙해지고 꾸준한 교육과 훈련을 통해 지식을 유지하기

2. 우리가 지지하는 가정과 상호 간의 신뢰관계를 발전시키고 유대관계를 창조하기

3. 모든 가족구성원을 환영하고 프로그램에 참여할 수 있도록 격려하기

4. 가정의 소리에 귀 기울이고 그들의 능력을 인지하며 아동 양육을 수행할 때 우리가 지원하는 것처럼 가정으로부터 배우기

5. 각 가정의 존엄성과 선호하는 사항을 존중하고, 그 구조, 문화, 언어, 풍습

그리고 신념에 대해서 배우기 위해 노력하기

6. 가정의 육아법의 가치와 그들의 자녀에 대한 결정권 존중하기

7. 개별 아동의 교육과 발달에 대한 정보를 가정과 공유하고, 그들이 아동 교육 과업의 현재 지식기반을 이해하고 참여하도록 돕기

8. 가족구성원들의 아동들에 대한 이해의 증진을 돕고 부모로서 그들의 기술이 계속 발전하도록 지원하기

9. 가족들에게 프로그램 스태프, 다른 가정, 사회기관, 전문적 서비스와의 상호 작용 기회를 제공함으로써 가정을 위한 지원 네트워크 확립에 참여하기

■ 원칙

1. 우리는 법원의 명령이나 다른 법적인 제한이 있는 경우를 제외하고 가족이 그들 자녀들의 교실이나 프로그램에 참여하는 것을 막아서는 안 된다.

2. 우리는 가족들에게 프로그램의 철학, 정책, 교육과정, 평가 체계 그리고 구성원의 자격 등에 대해 안내하고, 왜 우리가 아동에 대한 윤리적 책임을 아동에게 가르쳐야 하는지 설명한다.

3. 우리는 적절한 때에 가족들이 정책결정에 참여할 수 있도록 안내한다.

4. 우리는 가족들을 그들의 자녀들에게 영향을 끼치는 중요한 결정에 참여시킨다.

5. 우리는 모든 가족들과 그들이 이해할 수 있는 언어를 통해 효율적인 의사소통을 하기 위해 총력을 기울인다. 우리는 우리의 프로그램에 충분한 자원이 없을 때 해석하고 통역하기 위한 지역사회의 자원을 이용한다.

6. 가족들이 그들의 자녀들과 가정에 대한 정보를 공유한 만큼 우리는 이 정보를 프로그램을 계획하고 실행하는 데 고려한다.

7. 우리는 프로그램의 아동 평가 원리와 목적 그리고 아동들에 대한 평가 정보가 어떻게 사용되는지에 대해 가족들에게 알려 준다.

8. 우리는 아동 평가 자료를 비밀사항으로 다루고 합법적인 요구가 있을 때에

만 공유한다.

9. 우리는 가족들에게 그들 자녀의 부상이나 사건, 전염병에 노출되는 것과 같은 위험 그리고 정서적 스트레스 발생에 대해 알려 준다.

10. 가족들은 그들 자녀와 관련된 어떠한 연구계획이건 간에 충분히 전달 받아야 하며 불이익이 없이 찬성을 하거나 하지 않을 기회를 가진다. 우리는 연구 참여 중에 아동들이 교육, 발달, 혹은 복지를 방해하는 어떠한 것에도 허가하거나 참여하지 않는다.

11. 우리는 가족들의 착취를 보증하거나 지원하지 않는다. 우리는 우리 가족과의 관계를 사적인 이익이나 개인적인 이익을 위해 사용하지 않는다.

12. 우리는 비밀 보호와 아동들 기록의 보호를 위해 문서화된 정책을 개발한다. 이러한 정책 문서들은 모든 프로그램 참가자와 가족들에게 유효하다. 가족구성원, 프로그램 참여자 그리고 비밀사항에 대한 권리를 가진 컨설턴트를 넘어서 아동들 기록의 보호는 가족들의 동의가 필요하다(아동 학대 또는 방치의 경우는 제외).

13. 우리는 비밀사항의 유출, 가족 사생활 방해 등으로부터 가족의 사생활 권리를 존중하고 비밀을 유지해 주어야 한다. 그러나 아동들의 복지가 위험에 처해 있다고 믿을 만한 이유가 있을 때에는 아동의 양육권을 중재할 법적 책임을 지는 개인뿐 아니라 관계기관과 해당 비밀사항을 공유하는 것이 허용된다.

14. 가족구성원이 다른 누군가와 충돌하는 상황에서 우리는 모든 참여자들이 전달받은 결정을 이해할 수 있도록 개방된 자세로 임하여 아동들의 관찰자료를 공유한다. 우리는 특정한 조직만을 옹호하지 않는다.

15. 우리는 조직사회의 자원과 전문적인 지원서비스에 대해 잘 알고 가정을 적절하게 위탁한다. 위탁이 이루어지면 서비스가 적절히 제공되는지 확인해야 한다.

3) 제3장 동료에 대한 윤리적 책임

어린이집이라는 직무 환경에서 인간의 존엄성은 존중되고, 직업에 관한 만족도는 향상되어야 하며 긍정적인 관계가 형성되어야 한다. 우리의 핵심가치에 근거해 볼 때 이 영역에서 우리의 중요한 책임은 생산적인 직무 수행을 지원하고 직업적 요구 사항들을 충족시킬 수 있는 환경과 관계를 형성하고 유지하는 것이다. 영유아에게 적용되는 이상이 우리가 직장에서 상호작용하는 성인에게도 똑같이 적용된다.

(1) 동료교사에 대한 책임

■ 이상
1. 존중, 믿음, 비밀유지, 공동연구, 동료교사와 협조관계를 확립하고 유지하기
2. 가장 가능성 있는 아동 보육프로그램이 제공되는지를 증명하기 위한 공동연구를 위해 동료교사와 자료 공유하기
3. 그들의 전문적인 요구와 전문적인 발전에 관한 미팅에서 동료교사를 지원하기
4. 전문적인 성취의 인식을 통한 동료교사와의 조화를 꾀하기

■ 원칙
1. 우리는 우리의 프로그램에 대한 동료들의 공헌을 인식하고, 그들의 명성을 저해하거나 아동과 가정에 관련된 일의 효용을 저해하는 일에 참여하지 않는다.
2. 동료교사의 전문적인 행동에 관여할 때, 우리는 먼저 개인적 권위와 구성원 사이의 다양성에 대한 존중을 보여 주는 방식으로 우리의 관심을 알게 하고 조직적이고 비밀을 보장해 주는 방법을 통해 문제를 해결하기 위한 시도를 한다.

3. 우리는 동료교사의 개인적인 특징이나 전문적인 행동을 고려한 표현적인 관점에서 보육하는 것을 연습한다. 진술은 풍문에 의해서가 아닌 아동의 흥미와 프로그램에 관련된 직접적인 지식에 근거해야 한다.

4. 우리는 성별, 인종, 국적, 종교적 믿음, 혹은 다른 정치적 관계, 연령, 배우자 유무/가족 구성, 장애, 성적 취향 등으로 동료교사를 차별하는 일을 하지 않는다.

(2) 원장(고용주)에 대한 책임

■ 이상

1. 최고 품질의 서비스를 제공하기 위해서 프로그램 협조하기
2. 아동을 보호하기 위한 법이나 규정을 위반하거나 이 강령의 조항을 위반하지 않음으로써 프로그램의 평판을 떨어뜨리지 않기

■ 원칙

1. 우리는 모든 프로그램 정책을 따른다. 프로그램 정책에 동의하지 않을 경우, 우리는 조직 내에서 건설적인 행동을 통해 변화를 꾀한다.
2. 우리는 위임받은 경우에만 조직을 대신해서 말하고 행동한다. 우리가 조직을 위해 말하고 개인의 판단을 표현할 때 사실을 인정하는 것에 주의한다.
3. 우리는 아동들을 보호하기 위한 법이나 규정을 위반하지 않으며 그러한 위반사항을 발견했을 때 이 강령 안에서 적절한 조치를 취한다.
4. 만일 아동들이 위험한 상황에 있거나 동료의 관심하에서도 상황이 나아지지 않는다면 우리는 적절한 관리기관에 동료의 비윤리성이나 무능함을 보고해야 한다.
5. 프로그램 내의 양육과 교육의 질에 영향을 끼치는 주변환경이나 조건에 관여할 때, 우리는 프로그램 관리자나 필요에 따라 적절한 기관에 통보해야 한다.

(3) 피고용인에 대한 책임

■ 이상

1. 조직 구성원 사이에서 상호 간의 존중, 협동, 협조, 능력, 복지, 비밀성, 자존 감 등을 증진시키는 안전하고 건강한 근무환경과 방침을 촉진하기
2. 직원이 아동, 가족, 영유아의 양육과 교육 영역에 대해 큰 흥미를 갖고 말하 고 행동하도록 신뢰할 수 있는 정직한 분위기를 만들고 유지하기
3. 영유아를 위해 일하는 사람들에게 공평하고 충분한 보상(급여와 이점)이 유 지되도록 노력하기
4. 숙련되고 노련한 실천자가 되기 위한 피고용인의 지속적인 발전을 격려하고 지원하기

■ 원칙

1. 아동과 프로그램에 관한 결정에서 우리는 교육, 훈련, 경험, 그리고 직원의 전문성에 초점을 맞추어야 한다.
2. 우리는 직원에게 확신을 주는 안전하고 협력적인 근무조건을 제공해야 하며 그들로 하여금 공정한 수행평가, 문서화된 고충사항, 건설적인 평가 정보 그 리고 지속적인 전문가적 발전과 진보의 기회를 통해 그들의 책임을 이행할 수 있도록 해야 한다.
3. 우리는 프로그램 표준을 정의하는 종합적으로 문서화된 개인 방침을 발전시 키고 유지해야 한다. 이러한 방침들은 새로운 조직 구성원들에게 주어져야 하며 모든 구성원들이 쉽게 접근하여 확인할 수 있어야 한다.
4. 우리는 프로그램 기대에 못 미치는 업무 수행을 하는 피고용인에게 우려를 표명하고, 가능하다면 그들의 능력이 향상될 수 있도록 도와주어야 한다.
5. 우리는 정당한 사유가 있을 때 적절한 법과 규정에 따라 피고용인을 면직 실행해야 한다. 우리는 면직되는 피고용인에게 자격 종료의 이유에 대해 설

명해 주어야 한다. 만약 면직이 발생하는 경우, 정확히 문서화되고 현실적이며 해당 피고인이 확인 가능한 부적절한 행동의 증거에 기초해야 정당화된다.

6. 평가와 추천이 이루어지는 경우, 우리는 사실에 기초하고 아동의 흥미와 프로그램에 관련하여 판단한다.

7. 우리는 개인의 능력, 업무 성취, 해당 직무에 대한 책임 수행 능력 그리고 그의 보살핌을 받는 아동의 발달수준에 적합한 전문적인 준비에 의해서만 채용, 유지, 면직 그리고 승진을 결정한다.

8. 우리는 성별, 인종, 국적, 종교적 믿음, 연령, 배우자 유무/가족 구성, 장애, 성적 취향을 기준으로 채용, 유지, 면직 그리고 승진을 결정하지 않는다. 우리는 채용 차별에 관련된 법과 규정을 숙지하고 주의를 기울여야 한다.

9. 우리는 피고용인의 업무 수행에 관련된 문제를 다룰 때 비밀을 유지해야 하며 피고용인의 사생활에 대한 권리를 존중해야 한다.

4) 제4장 지역사회와 사회에 대한 윤리적 책임

영유아에 관한 프로그램은 가정과 영유아의 복지를 담당하는 기타 기관들로 구성된 근접 지역 내에서 운영된다. 지역사회에 대한 우리의 책임은 지역사회의 요구 조건을 만족시키는 프로그램을 제공하고 유아들에 대한 책임을 나누는 기관 및 전문가들과 협조하며, 현재 실시되고 있지는 않지만 필요한 프로그램을 개발하는 것이다.

■ 이상 – 개인적
1. 지역사회에 높은 질의 아동 보호와 교육 프로그램과 서비스를 제공하기

■ **이상 – 집단적**

2. 전문가와 관계기관 사이의 협조와 건강, 교육 그리고 아동, 그들의 가정, 보육교사들이 복지 문제에 관심을 두는 전문가 간의 공동업무 제휴를 촉진하기

3. 모든 아동이 건강 관리, 음식, 그리고 보호시설을 제공받고 양육되며 가정과 지역사회의 폭력으로부터 안전하게 생활하는 환경적으로 안전한 세상에 대한 교육, 연구, 지지업무를 수행하기

4. 모든 아동들이 질 높은 보호와 교육 프로그램을 접할 수 있는 사회에 대한 교육, 연구, 지지 업무를 수행하기

5. 정보의 복합적인 출처를 포함하는 적합한 평가체계가 아동의 이익을 위한 목적으로 사용되는지 확인하는 업무를 수행하기

6. 아동과 그들의 요구에 대한 지식과 이해를 증진한다. 아동의 권리에 대한 더 큰 사회적 인식을 꾀하고 모든 아동의 복지를 위한 더 큰 사회적 책무를 수용하기 위한 업무를 수행하기

7. 아동과 가정의 복지를 증진시키기 위한 정책과 법을 지원하고 아동의 복지를 저해하는 것을 변화시키기 위한 업무 수행을 한다. 필요한 정책과 법의 발전에 참여하고, 이러한 노력을 하는 개인과 집단에 협력하기

8. 아동기의 보호와 교육 분야의 전문적인 발전을 추진하고 이 강령에 반영된 핵심가치를 실현시키기 위한 책무를 강화하기

■ **원칙 – 개인적**

1. 우리는 우리가 제공하는 프로그램의 범위와 본질에 대해 진실되고 개방된 교류를 한다.

2. 우리는 우리가 개인적으로 적합하고 전문적으로 인증을 받은 위치에서 지원하고 수용하며 일해야 한다.

3. 우리는 신중히 참고 자료를 확인하고 해당 위치에 적합하지 않고 자격이나

능력이 없는 사람을 고용하거나 추천하지 않는다.

4. 우리는 우리의 프로그램 실행에 근거한 지식을 보고함에 있어서 객관적이고 정확해야 한다.

5. 우리는 평가 전략과 도구의 적합한 사용에 대해 능숙해야 하며 가족들에게 그 결과를 설명해야 한다.

6. 우리는 우리의 프로그램 안에서 아동을 보호하기 위한 법과 규정을 잘 알아야 하며, 이러한 법과 규정이 지켜지는지 확인하는 데 주의를 기울여야 한다.

7. 우리가 아동의 건강, 안전, 복지에 위험을 끼치는 실행이나 상황을 깨닫게 되면 우리는 아동을 보호하거나 부모와 다른 사람에게 알려야 하는 윤리적 책임이 있다.

8. 우리는 우리의 프로그램 내에서 아동을 보호하기 위한 법과 규정을 위반하는 일을 하지 않는다.

9. 아동기 프로그램이 아동을 보호하는 법과 규정을 위반했다는 증거를 갖게 된다면 우리는 상황을 해결할 수 있는 적합한 기관에 위반사항을 보고하여야 한다.

10. 프로그램이 이 강령을 위반하거나 피고용인으로 하여금 위반하도록 할 때에는 공정한 증거를 확인한 후에 그 프로그램의 본질을 공개하는 것이 허용된다.

■ **원칙 - 집단적**

11. 정책들이 아동에게 도움을 주지 않는 목적으로 규정되면 우리는 이러한 실행을 변화시켜야 하는 공동체적 책임을 진다.

12. 우리는 아동의 복지를 보장하는 관계 당국이 의무를 이행하지 못하고 있다는 증거를 확보하면 그 문제를 적절한 기관이나 대중에게 보고해야 하는 공동체적인 윤리적 책임을 진다. 우리는 상황이 해결될 때까지 계속 지켜봐야 한다.

13. 아동보호기관이 학대받거나 방치된 아동에게 적절한 보호를 제공하지 못

한다면 우리는 이러한 서비스를 개선하기 위한 일을 수행해야 할 공동체적인 윤리적 책임을 져야 한다는 것을 인식한다.

5) 선언문

영유아를 담당하는 교사로서 나는 NAEYC의 윤리강령에 반영되어 있는 대로 영유아의 보육에 대한 가치를 향상시키는 데 전념하겠습니다. 내 능력을 최대한 발휘해서 나는

- 영유아 보육프로그램이 영유아 발달과 보육의 최신 이론에 기초하도록 하겠습니다.
- 영유아를 양육하는 가정의 임무를 존중하고 지원하겠습니다.
- 영유아를 보육하는 동료들을 존중하고 그들이 NAEYC의 윤리강령을 준수할 수 있도록 지원하겠습니다.
- 지역사회와 공동체 내에서 영유아, 가정, 교사의 대변자로서 역할을 다하겠습니다.
- 직업적 행동의 높은 기준을 유지하겠습니다.
- 개인의 가치, 의견, 편견이 전문적 판단에 얼마나 영향을 미칠 수 있는지 인식하겠습니다.
- 새로운 사상에 개방적인 자세를 취하고 다른 사람들의 주장으로부터 배울 것은 기꺼이 배우겠습니다.
- 전문가로서 끊임없이 배우고, 성장하며, 기여하겠습니다.
- NAEYC 윤리강령의 이상들과 원칙들을 존중하겠습니다.

4. 윤리강령 적용 실제

NAEYC의 기관지 『Young Children』(2014년 9월호)에 개재된 다음의 내용을 바탕으로 보육교사와 가정의 양방향 소통에서의 딜레마 상황에 윤리강령을 적용한 사례를 구체적으로 살펴본다. 다음은 사례를 제시한 후, 교사들과 독자들이 보낸 내용을 두 명의 전문가가 검토하고 정리하여 게재한 내용이다.

> [딜레마 상황]
> 4세 반 조셉의 공격적 행동이 최근 몇 달 동안 문제가 되고 있다. 바로 어제만 해도 조셉은 운동장에서 친구를 발로 차고 다치게 했다. 조셉의 공격적 행동은 보다 빈번해지고 있다. 담임교사인 알렌은 조셉의 부모님께 이 문제에 대해 의논을 했고, 동료교사 및 원장님과 함께 조셉의 에너지와 정서를 보다 긍정적인 방향으로 표출할 수 있도록 하는 방법을 모색하고 있다. 조셉의 엄마 빅토리아가 어린이집을 방문하여 조셉이 공격적 행동을 하면 즉각적으로 알려 달라고 했고, 그러면 바로 집에서 아빠가 조셉을 혼내줄 꺼라고 했다. 알렌은 조셉의 부모가 아이를 얼마나 가혹하게 대하는지 이미 부모 상담 등을 통해 알고 있었기 때문에 조셉이 공격적 행동을 보일 때 부모에게 알려야 하는지 고민이다.

1) 문제를 정의하고 문제가 윤리를 포함하는지를 결정하기

- 우선 옳고 그른, 공정 또는 불공정 등의 윤리가 포함된 문제인지, 해결방법이 적어도 두 가지 이상인 딜레마 상황인지 생각해 보아야 한다.
- 알렌이 옳고 가장 공정한 행동방법을 결정해야 하는 상황이므로 딜레마 상황이 맞다.
- 알렌은 조셉이 부모로부터 가혹하게 체벌을 받는 것을 막는 동시에, 자녀의

발달과 학습, 행동에 대해 알 권리가 있는 부모에게 조셉에 대한 정보를 줄
책임이 있다.
- 알렌은 조셉 엄마의 요구대로 어린이집에서의 행동에 대한 정보를 줄 것인
지, 거부할 것인지를 결정해야 한다.

2) 상황에 의해 영향을 받는 이해당사자를 정의하기

- 조셉: 알렌은 위해한 양육환경으로부터 조셉을 보호할 의무가 있고, 조셉이
안전하고 바람직한 환경에서 사회성 발달, 정서발달을 이룰 수 있도록 도울
의무가 있다.
- 가족: 알렌은 가족이 어린이집에서의 조셉의 생활에 대해 알 수 있도록 해
주어야 하고, 가족의 자녀양육 가치와 양육방법을 존중해야 한다.
- 우리 반 다른 유아들과 그들의 가족: 알렌은 우리 반 모든 유아들이 안전하
고 바람직한 환경에서 지낼 수 있도록 보장해 주어야 할 책임이 있다.
- 동료교사와 다른 반 교사들: 다른 부모들도 아이의 어린이집 생활에 대해 보
다 자세한 정보를 요구할 수 있다. 이렇게 되면 다른 교사들도 영유아보육에
쏟아야 할 에너지와 시간을 영유아의 발달과 학습에 대한 정보를 부모에게
제공하는 데에 쏟아야 할 수 있다.

3) 가능한 해결방법들을 브레인스토밍하기

- 첫 번째 방법: 부모 우선
  - 부모의 양육가치를 존중해야 하고, 부모와 좋은 관계를 맺어야 하므로 조
    셉에 대한 정보를 준다.
  - 부모에게 바람직한 양육방법을 먼저 알려 준 후, 조셉의 공격적 행동에 대
    한 정보를 주는 것도 가능하다.

- 두 번째 방법: 아동 우선
  - 교사가 부모에게 조셉의 공격적 행동을 말해 주어 조셉이 집에서 가혹한 훈육을 받는 경우 조셉은 더 이상 어린이집을 안전한 곳이라고 생각하지 않고 어린이집에 오지 않으려 할 수도 있다. 따라서 부모에게 조셉의 공격적 행동에 대한 정보를 주지 않는다.
  - 단, 조셉의 엄마와 이야기를 잘 해서 좋은 관계를 유지한다.
  - 이 방법이 현실적이기는 하지만 조셉의 공격적 행동을 줄이지 못해 결국 다른 아동의 부모들이 보다 관심을 갖게 될 수 있다.
- 세 번째 방법: 모두의 요구를 충족하기 위해 기교를 찾아보기

4) 윤리적 기교 생각해 보기

- 알렌이 부모에게 조셉의 공격적 행동에 대한 정보를 주지 않으면 조셉의 가족과 관계가 나빠질 것이고, 정보를 주면 조셉이 가혹한 훈육을 받을 수 있기 때문에 어떤 결정을 내리기 쉽지 않은 딜레마 상황이다. 따라서 이러한 상황일수록 윤리적 기교가 중요하다.
- 조셉의 엄마와 보다 협력적이고 신뢰할 수 있는 관계를 맺는다.
- 조셉의 엄마에게 아동발달 연구에 따르면 공격적 행동이 이루어진 후 즉시가 아니라 늦게 훈육하는 것은 효과적이지 않기 때문에 조셉의 행동에 대한 정기적인 보고서를 주는 데 동의할 수 없다고 이야기한다.
- 조셉의 엄마에게 알렌이 보육 경험이 많고 영유아의 발달에 전문적인 지식이 있으며, 4세 유아의 전형적인 행동에 대해 잘 알고 있다는 것을 이야기해 준다. 그리고 이전에 이러한 유아들을 많이 만났으며, 유아들이 넘치는 에너지와 강한 정서를 잘 다룰 수 있도록 도왔다는 것을 말해 준다.
- 조셉의 엄마에게 자주 어린이집에 오도록 하되, 조셉의 긍정적인 행동 위주로 언급한다.

- 조셉의 엄마와 아빠를 어린이집에 오도록 하여 바람직한 훈육방법에 대해 말해 주고, 어린이집과 가정에서 동일한 방법으로 훈육하도록 안내한다.
- 알렌은 원장이나 다른 전문가들의 도움을 받아서 조셉이 언제 보다 공격적인 행동을 하는지를 파악한다. 예를 들어, 조셉이 전이시간이나 하루 일과가 끝날 무렵 지치거나 배고플 때 공격적인 행동을 한다면 이는 충분히 예방 가능하다.
- 알렌은 하루 일과 운영, 교실 배치, 상호작용 방법 등에 변화를 주어 조셉의 행동변화를 살펴보고, 다른 유아들이 조셉을 자극하는 것은 아닌지, 조셉이 다른 반에 있다면 잘 지낼 수 있을지 등에 대해서도 고려해 본다.
- 알렌은 조셉의 엄마를 통해 조셉과 가족에 대한 정보를 더 많이 모은다. 건강 문제(청력 문제, 알레르기)가 공격적 행동과 관계가 있는 것은 아닌지, 조셉이 잘 자고 잘 먹는지, 가정에 스트레스가 있는지, 가족에 어려움이 있는 것은 아닌지 등에 대해 알아본다.

5) NAEYC 윤리강령에서 지도 구하기

- 제1장 영유아에 대한 윤리적 책임: 이상 2, 4, 5, 원칙 1에 해당한다.
- 제2장 가정에 대한 윤리적 책임: 이상 2~8, 원칙 4, 6에 해당한다.
- 이 상황에 바로 적용할 수는 없지만, 만약 조셉의 공격적 행동이 보다 다루기 어려워지거나, 조셉의 아버지의 체벌이 보다 심해진다고 생각되면, 제1장 영유아에 대한 윤리적 책임의 원칙 7, 8, 9도 적용 가능하다.

6) 윤리적으로 가장 적절한 방법 결정하기

- 알렌이 앞서 살펴본 윤리적 기교들이 성공적이지 못한다는 것을 발견하거나, 조셉의 엄마가 계속해서 조셉이 공격적 행동을 보일 때마다 즉시 알려

달라고 요구한다면, 알렌은 어려운 결정을 내려야만 할 것이다.

• NAEYC 윤리강령에서 가장 중요한 원칙은 아동의 안전과 행복을 최우선으로 해야 한다는 것이다. 부모와 신뢰할 수 있는 관계를 맺고 가족의 아동 양육 가치를 존중해야 한다는 원칙보다 더 우선한다. 따라서 알렌은 조셉이 공격적인 행동을 보일 때마다 조셉의 엄마에게 말해 주지 않는 것으로 결정하는 것이 더 바람직하다.

• 많은 교사들이 부모와 교사 간의 관계의 중요성에 대해 언급하였다. 유능한 교사는 영유아들이 어린이집에 다니기 시작할 때부터 부모와 신뢰할 수 있는 관계를 맺는다. 알렌이 이미 부모와 신뢰할 수 있는 관계를 맺었더라면 문제가 보다 쉽게 해결되었을 텐데, 그렇지 못했기 때문에 알렌은 지속적으로 부모와 신뢰할 수 있는 관계를 맺기 위해 노력해야 한다. 알렌은 부모와 신뢰할 수 있는 관계를 통해 조셉의 문제와 바람직한 양육방법에 대해 이야기를 나누어야 한다.

• 알렌은 부모에게 자신이 이러한 문제를 잘 다룰 수 있는 전문가라는 믿음을 주어야 하고, 조셉의 행동이 어린이집에서만 나타나는 것이기 때문에 어린이집에서 다루는 것이 적절하다는 것을 알도록 해야 한다. 또한 조셉의 문제행동이 심각해지면 언제든지 부모와 의논하고 도움을 요청할 것이라는 알려주어야 한다. 그리고 부모가 궁금하면 언제든지 찾아오거나 연락해서 조셉에 대해 이야기 나눌 수 있다는 것을 알게 해야 한다.

더 알아보기 **사례를 통해 보육교직원 윤리에 대해 생각해 보기**

[사례 1] 영유아 발달에 적합하지 않은 보육내용

영아들만 보육하는 가정어린이집에 근무하게 되었다. 어린이집에는 해당 연령반에서의 연간, 월간, 주간 보육계획안이 모두 정해져 있다. 그런데 2세 반의 보육계획안이 거의 4~5세 수준이었다. 그 계획대로 하려니 활동을 다 하지도 못하고, 수준을 낮추어서 한다고 해도 교사도 힘들고 아이들도 스트레스를 많이 받는 상황이 되었다. 보육계획안이 영아의 발달에 적합하지 않다는 생각이 많이 들었다.

원장님께 이 상황을 말씀드려 보육계획안을 수정하는 것이 좋을까? 아니면 입사한 지 얼마 되지도 않았는데 괜히 문제를 일으키는 일이 될 수 있으므로 그냥 지내는 것이 좋을까?

[사례 2] 전염성 질환에 걸린 영유아

요즘 어린이집에 수족구가 확산되고 있어서 아침에 등원할 때 모든 영유아의 손과 발, 입 안을 꼼꼼하게 시진하고 있다. 시진 결과, 조금이라도 의심 증상이 있으면 보육실 안으로 들어가지 못하고 귀가 조치를 한다. 병원을 다녀와서 수족구가 아니라는 진단을 받아야 다시 등원할 수 있다. 다소 심하다는 생각이 들기도 하지만 모든 영유아들의 안전을 위해서는 어쩔 수 없는 조치라고 생각한다. 그러던 중 한 유아의 손에 작은 붉은 반점이 2개 정도 발견되었다. 유아의 부모님은 바로 출근을 하셔야 하고, 집에는 돌보아 줄 사람이 없다고 말씀하셨다. 이 정도가 수족구일리가 없다고 주장하시며 어린이집에서 보육해 줄 것을 간곡하게 부탁하셨다.

돌보아 줄 사람이 없더라도 아이를 돌려보낼 것인가? 아니면 어린이집에서 양호실이나 교사실 등의 별도 장소에서 보육할 것인가?

[사례 3] 영유아에게 너무 무서운 동료교사

1세 반을 맡았는데, 우리 반 동료교사는 너무 화를 잘 내고 무서운 교사다. 때로는 영아들에게 너무 심하게 대한다는 생각이 든다. 이제 겨우 2세인데 영아들이 밥 먹기 싫어서 밥을 남기는 경우 무조건 끝까지 먹게 한다. 화장실에서 영아들이 물장난을 하거나 놀잇감을 던지는 일이라도 생기면 성인인 나도 무서울 정도로 아이들을 무섭게 혼을 냈다.

동료교사에게 용기를 내서 그러한 상호작용은 바람직하지 않다고 말하는 것이 좋을까? 아니면 서로 불편해질 수 있으므로 1년 꾹 참고 지낼 것인가?

뉴스 기사를 통해 보육교직원 윤리에 대해 생각해 보기

뿌리 뽑히지 않는 어린이집 아동학대

경기도 고양시 덕양구의 한 어린이집 보육교사가 지속적으로 원생들을 학대해 아이들에게 심각한 정신적 충격을 준 사건이 있었다.

고양시에 사는 D(38 · 여) 씨는 6월 아들 A(4) 군이 갑자기 대소변을 가리지 못하고 손끝이 빨개질 때까지 손톱을 물어뜯고 폭식을 하는 등 이상 행동을 발견했다. D씨가 아들에게 이상 행동에 대해 묻자 아이는 "풀잎반 선생님이 너무 무섭다"며 보육교사 B씨에 대한 이야기를 털어놨다. B씨가 수시로 화를 내고 머리를 세게 때렸다는 말까지 아들의 입에서 흘러나왔다. 아이는 "선생님이 말하지 말라고 했다"고도 했다.

D씨는 다른 부모들과 함께 CCTV를 통해 교사가 아이를 잡아채 구석으로 끌고 가고 밥을 먹고 있는 아이의 식판을 낚아채는 모습, 물티슈 한 장으로 여러 아이의 입과 코를 닦아 주는 장면 등을 확인했다. 화가 난 부모들은 어린이집 원장과 교사를 고양경찰서에 신고했다. 경찰은 아동보호전문기관을 통해 아들을 포함한 원생 9명의 피해 진술을 받았다. 피해 아동들은 전치 6주의 소아정신과 진단을 받은 상태다.

경찰은 6월부터 한 달간 원생 12명을 수차례에 걸쳐 학대한 혐의(아동복지법 위반)로 보육교사 B씨와 관리를 소홀히 한 원장 E씨를 지난달 29일 각각 불구속 입건했다. 그러나 경찰은 아이들 진술에 신빙성이 떨어지고 CCTV에는 육체적 학대 장면이 보이지 않는다며 B씨의 '정서적 학대' 혐의만을 인정했다.

출처: 베이비뉴스(2014.12.31).

참 고 문 헌

권영례, 김소라(2011). 영유아교사론. 경기: 양서원.

김은설, 박수연(2010). 보육시설장, 교사 윤리강령 개발 연구. 육아정책연구소.

문혁준, 안효진, 김경희, 김영심, 김정희, 김혜연(2014). 보육교사론(개정판). 서울: 창지사.

민성혜, 신혜원, 김의향(2013). 보육교사론(3판). 경기: 양서원.

박은혜(2013). 유아교사론(4판). 서울: 창지사.

베이비뉴스(2014.12.31.). "뿌리 뽑히지 않는 어린이집 아동학대."

이순형, 권기남, 김진욱, 민미희, 김정민, 김은영, 이성옥, 정현심, 심도현, 안혜령(2013).
    보육교사론. 경기: 양서원.

NAEYC(2014). *Young Children*.

찾아보기

| 저자 소개 |

성미영(Sung Miyoung)
서울대학교 대학원 아동학 박사
서울법원어린이집 원장
서경대학교 아동학과 교수
현 동덕여자대학교 아동학과 교수

김진경(Kim Jinkyung)
서울대학교 대학원 아동학 박사
육아정책연구소 부연구위원
현 한국방송통신대학교 유아교육과 교수

서주현(Suh Joohyun)
서울대학교 대학원 아동학 박사
국민체육진흥공단어린이집 원장
현 상명대학교 가족복지학과 교수

민미희(Min Mihee)
서울대학교 대학원 아동학 박사
(재)한국보육진흥원 팀장
현 서경대학교 아동학과 교수

김유미(Kim Yumi)
서울대학교 대학원 아동학 박사
서울대학교 어린이보육지원센터 느티나무어린이
    집 원장
현 숙명여자대학교 교육대학원 유아교육전공 교수

보육교사론

Introduction to Childcare Teachers

2015년 5월 30일 1판 1쇄 발행
2019년 8월 20일 1판 3쇄 발행

지은이 • 성미영 · 김진경 · 서주현 · 민미희 · 김유미
펴낸이 • 김진환
펴낸곳 • (주)**학지사**

04031 서울특별시 마포구 양화로 15길 20 마인드월드빌딩
대표전화 • 02)330-5114   팩스 • 02)324-2345
등록번호 • 제313-2006-000265호

홈페이지 • http://www.hakjisa.co.kr
페이스북 • https://www.facebook.com/hakjisa

ISBN 978-89-997-0691-2 93370

정가 17,000원

이 도서의 국립중앙도서관 출판시도서목록(CIP)은 서지정보유통지
원시스템 홈페이지(http://seoji.nl.go.kr)와 국가자료공동목록시스템
(http://www.nl.go.kr/kolisnet)에서 이용하실 수 있습니다.
(CIP제어번호: CIP2015013552)

출판 · 교육 · 미디어기업 **학지사**

간호보건의학출판 **학지사메디컬** www.hakjisamd.co.kr
심리검사연구소 **인싸이트** www.inpsyt.co.kr
학술논문서비스 **뉴논문** www.newnonmun.com
원격교육연수원 **카운피아** www.counpia.com